YUJIAN ZUI HAO DE ZIJI

遇见最好的自己

——"三名"工作室的南沙启示

广州市南沙区教育发展研究院
广州市南沙区教师发展中心 编

U0330353

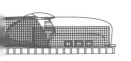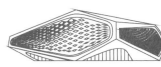

中山大学出版社
SUN YAT-SEN UNIVERSITY PRESS
·广州·

图书在版编目（CIP）数据

遇见最好的自己："三名"工作室的南沙启示/广州市南沙区教育发展研究院，广州市南沙区教师发展中心编. —广州：中山大学出版社，2023.8
ISBN 978 - 7 - 306 - 07849 - 0

Ⅰ. ①遇⋯　Ⅱ. ①广⋯ ②广⋯　Ⅲ. ①中小学—师资队伍建设—研究—南沙区 ②幼教人员—师资队伍建设—研究—南沙区　Ⅳ. ①G635.12 ②G615

中国国家版本馆 CIP 数据核字（2023）第 124274 号

出 版 人：王天琪
策划编辑：张　蕊
责任编辑：王　璞
封面设计：曾　斌
责任校对：王贝佳
责任技编：靳晓虹
出版发行：中山大学出版社
电　　话：编辑部 020 - 84110283，84113349，84111997，84110779，84110776
　　　　　发行部 020 - 84111998，84111981，84111160
地　　址：广州市新港西路 135 号
邮　　编：510275　传　　真：020 - 84036565
网　　址：http://www.zsup.com.cn　E-mail: zdcbs@mail.sysu.edu.cn
印 刷 者：广州市友盛彩印有限公司
规　　格：787mm × 1092mm　1/16　21 印张　400 千字
版次印次：2023 年 8 月第 1 版　2023 年 8 月第 1 次印刷
定　　价：60.00 元

编 委 会

前　　言

　　为贯彻落实中共中央、国务院关于全面深化新时代教师队伍建设改革的有关部署要求，加强中小学教师队伍建设，充分发挥名教师、名校（园）长、名班主任（以下简称"三名"）的示范、引领、辐射和带动作用，南沙区教育局根据省市教育部门有关政策文件和南沙师资队伍建设的需要，于2017年遴选成立了基础教育系统第一批"三名"工作室。截至2023年8月，南沙区共设立了省、市、区各级名教师、名校（园）长、名班主任工作室共94个，工作室主持人共94人，工作室成员近900名。工作室采取主持人以师带徒等培养形式，致力于打造一批"师德高、业务精、能力强、善创新"的领军教师、校（园）长、班主任，为整体提升南沙区教师队伍专业化水平、加快推进基础教育高质量发展提供了强有力的师资保障。

　　近年来，南沙区在国家、省、市发展大局中的战略地位不断提升。2022年6月，国务院印发《广州南沙深化面向世界的粤港澳全面合作总体方案》，明确提出将南沙打造成为立足湾区、协同港澳、面向世界的重大战略性平台，赋予了南沙新的定位目标和重大使命。南沙区始终坚持教育优先发展战略，教育事业快速发展，教育质量稳步提高，先后成为"广东省教育强区""全国义务教育发展基本均衡区""全国义务教育优质均衡先行创建区""广东省推进教育现代化先进区""广东省基础教育高质量发展示范区"。但是也要看到，与经济社会发展要求和市民对美好教育的需求相比，南沙教育在全市基础教育坐标体系中的显示度还需加强，教育教学质量和水平有待进一步提升。其主要的制约因素就是教师队伍的整体素质有待提高，突出表现就是在师资队伍中，特级教师、正高级教师，以及名教师、名校长、名班主任等高层次师资人才的缺乏。

　　为总结我区"三名"工作室建设经验，发现和提炼好的优秀案例，总结和推广先进模式，反思和改进前期工作中的缺失和不足，提高工作室运行的绩效，南沙区教育发展研究院自 2021 年 9 月起选定区内各级"三名"工作室为调研对象，开展了"三名"工作室专项调研工作。调研工作旨在为各工作室及其主持人、成员的专业成长"画像"，全面评估各工作室出人才的效果，系统了解各工作室的组织行为特征、需求与不足，准确判断各工作室凝练现代教育思想的实现程度，深入分析各工作室带动教学质量提升的进展情况，总结和推广我区"三名"工作室建设的实践经验，进一步向外推广。该项工作以决策报告和教育叙事等形式呈现，供教育行政部门改进服务、提高投入绩效提供决策参考，也为各学校和工作室主持人改进工作室运行提供专业支持。

胡志桥

2023 年 9 月

目　　录

第一章　风雨兼程："三名"工作室建设的求索

广州市南沙区"三名"工作室建设调研报告 …………………… 项目组　3

第二章　凝练品牌：名校（园）长工作室的引领

理念共升　智慧互融　朋辈同行 ………………………… 常志清　19

在学习考察中思考　在研讨反思中提升 ………………… 梁剑辉　24

求知　共享　引领　绽放 ………………………………… 周丹　27

文化自觉而后觉人 ………………………………………… 刘克风　39

赓续教育初心　共绘教育蓝图 …………………………… 朱巧玲　49

从生活体验中获得真正的教育 …………………………… 曾志伟　58

终身学习　引领发展 ……………………………………… 陈桂英　66

课程引领，智慧共享，注重实践，专业发展 …………… 郭丽　71

同心同行　共享共进 ……………………………………… 黄雄燕　75

聚力纵深推进　赋能科研建设 …………………………… 黄文娟　80

聚焦现代学校管理　示范引领办学创新 ………………… 李明秋　85

让每个师生都成为爱读书的人 …………………………… 林景雄　90

专业赋能　巧思提升　知行合一 ………………………… 蓝静舞　93

建立学研共同体　培养引领骨干队伍 …………………… 刘颖丽　99

自然·温暖·专注 ………………………………………… 石晶　102

第三章　美美与共：名教师工作室的炼成

友爱　助跑　成长　发展 …………………………………… 王　莉　109

做脚踏实地、仰望星空的"大先生" ……………………… 曾志伟　115

各美其美　美美与共 ………………………………………… 周彩霞　121

不负韶华　奋楫笃行 ………………………………………… 陈健华　129

名师搭建平台　交流互促成长 …………………………… 陈浩荣　135

服务　共赢　构建高效课堂 ……………………………… 冯少勤　138

共建　共研　共享　共长 …………………………………… 霍锐泉　144

和乐共进　文化共融 ………………………………………… 黄文娟　151

学术交流　教艺切磋　互动提高 ………………………… 李　娟　158

逐梦前行　铸造品牌 ………………………………………… 麦树荣　162

引导理论学习　推广实践提升 …………………………… 聂　燕　164

共研　齐思　并进 …………………………………………… 潘小斌　167

聚焦教育本质　构建"有温度、有深度"的数学课堂 ……… 盛　敏　172

把名师工作室建成名师成长共同体 ……………………… 郑南辉　177

协同发展　成己达人 ………………………………………… 陈锦凤　180

课堂＋课题　驱动工作室的前后轮 ……………………… 陈建雄　191

音有你　乐精彩 ……………………………………………… 陈晓丹　194

造就适应中高职衔接项目的师资队伍 …………………… 陈浩亮　200

建立学研共同体　培养园本教研骨干 ……… 陈维妃　杨廉廉　205

与名师同行　让努力成为一种习惯 ……………………… 杨雨婵　214

凝练风格　教出新高度 …………………………………… 郭银波　219

立本·适性扬才　融合·惠人达己 ……………………… 何翠玲　226

为了小学生的身心健康成长 ……………………………… 刘小强　229

专业引领，共同发展 ………………………………………… 黎金玉　234

开发"智能家居管理"，优化课程体系与教学内容 ……… 林剑辉　239

向内凝聚带动　向外辐射示范 …………………………… 麦炳焜　246

研究　提升　反思　推进 …………………………………… 阮汝敏　252

求新求变　育德育人 ………………………………………… 苏泉月　256

探究　创新　高效　人文 …………………………………… 唐明再　258

德润身　文化人 ……………………………………………… 汪文龙　266

教师成长的空间站 …………………………………………… 肖　颖　270

积极探索教师专业成长路径 ………………………………… 杨雨婵　276

共学共研　共进共享　共建共创 ………………………… 余湘琦　282

搭建平台　共研赋能　分享成果 ………………………… 朱雁辉　289

第四章　播撒阳光：名班主任工作室的使命

点亮自己　照亮他人 ……………………………………… 刘顺宜　295

润泽以德　融汇于心 ……………………………………… 万少芳　302

和谐共生　智慧前行 ……………………………………… 聂　燕　313

不忘初心育桃李　牢记使命促成长 ……………………… 杨文娟　320

第一章

遇

风雨兼程：『三名』工作室建设的求索

广州市南沙区"三名"工作室
建设调研报告

项目组

习近平总书记在 2018 年全国教育大会上指出，"坚持把教师队伍建设作为基础工作"。广州市"十四五"规划将"新时代高水平教师（校、园长）工程"确定为教育现代化重点工程之首。目前，广州市实施的高水平教师（校、园长）工程，包括"百千万人才培养工程""教育家（园长）培养工程""'三名'［名校（园）长、名班主任、名教师工作室］工程"等。其中，"三名"工作室作为教师专业发展体系中极为重要的环节，其建设点多、涉及面宽、基层属性强，对一线教育教学人员专业成长的影响最直接。

为进一步加强广州市南沙区中小学教育专家、名校（园）长、名教师工作室建设，充分发挥工作室主持人的示范引领和辐射带动作用，发挥"三名"工作室的示范辐射作用，领航中青年优秀人才成长，加快推进南沙区教育现代化，办好人民满意的教育，广州市南沙区教育发展研究院联合华南师范大学、广东第二师范学院等高等院校的专家团队成立项目组，对广州市南沙区"三名"工作室的建设情况进行全面调研。专家团队由扈中平教授任首席专家负责顶层设计，闫德明教授随队指导。参加调研的还有肖绍明、刘磊明、夏泉源、徐胜阳、王玉国、谢亚萍、师玉平、赵怡佳、陈晓甜。

一、调研背景

近年来，南沙区致力于推进高水平教师工程创新发展，不断加强全区中小学教师队伍建设，充分发挥各级各类"三名"工作室的示范和引领作用，充分发掘、整合和利用本土资源，总结并推广南沙区"三名"工作室建设的实践经验，以期进一步向全市、全省扩大影响力。本次调研基于以下三个方面进行。

（一）宏观性政策部署的要求

2018 年，中共中央、国务院印发的《关于全面深化新时代教师队伍建设改革的意见》指出，到 2035 年，教师的综合素质、专业化水平和创新能力大幅提升，培养造就数以百万计的骨干教师、数以十万计的卓越教师、数以万计的教育家型教师。《中共广东省委 广东省人民政府关于全面深化新时代教师队伍建设改革的实施意见》提出，到 2022 年，教师队伍规模、结构、素质、能力基本满足教育现代化发展需要。2021 年，省教育厅、省财政厅联合发布《广东省中小学名教师、名校（园）长、名班主任工作室管理办法》要求，进一步提高我省名教师、名校（园）长、名班主任的专业水平和综合素养，形成整体推进、共同提升的专业成长良性发展机制。

（二）区域性教育发展的需求

近年来，南沙区按照"存量提质、增量提速"的思路，通过大力引进优质教育资源、开展新学校项目建设、对现有学校进行改扩建以及集团化办学等方式不断扩充优质教育资源总量，为人民群众提供丰富、多元、个性化教育，以满足不同人群的不同入学需求。目前，南沙区共有市教研院、执信、市二中、广铁一中、广大附中、广州外国语学校，以及华南师范大学附属南沙中学、小学和幼儿园，广东第二师范学院附属学校等优质教育品牌 13 个，包含学校 19 所，幼儿园 3 所，共可提供优质学位 6 万余个，南沙已成为全市汇聚最多优质基础教育资源的区域。但是，师资队伍水平，尤其是高水平学科带头人依然紧缺，成为南沙教育发展的最大短板。当前，南沙教育紧紧抓住《广州南沙深化面向世界的粤港澳全面合作总体方案》颁布的机遇，致力于构建"立足广州，服务湾区，面向世界"的优质均衡国际化教育，切实增强人民群众的教育获得感、幸福感和安全感，全力助推大湾区建设和发展。

（三）工作室建设实际需求

"三名"工作室从成立到发展是一个长期的过程。目前，"三名"工作室以培养优秀教育人才队伍为目标，主要通过开展各种研修活动，如理论学习、课例研讨、外出观摩学习等，促进更多成员专业化成长。南沙区各级各类"三名"工作室已建设多年，积累了大量经验，取得了一定的成绩。同时，也遭遇到一些机制性困境。要走出困境，需要进行系统、科学的研究。本着深化南沙区"三名"工作室改革发展的初心，对全体"三名"工作室进行全面"把脉"，是本次调研的一个现实契机。

二、调研内容

调研团队依据《广东省中小学名教师、名校（园）长、名班主任工作室管理办法》，结合广州市最新同类相关文件精神要求以及时代发展主题的话语体系，以要点列举的方式，形成调研指标要点，并进一步结合南沙区教育工作实际，选定区内各级各类"三名"工作室为调研对象，实施增值评价。旨在：

——系统了解各工作室的组织行为特征、需求与不足。

——准确判断各工作室凝练现代教育思想的实现程度。

——深入分析各工作室带动教学质量提升的进展情况。

立足新时代、新思想、新要求，调研团队专门制定了"三名"工作室调研指标框架（见表1），以及区域卓越师资座谈提纲（见表2）。前者主要运用定量研究方法，统计相关指标数据；后者主要运用质性研究方法，深入描述南沙区卓越师资的现状、问题及表现。

表1　工具1：调研指标框架

一级指标	二级指标
硬件齐不齐	办公室面积
	教学设备
	图书资料
	办公用品
内涵强不强	特色打造
	集体研修频次
	示范引领水平
	课题申请与开展
	论文写作与发表
	举办讲座
贡献大不大	学员入室与培养
	支教和送教下乡
	课程教学资源辐射
水平认不认	政府认可
	同行认可
	社会认可

表 2   工具 2：区域卓越师资座谈提纲

维度	具体问题
学员基本情况	性别、政治面貌、学历、所在单位、现任教学科学段、教龄、现任职务、现任职称等
教育教学实绩	担任班主任、团队、行政工作、教研组长及工作量情况，校本课程开发情况，教育教学工作成效，等等
科研实绩	教科研论文或案例、教科研成果，等等
公开课/讲座	开展或参与公开课/讲座的级别及次数等
获奖情况	名优教评比优质课基本功比赛获奖情况、荣誉称号、指导学生获奖情况，等等
教学活动中的突出事例记载	具体时间、地点、参加人数等

三、调研数据

2021 年 11—12 月，项目组赴南沙区开展调研。调研团队利用两周时间，与南沙区教育发展研究院的工作人员及 83 个工作室的主持人和成员代表开展座谈，分小组访谈了 64 位主持人代表以及 54 位成员代表，涵盖了省、市、区三级全学段不同类型的工作室。

调研显示，南沙区各级各类"三名"工作室建设初步走上内涵发展道路，较好地支撑了区域高质量基础教育发展，也较好地满足了教师队伍专业化成长需求，整体水平处于全市中上行列。同时，"三名"工作室内部差异化发展显现，少量工作室举办研修活动与成效收益关系上出现"马太效应"。未来要以均衡优质发展为主线，兼顾分类奖优与激发全体活力，强化选点布局，力争多点开花。调研结果如图 1 至图 5 所示。

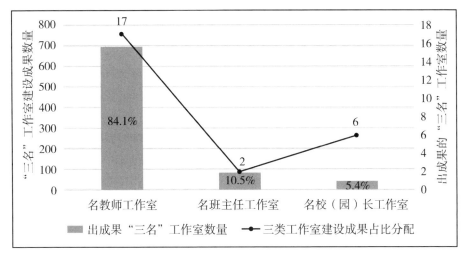

图1　南沙区"三名"工作室建设成果汇总表（2022 年）

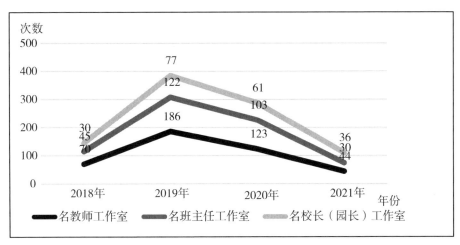

图2　2018 —2021 年"三名"工作室研修活动次数统计

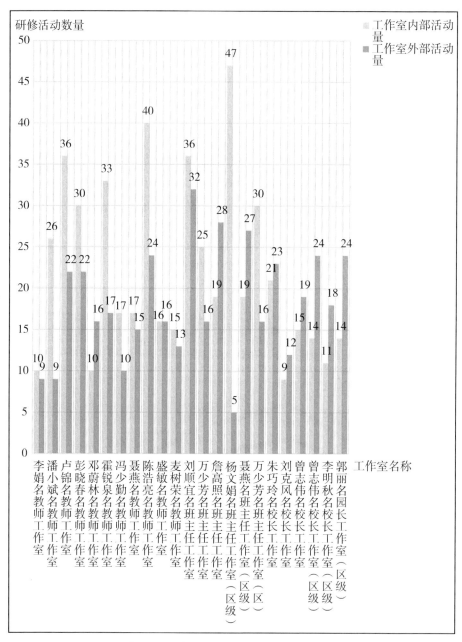

图3 "三名"工作室研修活动分布情况

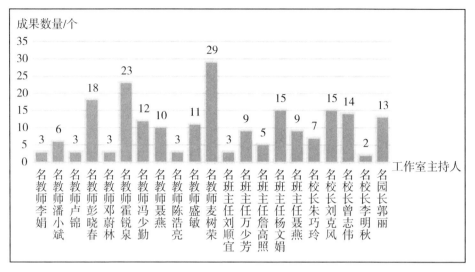

图4　工作室主持人成果数量统计分布

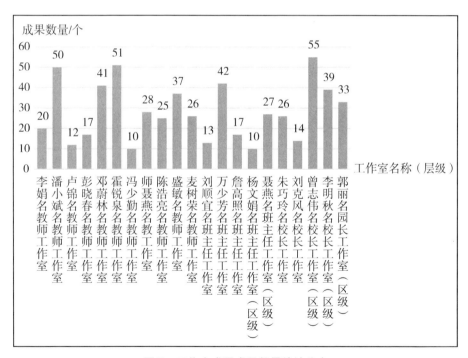

图5　工作室成员成果数量统计分布

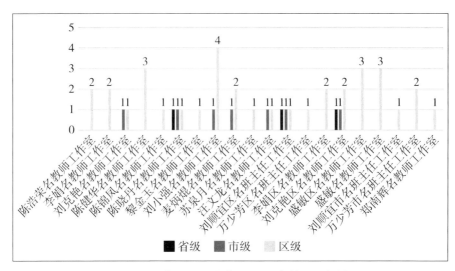

图6 "三名"工作室成员2022年精品课数量

四、调研结论——取得的主要成绩

(一)人才培养卓有成效

"三名"工作室建设使得师资队伍结构更加合理,师德师风更为优良。在"三名"工作室中,不仅有从事教育管理与行政工作的校长在前举引大旗、掌舵领航,也有一线各学段、各科教师在校精心备课磨课、创新教育教学方法、助力学生成长。曾志伟校长的名教师工作室在全国、广东省教育考核中多次获奖,指导青年教师与科研成果两手抓,其论文《体验式课堂的大模样》于2021年9月在《人民教育》发表。李明秋校长是广州市首批教育家型校长培养对象,其基于对小学教育管理的实践与思考,创新性地提出"慧心教育"理念,李校长所在的金隆小学已发展成为"全国教育系统先进集体"。郭丽名园长工作室以主持人郭丽独特的集团化管理特色和鲜明的教育教学风格为依托,多年来倾心幼教、深耕不辍,为位于粤港澳大湾区城市副中心的南沙幼教默默奉献。来自特殊教育领域的王莉教师多项课题顺利结题,并主编《学前视障儿童教育实践与研究》一书,指导的青年教师在市级、区级教学技能比赛中多次获奖。小学语文教师周彩霞2023年8月被评为广东省名师工作室主持人,2022年12月出版个人专著《点亮学习——新课改背景下小学语文教学的应然追求》。近年来,"三名"工作室指导青年教师在各种教学技能比赛中多次获奖，其中获得国家级奖励 3 人次，省级 43 人次，市级 57 人次。

（二）教育科研提质增效

"三名"工作室建设使得教育科研成果层次级别更高，社会效益更优。近三年，高质量课题立项数量不断增加。省级规划课题申获 16 项，其中，2021 年 7 项、2022 年 4 项、2023 年 5 项；市级规划课题 43 项，其中，2021 年 7 项，2022 年、2023 年共 36 项。高级别教学成果不断突破，其中 6 个项目被遴选为 2021 年市级教学成果培育项目，1 个项目被评为 2021 年广东省教育教学成果一等奖，实现了南沙省级教学成果奖零的突破。高中物理高级教师刘顺宜 2021 年至今以第一作者发表 4 篇论文，2021 年获南沙区高考模拟题出题比赛二等奖，2022 年获广州市中小学教育教学优秀典型案例征集评选活动一等奖、南沙区基于课标的教学设计与作业案例征集活动一等奖。来自华南师范大学附属南沙幼儿园的教学主任杨雨婵在 2020 年、2023 年连续获得第一届、第二届南沙区中小学青年教师教学能力大赛学前教育组第一名，2021 年、2023 年分别获得第二届、第三届广州市中小学青年教师教学能力大赛获学前教育组二等奖、一等奖；2022 年 9 月，其参与撰写的自主游戏案例"好玩的地铁站"被推荐至省教育厅，获"入围案例奖"。高中语文教师刘克艳为广东省中小学"百千万人才培养工程"省级培养学员，其主持的项目"情境·问题：高中语文教学落实核心素养路径的探索"与作为核心成员参加的项目"中学'细读语文'教学模式的建构与实践"均获 2021 年广东省教育教学成果一等奖。

（三）制度建设渐趋成熟

"三名"工作室建设使得南沙教育生态更加均衡，文化氛围更加和谐。"三名"工作室注重内涵式发展，发挥名校（园）长、名教师、名班主任的示范、引领和辐射作用，《南沙区基础教育系统名校（园）长、名教师和名班主任工作室管理与考核细则》的制定和出台，南沙区教育发展研究院从制度建设、经费支持、工作室成立与评价、研修活动指导等方面，全方位为各级"三名"工作室的建设服务。"三名"工作室的成立、组织、发展经验推动形成了南沙特有教育发展文化，而其秘诀在于各自明确的定位、优秀的主持人引领、源自内部的驱动发展动力、相互合作促进的保障机制、平衡工作室与本职工作的能力。

1. 明确定位是基础

许多校长、园长结合自身治理工作室的经验提出，找准定位对工作室的长远发展具有基础性和根本性价值。李明秋认为，明确定位需要做到"八个关注"：一要关注岗位的价值赋能，二要关注理论学习充电，三要关注顶层设计引导，四要关注主题研讨，五要关注课题统领，六要关注考察眼界的开阔，七要关注办学成果的展示，八要关注实践的风险理念。曾志伟认为，定位就是创造一个新的机制：一要"三地"考察，"三地"是指学员基地、异地省工作室、省内外主题学习点或名校；二要做好"三研"，包括理论研修、教学研讨和课题研究；三要采取"三导式"培养，即将专家先导、典型引导和校际指导结合起来。

2. 选好主持人是关键

不少校长、园长和班主任结合自身体验提出，主持人特质是工作室治理的"魂"。以名校长工作室为例，其主持人应具有以下品质：一是名校长的站位要高，考虑问题时，眼光要放长远，这样才会更有机遇；二是名校长所在学校办学水平与业绩要好，才可能帮助兄弟学校提高学校办学水平；三是名校长口碑要好，不仅要有名气，还要得到社会、教师、家长、学生的认同；四是名校长要有一定的领导力、执行力和一定的社会担当。

名班主任和成员少了管理者身份，主要面向一线教育教学，有人提出其特质应与工作室主持人有所不同。一是重视研究能力。名班主任最重要的是研究力，即能够在教育教学中发现有研究价值的问题，并将其转化为课题，最后凝练出成果。二是具有规划能力。名班主任在从事班级常规工作时，不能只流于形式，或是上传下达，还要懂得把工作落到实处。三是善于从归因角度分析和处理班级问题。四是要形成教学和管理班级的风格，具有协调好教师与学生和家长之间关系的能力。还有人提出，名教师也有相应的特质要求。一是要不断学习、努力和拼搏。二是自身的教学效果一定要好，才能开展其他工作。三是具有良好的团队协作能力，要懂得互帮互助，不计较得失。四是将工作看成一份事业，有积极的工作态度。五是有一定的领导力与教育情怀，不安于现状，有斗志和不断向前的动力。六是有高尚的人格和良好的个人修养。

3. 激发内驱是抓手

各个工作室组织成员外出观摩学习，邀请专家来工作室点对点指导，围绕具体问题开讲座、研讨课题，是目前应用较为普遍的三种有效方法。有工作室组织成员去花都二中观摩，近距离研究这所学校为什么录取线低，而本科率、重本率却很高，重点考察这所学校的管理文化、教学方法。这种研修方式受到大家广泛好评。疫情期间，许多活动采用线上与线下相结合的方式开展，研修讨论方式多种多样。一些幼儿园实行园区与园区之间互相听课、评课的方法，把课堂活动的课例拍下来，之后在各自的工作群里进行交流和分享。因此，结合成员发展需要开展有针对性的活动是最能直接激发其内驱力的方法。

4. 相互促进是保障

只有在推进平台建设的同时让成员个体有获得感，才能确保工作室长效运转。朱巧玲校长认为，一是要把凝练工作室文化当成一件大事来办；二是直接关注教师发展的痛点和难点，特别是要带领教师开展课题研究、上公开课，为他们评职称提供支持。黄献文校长认为，要把工作室建成一个学习共同体，工作室成员聚集在一起研讨问题，分析成员自身优势以及在哪些方面还需要获得帮助和提高，让学习共同体督促成员学习，引领集结一群有上进心的教师，自然能够使成员共同进步。构建工作室学习共同体，利用已有的网络研修社区"三名"工作室平台及"每月一报"制度，使工作室主持人及时分享研修活动心得、科研课题成果、成员培养成果等，齐"亮台账"，促进相互学习，拓宽工作思路，助力工作室品牌建设。推动工作室成果凝练、宣传与应用，不断提高研修质量和效益。2022 年全区 78 个"三名"工作室开展研修活动 208 次，参与教师 16261 人次，参训学生 2310 人次。2023年上半年累计开展活动 135 次，参与人次达 9807 次。

5. 善于平衡是艺术

如何平衡工作室工作与本职工作，已经成为教师们迫切需要解决的现实问题。有校长认为，一是工作室要统筹考虑，提前发布学期工作要点，避免工作发生冲突；二是工作室要设计好选题，力求教研科研一体化；三是根据成员的发展需求，制定相应的发展方案，工作室要避免搞一刀切，不是每一个活动都要求全体成员参加。

五、调研结论——存在的主要问题

项目组通过访谈发现，南沙区在建设"三名"工作室的道路上，在经费使用、活动开展、研修保障、成果推广等方面存在一些需要引起重视和亟待解决的问题。

（一）经费使用有待规范

各级政府都非常重视工作室建设，划拨了相应的经费。如何使用好这些经费是加强工作室建设必须要考虑的问题。首先，经费使用要明确规范。工作室经费使用要严格按照相关文件执行，要做到细致明确，不能有偏差。其次，经费管理要做好服务。经费预算要及时指导，经费报销要做好引导。例如，工作室成员参加工作室活动的交通费能否报销？自主设计课题研究能否得到工作室的经费支持？邀请本区域优秀教师做讲座能否使用工作室经费？外请专家的报酬如何及时发放？主管部门要想工作室成员之所想，急工作室成员之所急，把服务做到家。

（二）研修质量有待提高

工作室研修活动是加强工作室建设的重要途径。首先，工作室研修活动要做好规划。因为学员分布范围广，所以集中开展活动相对困难。因此，要做好整体规划，并根据规划做好实施方案，分步实施。其次，工作室研修活动要统筹协调。全区重要的研修活动，需要区教育发展研究院统筹安排。既要发挥各个工作室的积极性，为其提供便利，也要分层把关帮助工作室，为其把关引导。最后，工作室研修活动要"上天入地"。工作室举办的活动不仅是经验型培训，也需要理论型培训，需要理论与实践深度融合，既能助益教学实际工作，又能在学术上有引领，多方面满足学员需求。

（三）引领作用有待加强

发挥工作室成员引领的作用是工作室建设的初衷。首先，要将人员选拔与合理任用结合好。"三名"工作室成员是优中选优，经过层层评审才得以确定，应多方面发挥他们的引领作用。其次，要将过程评价和结果评价结合好。"三名"工作室在建设过程中，主管部门要多加引导，发现问题及时改进，避免出现大的偏差。"三名"工作室建设完成后，对建设成果要进行科学评估，对评估结果要及时反馈。

（四）成果转化有待加强

工作室研修成果的有效转化是工作室建设的重要任务。首先，处理好宏观性的大问题研究和微观性的小问题研究的关系。既要关注国际国内教育改革发展的大势，不谋全局者不足谋一域，也要关注本区域、本学校和本学科的实际问题，管好自己的"一亩三分地"。其次，处理好具体问题研究和教育教学成果凝练的关系。各级各类"三名"工作室凝练一般成果不难，但如何打造特色化、个性化的"名片"却相当困难。从方法论上看，现在工作室凝练成果时，多是从教师在一线教学管理中得到的一手经验归纳着手，缺少真正的研究基础和研究过程，从而导致成果显示度还不够高，我们需要在这个方面加强指导。

六、调研建议

在访谈过程中，各级各类主持人及成员结合自身的经验和反思，谈到进一步完善"三名"工作室建设的若干期待与设想。大致可以分为以下五个方面。

（一）聘请顾问加强专业引领

许多工作室主持人期待上级管理部门牵头，成立"三名"工作室顾问团队，尽快成立专门的资源库，帮助工作室快速、便捷地找到可用的专家资源和学术资料。主持人也需要培养，也要终身学习。引入固定专家常态化指导，对口引领开展研修活动，有针对性地推送当前教育前沿地区的教育资讯，这将有助于进一步提高工作室研修活动的整体效果。

（二）优化经费管理使用规范

工作室主持人和成员普遍认为工作室不是没有经费，而是现有对经费使用范围与程序的规定不够人性化，希望未来能够适度扩大工作室经费的使用范围，上级部门能在规范使用经费方面多一些财务方面的指导。

（三）研修活动安排统分结合

调研团队建议恢复研修活动由区教育发展研究院统一组织，分层、分类管理的方式。由于成员有评职称等现实需要，许多主持人和成员都希望能够捋顺工作室活动的名义问题，恢复由区教育发展研究院下发活动通知到每个学校，最终落实到每个参与活动的人员，核心就是区教育发展研究院统一组织开讲座，最后盖章认证，纳入继续教育学分。

（四）成效监测评估科学合理

现在各级各类工作室都开展了大量活动，因此也存在重复浪费资源的问题，这不仅影响活动本身的质量，还会影响成员参与活动的积极性。调研团队期待上级部门当好"裁判员"，适时监测评估工作室活动开展频次和品质。

（五）融合多类平台合作教研

不少主持人和成员希望能将工作室活动和区教研活动有效结合，这样既能形成竞争，激发成员参加积极性，又能在合作中提升活动的影响力。调研团队建议上级行政部门统筹开展活动，主动联系区外甚至是省外名校或特色学校，结成跨区域的工作室学习共同体，形成以项目为抓手开展合作研修，或者形成挂钩定点外出学习的模式，目的是提升工作室研修活动的新意和品质；希望工作室类型可以更加丰富，特别是扩大学科覆盖面，如小学科学、学生心理健康、幼儿园家庭教育等方面都可以纳入设计考虑范围。

调研团队通过整理、分类与评析访谈资料，了解到广州市南沙区"三名"工作室在建设与运行过程中，在立德树人、课程体系、学校文化体系开发和促进教师专业化等方面取得了丰富的经验。同时，调研团队也发现"三名"工作室正面临一些困境，有的问题是共性的，有的问题存在特殊性。调研团队希望借助行动者反馈及思考的结构化和逻辑化，能为南沙区"三名"工作室未来的发展提供一些参考。

第二章 遇

凝练品牌：

名校（园）长

工作室的引领

理念共升　智慧互融　朋辈同行

常志清（广东第二师范学院附属南沙珠江学校）

广东省常志清名校长工作室成立于 2021 年 5 月，工作室以"理念共升、智慧互融、朋辈同行"为工作理念，以"品牌校的推进剂、教育家的孵化器"为工作准则，致力于打造一个具有示范引领、辐射带动作用的科研型名校长团队，培养一个适合教育、理解教育、研究教育、实践教育、创新教育的高水平校长团队，培养一支胸怀教育理想，具有先进的办学理念、较强的研究和管理能力、鲜明的办学风格的名校长队伍。

主持人常志清，广东第二师范学院附属南沙珠江学校党委书记、校长，广州市南沙珠江中学教育集团党委书记、理事长（总校长），中学正高级教师；中原名师工作室主持人，广州市政府督学，省基础教育专家，省政府学术技术带头人，省教育厅学术技术带头人，省教师教育专家，省教育厅优秀教育管理人才，省级名师，省级骨干教师，省五一劳动奖章获得者，国培授课专家；主持省级以上教育科研课题 14 项，在核心期刊上发表论文 10 多篇，获省级教学成果一等奖 5 个、省级教学成果二等奖 2 个。常志清主持工作室的全面工作，是工作室的责任人。

在上级领导的关心支持下，工作室按照广东省教育厅、广东省财政厅关于印发相关管理办法和工作室的三年工作方案及相关文件精神，认真组织集中研修培训学习、名校考察、跟岗学习、送教下乡、课题研究等活动。

一、活动引领促成长

（一）工作室授牌启动仪式，领航新征程

2021 年 7 月，工作室主持人团队参加了广东省中小学名校长工作室授牌仪式暨研讨交流活动，聆听了教育部中小学名校长领航工程江苏基地首席专家、江苏第二师范学院严华银教授在名家讲坛上做的题为"价值引领与思维启迪：论名校长工作室的工作开展"的学术讲座，与各工作室的主持人围绕

"破解发展难题，赋能工作室品牌建设"的主题进行交流探讨并进行了工作室研究课题选题设计分享研讨，加强工作室之间的交流和合作，肩负新的使命和责任。

（二）主持人团队研修，开启新篇章

2021年10月8—11日，工作室主持人团队参与了以专家专题讲座、省内外经验分享、分组交流研讨、自主研修等多种形式开展研修的广东省中小学名校长工作室主持人团队专项研修项目。在培训的过程中，主持人团队认真做好工作室项目的顶层设计，制定好工作室的目标和方案，提高了思想认识，明确了工作室的任务和要求。

（三）课题引领，迸发工作室的发展内驱力

学校的发展离不开教育教学的改革和学校管理的创新，工作室结合教育改革和发展重点任务和实际开展研究，并以课题的形式进行深入的研究。

2022年10月20日，工作室团队就申报的两个广东省中小学校本研修学校专项课题"集团引领下校本研修的实践研究"和"基于姊妹学校共建的中华优秀传统文化在港澳中小学浸润式传播的路径研究"举行了开题报告会并邀请专家做点评指导。2022年12月，工作室在省区市多名专家的指导下，分别举行了广东省教育科学规划课题"集团化办学背景下中小学校本研修的实践与探索"和广州市教育科学规划课题"革命传统教育融入初中学科教学的路径研究"的开题报告会，课题聚焦"校本研修"和"学校文化建设"两大问题。

（四）入校诊断、剖析关键点

2022年6月，工作室主持人所在学校开展了诊断工具研制专题论证会和工作室学校诊断活动。10多位专家参加了本次活动，专家在入校诊断中进行了四个环节的综合研判：一是观摩推门常态课，二是正校长、教学副校长及主任、学科组长和个别专访，三是德育副校长及主任、年级组长座谈会和个别学生专访，四是全体教师、学生、家长的问卷调查。

现场专家根据学校收集的材料、学校自评报告和现场查看等综合情况，基于学校整体发展维度，对学校利益相关者进行访谈或问卷调查，诊断工作做到书面与实际相结合，并在与学校诊断小组互动的基础上，商讨学校的成功经验和存在的问题，并与学校商讨确定发展的方向以及急需解决的重大问题。

（五）学习交流，协同发展

2021 年 11 月 23 日，工作室主持人作为专家应邀在广东省校本研修示范学校典型经验交流会（初中组）开展了题为"集团化办学背景下校本研修的实践研究"的专题讲座。2022 年 8 月 27 日，主持人在南沙区教育发展中心举办的义务教育和普通高中课程方案、课程标准校长研修班中做了专题讲座。2022 年 3 月 14 日，工作室开展了教师命题培训的校本研修活动。

（六）跟岗研修，实操培训

为加快工作室队伍建设，促进全体学员的专业发展，2021 年 12 月 3 日，工作室成员到从化流溪中学开展了跟岗学习，学习教育教学的思想和校园文化建设。2022 年 2 月 17 日，工作室成员走进英东中学进行了跟岗学习，学习其国际化办学理念和办学思路；6 月 9 日，工作室走进华南师范大学附属南沙学校进行了跟岗学习。

（七）教育专家请进来，头脑风暴迸发火花

2021 年 12 月 4 日上午，工作室邀请了广东省朱穗清名班主任工作室主持人，以"做一个有创意的班主任"为主题开展班级管理实操讲座。为开阔国际视野，促进粤港澳地区中学教育教学经验的交流，2022 年 2 月 25 日，工作室邀请香港创知中学校长黄博士以线上交流的形式，开展了主题为"透过内地考察交流培养香港学生的家国情怀"的讲座；4 月 11 日，邀请澳门商训夜中学校长郑博士开展了"同饮珠江水，共为湾区人——'一国两制'下的澳门与澳门教育发展"主题讲座。

（八）专项培训，提升理论实践水平

为了更好地引领发展，工作室成员参加了广东省名校长工作室主持人团队专项研修培训系列活动。2022 年 4 月 16 日，工作室成员参加了暨"家校社协同育人"主题论坛活动；5 月 14 日，参加了"追求美的学校教育"主题论坛活动；6 月 6 日，聆听了权威专家解读《家庭教育促进法》专题讲座；8 月 6—8 日参加了为期 4 天的名校长工作室课题研究形成的研究性实践变革及实践成果展示交流并与权威专家对话交流的培训活动。

（九）送教下乡，结对帮扶

2022 年 10 月 20 日，为充分发挥名校长工作室辐射、示范、带头作用，工作室团队一行5人走进了贵州省安顺市紫云县帮扶学校猫营中学和狗场中学，工作室成员开展了英语、语文学科的示范课和学科建设指导工作。

（十）集中研修，促进专业化发展

为发挥名校长工作室的引领和辐射作用，聚焦学校办学实践，加强办学品质、课程建设、校园文化，指导工作室成员开展学校管理的研究和实践，工作室开展2022年上半年的研修活动。6月8日，工作室邀请专家开展了"基于证据深度思考的学校诊断"和"基础教育成果培训"的专题讲座；6月9日，工作室走进华南师范大学附属南沙学校进行名校考察；6月10日，工作室成员参加广东省校本研修示范校与培育学校学科首席专家专项培训暨海珠区第二实验小学教育集团基于积极教育评价的校本研修典型经验推介会活动；6月11日，工作室成员参加了广东省中小学名校长工作室学校诊断工具研制专题论证会暨常志清省名校长工作室学校诊断活动。

二、示范引领，成绩斐然

（一）一校一品渐入佳境

（1）学员校河源市第二中学结合自身实际，提出的"一个文化"，一个基于"和哲学"的校园文化建设，让"22221"模式（指"两个引领、两个驱动、两个运动、两个抓手、一个文化"）落地生根，用心用爱呵护学生成长，倾情打造人民满意的学校，走出了一条适合本校发展的特色教学之路。

（2）学员校广州外国语学校附属学校传承广外集团"博雅和"办学文化，以服务大湾区建设为己任，践行南沙"适合的教育"，高起点、高标准办学，形成了鲜活开放的办学特色，践行"全人教育"理念，致力于创建南沙一流、湾区知名的教育国际化窗口学校。

（3）学员校广州市增城区挂绿实验学校以军绿育红花，奠定了"为生命添彩"的办学理念；以国防特色促成长，引入智慧课堂，勾勒出"培根铸魂，启智润心"的育人目标。校训"立大志，做小事，成大器"催人奋发向上，校风"铸魂强体，笃学强能"修炼军人品格，教风"笃信兼爱，敬业善导"培养生之良师，学风"尚德明责，知行合一"成就国之栋梁。学校曾获广州市增城区公办初中教育综合评价一等奖，师生累计获省级奖项53人次，获市级荣誉16项、区级荣誉38项。

（4）学员校梅州市梅江区长沙中学以"让每一位学生得到多元化的可持

续发展"为办学理念，以"忠、信、笃、毅"为校训；把教书育人、管理育人、服务育人有机地结合起来，努力培养学生的综合素质。学校的教育教学质量稳步提升，办学实力、社会影响力日益增强。

（5）学员校广州市南沙区滨海实验学校秉承海绵校园的设计理念，积极开发建构符合时代特征、强化教师队伍、尊重学生个性特长、促进学生全面发展的"一体两翼五雅"的课程体系。其中，一体为基础课程；两翼为拓展课程；五雅为个性课程，涵盖雅学课程、雅行课程、雅艺课程、雅健课程、雅智课程五种不同类型的课程体系。

（二）入室学员以课题研究为导向，高质量成长

工作室学员围绕着凝练办学思想和办学特色，积极开展教育管理研究。入室学员张校长开展了教育部课程教材研究所"校家社协同创新育人项目"的"校家社协同育人机制研究"课题研究。梁校长启动了梅州市第十一届教育教学科研项目"农村学校留守学生心理健康教育途径创新研究"课题研究，参与编写《初中化学课堂教学实践与反思》并公开出版，指导学生在第37届梅州市青少年科技创新大赛中获科技创新成果奖。邹校长的区级课题"初中德育融合心理健康教育的实践研究"现正处在研究阶段。宋校长的"增城区中小学思想政治（道德与法治）课教学一体化的路径与评价研究"课题现正处在中期研究阶段。朱校长开展了省级德育课题"基于和文化的中小学校园文化建设研究"的研究。同时，工作室学员积极参与工作室"集团引领下校本研修的实践研究"和"基于姊妹学校共建的中华优秀传统文化在港澳中小学浸润式传播的路径研究"两个省级课题的研究。

在学习考察中思考　在研讨反思中提升

梁剑辉（梅州市梅江区长沙中学）

作为"广东省常志清名校长工作室"的一员，我有机会来到广东第二师范学院附属南沙珠江学校，零距离学习、感悟专家校长和参访学校先进的办学理念和管理经验。虽在该校仅停留了短短20多天，但我通过"听、看、问、议、思"等多种方法的学习，开阔了视野，转变了观念，吸取了经验，对学校教育、管理有了新的认识，更看到了自己和本学校工作的不足，对今后的工作有了一些思路。

一、深层学习筑基础

在名校长工作室学习的这段时间里，我深感自己的不足：理论知识缺乏，思考力薄弱，实践经验不足。有压力才有动力，为此，我制订了阅读计划，在工作之余，要求自己阅读一些教育书籍，以此拓宽自己的教育视野。作为一名校长，不但要学习，还要深层学习。要考虑宏观之学，即学习教育改革和发展的总体战略、发展任务、体制改革和保障措施；要抓紧时间本着"实际、实用、实效"的原则去学，在学的时候，可以带着问题学，也可以为了补缺专门去学习，还可以追踪前沿跟进学。要立于高处看教育，前行才有正确的方向，行动才有准则。基于中观的深层学习，是办好学校之道。什么是学校？我们要办怎样的教育？教育的本源是什么？这些都需要我们在不断的学习中思考。而基于微观的深层学习，则是学习教育管理之术。有些管理理论的书是教育管理方面的，这些书针对教育实际，容易上手，在实践中能及时用上。还有很多与教育管理无关的管理类经典书籍，如果能"跨界学习"，那必定收获颇丰，而如何将这些管理之道有机地融入教育，则要看个人的智慧。

二、见贤思齐求进步

这次的学习观摩，林天伦校长先进的治校经验分享，让我如沐春风，如饮甘泉。我深深体会到林校长高远的教育视野和开放的教育理念，认识到精细化、科学化的管理模式，特别是学校的治校发展方略，是学校教育教学的"定海神针"。学校后期制定的所有的教育教学活动都在治校发展方略框架下构建和实施，可以确保教育教学活动不跑偏、不走调。受林校长的经验启发，我重新整理了自己的教育和治校管理思路，再根据自身实际，从不同角度对学校管理的策略和方法进行了一系列调整，在调整的基础上拟订了学校的五年发展规划，为学校今后的发展指明了方向。而在广东第二师范学院附属南沙珠江学校学习的过程中，在常志清校长身上让我看到了什么是孜孜以求、精益求精。常校长用实际行动告诉我们，作为校长，要有大爱，要能高瞻远瞩，要有自己的教育思想。这让我想起了苏霍姆林斯基的那句名言："领导学校，首先是教育思想的领导，其次才是行政上的领导。"教育思想的领导是校长最重要、最有力的手段。一个优秀的校长不是用权威压人，也不是用行政管理人，而是用思想的魅力去感召人、凝聚人和发展人。

三、研讨交流得自新

在工作室的研讨交流中，我学到很多同行的教育经验。"他山之石，可以攻玉。"学习同行的办学经验，是促进我个人成长的一条捷径，可以避免走弯路。校长只有站在巨人、名人、智人、能人的肩上，才能使自己逐步"高大"起来。当然，对经验的学习，不能完全照搬，而要活学活用，在借鉴的基础上结合校情创新地用。对于他人的教训，也要学，也就是把教训当成资源来学，因为"教训有时比成功更有价值"。

四、反思自悟促提升

反思是众多优秀校长成长的途径之一。校长的反思，其目标就是分清理论是非，就是把感性认识上升到理性认识的过程。"做一名反思型校长"，已成为大多数校长的共识；"让反思促进管理者成长"，是校长培训的重要内容。校长的反思，对于学校的发展以及自身的成长，都是非常有益的。因为经过了反思的工作，才有可能是理性化的工作；经过了反思的决策，才有可能是科学化的决策；经过了反思的评价，才有可能是合理化的评价。反思什么？任勇教授认为：首先，要反思领导之道。校长有三个角色：领导者、管理者和教育者。每一种角色都有与之相对应的任务和职责。校长应该在这三个角色上，努力达到应有的水准，即精通领导之道、管理之道和教育之道。但从现状看，校长的管理者角色被过度强调了，而领导者和教育者的角色没有得到重视。领导者要站得高、看得远，深入思考对学校的发展有全局性、战略性、前瞻性的问题，才能对学校发展做出正确的战略选择。其次，要反思管理之道。做正确的事情，是领导之道；把事情做正确，就是管理之道。作为管理者，校长要深入思考如何把正确的事情做正确。最后，要反思教育之道。无论是领导者，还是管理者，最终都要落到教育上，校长能不深思教育之道吗？俞敏洪先生说："教育之道在于要培养什么样的人，教育之道就是以良知、理性、仁爱为经，以知识、科技、创新为纬，造就新一代人格平等、思想自由、精神独立的国民。"作为教育者，校长要追寻教育之道，追求教育之真谛，坚守教育良知，让教育回归本源。

五、怀揣梦想再前行

梦想，是一种意识里的追求，是人们尚未实现而又迫切渴望的未来，并由此催生向这个目标奋斗的强大动力。校长要有自己的教育梦，这样才能在现实中砥砺前行、百炼成钢。要"心中有人"，努力让每一位师生都成为最能好的自己。要手中有卷，努力做一名书生校长。既能当教育梦想的守望者，又能从细处入手躬耕于课堂，坚守初心办人民满意的教育。未来的教育之路不会是一片坦途，但命运终将眷顾为之不懈奋斗的人们。"没有最好，只有更好"，教育梦、校长梦已然在路上，且不会有终点，"路漫漫其修远兮"，我们只有不断地去追求、去享受、去创造。

紧跟众贤能之足迹，追求好校长之境界，道阻且长，心向往之，行必能至。

求知　共享　引领　绽放

周丹（广州市南沙区横沥镇中心幼儿园）

广东省周丹名园长工作室成立于 2018 年。2021 年，工作室主持人周丹再次被广东省教育厅授予广东省新一轮（2021 — 2023 年）名园长工作室主持人称号。工作室以《幼儿园工作规程》《幼儿园教育指导纲要》《3～6 岁儿童学习与发展指南》《广东省中小学名教师、名校（园）长工作室工作指南》文件精神为指引，以"求知　共享　引领　绽放"为建设理念，以"三研三导"为研修方式，致力于打造一支学习型、实践型、创新型和专业型的师资队伍，培养一批"师德好、业务精、能力强、敢创新"的领军型园长与骨干教师。

一、求知：打造核心团队，明确工作目标

（一）组建团队

2021 年 10 月，新一轮周丹名园长工作室启动，为更好地实现"带动一个、辐射一片"，工作室根据广东省相关文件创新方法，以"主持人引领核心学员、核心学员引领网络学员"的学习模式组建工作室研修共同体。工作室主持人与入室学员实现双向选择，即工作室主持人面向本市及对口帮扶地区吸收 6 名具有突出管理能力和教学领导力的园长加入工作室团队，以 6 名入室学员为核心组建学习班委，同时每名入室学员各带不少于 8 名网络学员（按地域远近分配）的网络团队，形成一个有结构、有层次的"12266"式研修团队，即 1 名主持人（周丹）、2 名导师（方坚伟院长、叶平枝教授）、2 名助手（闫春艳、王锦湘）、6 名入室学员（范观琳、李云、林冠军、刘媚、丘素金、杨碧山）和 6 个网络研修团队（包含 50 名优秀的网络学员）。

（二）明确目标

面对新的工作要求，工作室修订了《广东省周丹名园长工作室管理手

册》，拟定了《广东省周丹名园长工作室三年发展规划（2021－2023年）》，完善了会议、培训、考核、学习等多项管理制度，提出了"求知　共享　引领　绽放"的建设理念和培养"师德好、业务精、能力强、善创新"领军园长的建设目标，确定了"理论学习"（幼教名著、专著等）、"专题研讨"（6个研修团队聚焦专题研讨）、"课题研究"（"名园长工作室园长课程领导力提升策略研究"）及"专家指导"（专家导师与主持人）、"典型引导"（省工作室入室学员）、"学员助导"（区工作室成员暨省工作室网络学员）的"三研三导"培养模式。此外，结合工作室三年发展规划，为每名入室学员制订了个人成长计划，并结合课题研究主题以及各入室学员所在园的课程特色，确定了相应的课题研究计划和任务分工，明确个人发展目标。

二、共享：铆定专业成长，发挥资源效益

（一）聚焦研修

工作室一直把研修活动作为入室学员专业成长的主渠道，主持人带领工作室全体人员以"线上＋线下""专家专题培训＋针对性指导""学员理论碰撞＋经验分享"相结合的方式，积极开展有质量、有特色、有深度的研修活动。截至2022年9月，工作室先后开展专题培训、指导交流以及研修活动10次，主持人与工作室入室学员以及网络学员送教送培9次，联合发动阅读打卡4次，输送优质学习资源近百次，收集幼儿园管理案例及教研活动素材10余个，研修团队学员提交学习心得70余篇，辐射幼教同行2000多人。

工作室研修活动根据入室学员需求，围绕园长课程领导力，实现了专家引领下的理论指导，如叶平枝教授的"幼儿园园长课程领导力"专题讲座、方坚伟教授的"教育高质量发展下园长科研领导力的提升与实践"讲座、龚孝华教授的"卓越园长的特征分析及培养"讲座，均理论联系实际、深入浅出地阐释了园长课程领导力的基本架构和知识体系，以及卓越园长的特征与培养策略等。同时，工作室还组织了实践经验分享活动，如工作室主持人周丹园长的"幼儿园课程建设思与行"分享、成员刘媚园长的"开展幼儿园课程活动有效传承客家文化——以新办园为例"分享、成员范观琳副园长的"幼儿园一日活动的组织与实施"分享、区工作室成员黎家颖副园长的"'和合文化'背景下有根有魂的园本课程建设"分享等，各分享人结合自身经验，阐述了从业以来的所做、所思、所感。

除集中研修外，工作室还积极推荐高质量学习资源，带领团队收看《"幼有善育"鹏城论坛》等名师、名家专题讲座20余次。一年以来，共辐射省工作室全体入室学员、区工作室全体人员、网络学员以及省内幼教同行1000余人（次）。

（二）共建共享

工作室注重资源的共建共享，积极参与学前教育公益活动，助力广东省学前教育发展。2022年5月，工作室主持人及团队通过"新理念·新起航"幼小衔接线上公益论坛，立足大湾区，面向广东省乃至全国开展幼小衔接主题宣传活动，与小学教师、幼儿园教师以及家长代表一起探讨如何帮助孩子做好上小学的心理准备，同时邀请资深儿童青少年咨询师从心理学角度，为家长们深入剖析儿童在每个心理发展阶段可能面临的问题以及与之对应的心理调适策略，帮助家长顺利完成幼小衔接的心理准备工作。当天的活动反响热烈，各直播渠道累计超过12万人次观看，收到了良好的传播效果。此外，工作室还联袂广东省曹浪华名师工作室举行线上公益讲座，为东莞、广州乃至广东省幼教同行分享工作室建设经验。

（三）优化宣传

为积极推广先进教育教学资讯、分享工作室研究的优秀课程故事及管理经验，实现与省内外同行的互动交流，力争工作室的研究过程能给同行以借鉴，周丹名园长工作室于2018年开通"广东省周丹名园长工作室"微信公众号。为做实做强辐射引领，工作室对微信公众号的功能板块进行了重新分区和优化，分设了"教育动态、活动报道、特邀栏目"三大板块，更细致、更有针对性地展示工作室的发展历程和经验积累。截至2022年9月，公众号推出品质宣传文章110余篇（次），不仅有效传播了工作室的最新动态，而且推动了名园长工作室以及幼教同行之间的互动交流。

三、引领：着眼内涵发展，发力示范辐射

（一）抓实基础工作

按照《广东省中小学名教师、名校（园）长、名班主任工作室管理办法》文件精神以及省、市教育部门相关文件要求，围绕工作室"求知　共享　引领　绽放"建设理念，结合工作室三年发展规划，在工作室顾问方坚伟

院长以及工作室导师叶平枝教授的指导下，工作室做精做实研修学习、培训指导、课题研究、网络资源建设与分享等基础性工作。其中，集中研修每月不少于1次，入园指导每学期不少于1次，阅读打卡读书分享活动每学期不少于1次，并与其他工作室开展联袂研修活动。通过各类学习活动的开展稳步推进工作室建设，促进入室学员专业化、内涵化发展，形成工作室文化品牌。

（二）开展特色活动

工作室充分发挥6个研修团队的辐射带动作用，围绕园长课程领导力课题研究，确定各研修团队的研究方向，由6个研修团队认领子课题并开展主题式研修活动。其中，每个研修团队每周开展1次好文共读活动，每学期围绕园长课程领导力单独举行研修活动不少于1次，每学年分享学习资源不少于8篇，每学期入室学员和研修团队网络学员各撰写学习案例不少于1篇，提交学习心得不少于10篇，实现工作室入室学员与网络学员的共同成长。

（三）突出重点帮扶

工作室主持人带领工作室助理前往各入室学员所在园所开展入园指导，参加各研修团队的研修活动，且一年不少于1次。工作室围绕送教送培，重点帮扶梅州、清远两地工作室入室学员所在园所的发展，即主持人周丹园长带领工作室全体入室学员实地走访，根据园所需要，制订帮扶计划，以专题讲座、现场指导、听课评课等方式，进行重点精准帮扶，每次培训时长不少于1周。

（四）准备学术著作

2022年，工作室围绕园长课程领导力建设，根据6个研修团队实际研修活动开展情况启动学术著作准备工作——收集活动案例和素材，组织研修碰头会，反馈学员实际困惑，交流经验，邀请专家进行专项指导，加大工作室的学术研究力度和深度，为撰写"园长课程领导力"学术著作打下基础。

四、绽放：达成专业提升，工作成果初显

（一）榜样带头

在工作室的引领下，工作室全体入室学员专业成长均有新的收获，2021年

以来，先后有 3 人获国家级荣誉 4 项，5 人及其所在园所获省级荣誉 14 项，7 人及其所在园所获市级荣誉 17 项，7 人及其所在园所获区级荣誉 18 项。其中，工作室主持人周丹于 2021 年 5 月获评广东省周丹名园长工作室主持人（2021 — 2023 年）并出版个人专著《美慧教育》，并获评广州市教育家（园长）培养对象及南沙区第三批名园长；于 2021 年 8 月当选南沙区人大代表，带领幼儿园团队成功申报市级课题"幼儿园美育活动课程的建构与实践——以'美慧'主题活动课例为例"；2021 年底，带领所在幼儿园成功入选广东省高质量发展第一批试验区"岭南自主游戏项目"试点园，所在园入选《促进乡村幼儿园教师专业发展评价改革实践研究》广东省教育评价改革拟立项试点项目。

累累硕果不仅为工作室学员树立了榜样，而且为横沥镇学前教育发展提供了助力，有效发挥了工作室的示范、辐射、引领作用。

（二）整体提升

2021 年以来，工作室入室学员取得的成绩如表 1 所示。

表 1 2021 年以来工作室入室学员取得的成绩汇总

时间	成绩	获奖人	级别
2021.1	论文《游戏中幼儿规则意识的培养策略研究》在《学习导刊》发表	范观琳	国家级刊物
2021.7	游戏案例《赛车记》获广州教育学会幼儿教育教学研究专业委员会举办的幼儿园优秀游戏活动案例评选二等奖	范观琳	市级
2021.7	指导的教师游戏案例《七彩池里洗玩具》获广州教育学会幼儿教育教学研究专业委员会举办的幼儿园优秀游戏活动案例评选二等奖	范观琳	市级
2021.7	指导的教师游戏案例《蚂蚁配送站》获广州教育学会幼儿教育教学研究专业委员会举办的幼儿园优秀游戏活动案例评选三等奖	范观琳	市级
2021.9	获聘南沙区教学研究中心组成员	范观琳	区级
2021.9	指导的教师课例《勇敢的小鸡》在广州市南沙区2021 年幼儿园体育课例评选中获三等奖	范观琳	区级
2022.10	获聘第四届南沙区政府督学	范观琳	区级

续表1

时间	成绩	获奖人	级别
2021.4	论文《浅谈挖掘自然教育资源培养幼儿自然观察智能》刊登在《师道》（教研）2021年第4期	李云	省级刊物
2021.6	论文《浅谈挖掘自然教育资源培养幼儿自然观察智能》获中国幼儿教育学会论文与案例比赛一等奖	李云	国家级
2021.8	论文《以课程建设为抓手，营造立体育人环境》刊登在《师道》（教研）2021年第8期	李云	省级刊物
2021.7	在"小小红色故事讲述人——百年初心，童诗颂党"2021年广州市红色诵读活动中获"优秀指导教师"	李云	市级
2021.7	领衔白云区7所幼儿园进行"在活动中培养自然观察智能的实践研究"项目研究（已立项）	李云	区级
2021.7	广州市白云区悦自然联盟——白云区首批学前教育区域发展联盟（已立项）	李云	区级
2021.6	论文《写了"十年的故事"》发表在《儿童与健康》杂志	林冠军	国家级刊物
2021.11	论文《利用"三一"策略提升亲子陪伴质量》获得广东学前教育学会年会论文评比一等奖	林冠军	省级
2021.9	获聘番禺区第九批特约教研员	林冠军	区级
2021.3	获评广州市番禺区家庭教育名师工作室主持人	林冠军	区级
2021.11	所在大石街中心幼儿园4个"十四五"课题立项	林冠军	—
2021.6	论文《结合地域特色生存客家文化课程》获2021年度第十九届"当代杯"全国幼儿教师职业技能大赛论文组二等奖	刘媚	国家级
2022.6	论文《如何开展幼儿园客家文化课程研究》获2022年第二十届"当代杯"全国幼儿教师职业技能大赛论文组三等奖	刘媚	国家级
2021.8	获2021年广东省特级教师称号	刘媚	省级
2022.9	论文《构建幼儿园客家文化课程》发表在《师道》2022年第9期	刘媚	省级刊物

续表1

时间	成绩	获奖人	级别
2022.10	省重点课题"幼儿园客家文化课程的构建与实践研究"顺利结题	刘媚	省级
2021.7	"幼儿园开展性别平等教育的实践与探究"顺利结题并被评为优秀课题	刘媚	市级
2022.4	论文《实施性别平等教育彰显幼儿个性色彩》被梅州市教育局评为优秀论文二等奖	刘媚	市级
2022.4	活动案例《男孩女孩一样强》获梅州市优秀教案一等奖	刘媚	市级
2021.3	论文《客家文化传承跑在"互联网＋"上》被评为梅江区信息技术教育教学论文一等奖	刘媚	区级
2021.9	获2021年梅州市梅江区优秀共产党员称号	刘媚	区级
2021.9	获评梅州市教学先进工作者	丘素金	市级
2021.11	辅导幼儿参加全国第八届广东儿童建构大挑战活动荣获环保接力（幼儿组）三等奖	杨碧山	省级
2022.3	论文《如何在幼儿园五大领域活动中渗透二十四节气文化》在期刊《锦绣》2022年第2期发表	杨碧山	省级
2022.8	论文《浅谈二十四节气健康饮食文化融入幼儿园戏剧课程的路径探究》在《广东教学报》第3988期发表	杨碧山	省级
2022.10	创作童谣《我是中国娃》在"强国复兴有我"2022年岭南童谣征集传唱活动中荣获三等奖	杨碧山	省级
2021.4	所在幼儿园被评为广东省基础教育学科教研基地项目学前教育教研基地园	杨碧山	省级
2022.5	所在幼儿园被评为清远市中小学教师信息技术应用能力提升工程2.0市级示范校	杨碧山	市级
2021.9	在"百年华诞 史诗大美——2021年'清远朗读者'朗诵会演活动"荣获金奖	杨碧山	市级
2021.10	在广东省第十四届"百歌颂中华"歌咏活动暨清远市第二十届广场文化艺术节（合唱比赛）决赛中荣获金奖	杨碧山	市级

续表1

时间	成绩	获奖人	级别
2022.3	课件《大树与松鼠》在2021年清远市"双融双创"教师信息化应用评审活动中荣获幼儿教育组课件类一等奖	杨碧山	市级
2022.3	课例《向党献礼》在2021年清远市"双融双创"教师信息化应用评审活动中荣获幼儿教育组融合创新课例三等奖	杨碧山	市级
2022.11	案例《身心准备四重奏——幼小衔接之身心准备活动》在清远市幼儿园幼小衔接活动方案征集活动中荣获优秀案例奖	杨碧山	市级
2021.1	被评为2020年清远市清城区教育系统未成年人思想道德建设"先进个人"	杨碧山	区级
2021.8	论文《浅谈如何利用我国重要节日对幼儿进行品格教育》在2021年清城区优秀教育教学论文评比中荣获一等奖	杨碧山	区级
2021.11	成为政协清远市清城区第六届委员	杨碧山	区级
2022.5	所在幼儿园原创歌曲《小小孩大梦想》在2022年清城区"五一"劳动节系列宣传活动之"唱一首好歌"歌曲网络大赛中荣获二等奖	杨碧山	区级
2022.5	辅导教师陈婉岚参加清远市清城区幼儿园青年教师基本功选拔赛荣获二等奖	杨碧山	区级
2022.8	论文《浅谈二十四节气健康饮食文化融入幼儿园戏剧课程的路径探究》在2022年清城区优秀教育教学论文评选中荣获一等奖	杨碧山	区级
2022.9	被评为2021—2022学年度清远市清城区优秀教育工作者	杨碧山	区级

附录

践行"美慧教育" 追求专业成长

陈嘉裕（南沙区横沥镇中心幼儿园）

广东省周丹名园长工作室以"求知"为基础，着力理论学习，打造学习型团队。工作室持续开展阅读打卡与研修学习，我被这种气氛带动起来。在周园长的引领下，我参加了工作室学习，加入了研修学习小组。自加入工作室以来，我有更多的学习平台、有更好的资源，与其他优秀园长、教师一起学习，也有更多机会与专家面对面探讨问题，还能将自己的疑惑与大家一起讨论，我越发感到工作室是一个学习、探究、成长发展的共同体。在工作室里，我们的成长是快速的，教学能力、管理能力都有了很大的提升。

一、带着问题研习，着力改革提升

在参加工作室"美慧教育"《幼儿园课程建设思与行》的研修活动中，我结合所在园广州市南沙区横沥镇中心幼儿园"美慧课程"建设实践经验，聚焦幼儿园课程建设关注点与基本思路，从幼儿园课程概念出发，探讨课程方案的撰写、课程实施的基本途径、课程管理的策略以及课程评价的方式。在研修学习的过程中，周丹园长提供了多个鲜活的美术课程案例，借助《美术是孩子不可缺少的游戏》宣传片，重点介绍了幼儿美术教育的经验做法。以美术为载体，通过提供大量的材料，带领孩子们在游戏中绘画、做手工和进行艺术鉴赏，不仅玩出了美感和创意，更玩出了艺术气质，在孩子发现美、创造美的过程中，培养其专注力、创造力以及自信心，为培养未来艺术人才奠定基础。

横沥镇中心幼儿园是一所在 2013 年 1 月由民办园转为公办园的乡镇级幼儿园，幼儿家庭对美术教育的认知和氛围偏低，幼儿学习美术的起点较低，乡镇美术教育资源不够丰富。由于受传统观念的约束，之前我园的美术教育比较单一，在培养目标上，重技能技巧的训练，轻自由创造的培养。我园的幼儿美术教育活动就是在美术课堂上，简单地用一节课的时间去教孩子画一幅画，或做一个手工，或欣赏一幅作品，把幼儿园的美术教育变成一个单向的技能传授与灌输过程。

在教育内容上，过分强调对自然的模仿和再现，儿童作品模式化倾向突出，缺乏儿童的天性。

在教学方法上，灌输法仍然被大量使用，基本上是教师示范、孩子模仿的模式。这种以教师为中心的教学模式代替了孩子的思考和想象，重技能而轻艺术素质的培养方式，在一定程度上脱离孩子的生活经验，使孩子的作品失去了个性风格，也扼杀了孩子的想象力及创造力。

在周丹园长的带领下，借助工作室的平台，我园开展了一系列的美术教育改革工作。

首先，改变我园的美术教育理念。近一年来，我园打造并开展了"美慧特色课程"，给每个孩子心里播下一颗美的种子，给孩子们表现美、创造美、传递美的空间。将旧的美术教育模式转变为新的美术教育理念：以孩子为本，根据孩子的生活经验，培养、激发孩子对美术的兴趣，进而提升孩子的想象力及创造力。随着幼儿美术教育的内容和形式的多样化，我们努力在幼儿美术教育中尊重与理解孩子的学习特点和方式，开展多元化的美术教育活动，选择符合孩子身心特点的方式，组织多元化的美术教育活动，从而培养孩子积极主动探索、敢于表现、乐于想象和创造等良好学习品质。

其次，改变我园的美术教学方式。鼓励教师在美术活动上进行不同的尝试。比如，利用孩子收集回来的禾秆、树皮、贝壳、虾姑帽、簸箕等材料，在班上做班级环境布置及美术活动的创造，如DIY草帽、雨伞、木块等。我园将园本教研转化为各种具体活动。该模式操作从领导到骨干到新教师全员参加，合作研究，使教师重新认识幼儿园美术教育，现场体验有别于我们传统观念上的幼儿园美术教育展示。但在过程中又发现了一些新的问题：一是作品内容及材料运用比较单一；二是美术活动的开设比较孤立，没有联系；三是孩子的知识经验积累较少，思维较局限，创造性思维表现还不是很突出。为此，工作室开展了"无痕之育——幼儿园美育的再思考"专题培训，对美术教学方式进行针对性的指导，并通过美术沙龙活动做进一步调整和改善。

二、丰富活动内容，开阔教学视野

针对美术教育材料单一的问题，在工作室指导下，我们尝试通过美术沙龙活动来为教师开阔视野。

例如，在某次美术沙龙活动中，孩子的作品是利用幼儿园的各种体育器材和常用物品如篮球、软棒、勺子、布、木棍、地垫等材料，通过对这些材料的探索运用，让孩子摆出凤凰的造型，使孩子重新感受材料本身形状与色彩的美。教师们也注意到这个主题活动是为了关注材料的重新利用和再造，让孩子在体验中发现材料之美，在建构中创新地进行材料搭配组合。同时跟科技结合，利用航拍技术，把拍到的画面用电视呈现，让孩子们通过电视呈现的画面进行调整。在整个过程中，教师们看到孩子通过引导，从而更多地是对材料进行思考运用。而教师关注的不单单是结果，更多地是关注孩子创作的过程。材料作为美术教育的载体，是丰富的、多元的，每个儿童天生就是艺术家。

我们经常组织美慧教育艺术工作坊的活动，帮助教师提升主题活动的设计能力。比如，在一次活动中，教师们共同探讨出一个完整的主题活动方案，第一步让孩子通过五感探索认识茶叶；第二步带着孩子冲茶品茶；第三步延伸主题美术活动，用茶叶拼不同的艺术造型。在这次活动中，我们甚至还看到孩子们通过小组合作用茶叶拼泳池、高楼大厦等。这样一来，教师就更明确主题活动的内容，孩子的想象力、创造力也在活动中有了提升。

针对美术活动比较孤立、相互之间没有联系的问题，我们尝试以 STEAM 为理念建构绘本美术课程，让幼儿创作平面绘本，把制作好的绘本作为班级表演戏剧的剧本，让幼儿分角色把绘本的内容演出来。在这个课程中，我们把美术、音乐、戏剧结合起来，把当代艺术融入幼儿生活，让幼儿用不同自然素材设计主题"天后宫"。这个主题融合了建筑学、美学、力学，让幼儿在"玩中学"，打破以往幼儿园美术活动单一孤立的现状，让美术教育可以创造出不同的新主题。我们的做法是让幼儿艺术回归自然，在自然中撒野，将大自然、大社会融入幼儿的美术活动。我们在幼儿园收集了很多丰富的原生态自然材料，如树枝、果实、葫芦、石头、鸟窝、木片等，让孩子们进行各种艺术创造，把大自然的美好保留下来。孩子通过不断尝试，学着像艺术家一样思考，选出最适合的材料，进行大胆创作，并把多种材料互相组合，建造出形态各异的建筑物。孩子们有的搭建高大的房子，有的搭建弯曲的小桥，有的搭建漂亮的鱼池，整个活动过程孩子参与度高，专注投入，始终保持着高度的创作热情。我们让幼儿学会发现和感受自然与生活中的美，鼓励和支持幼儿自发的艺术表现和创造。结合陈鹤琴的"活教育"理论，大自然、大社会是活的教材。作为工作室的成员，我觉得这个做法很值得借鉴，在活动中幼儿自主探索、深入研究，把美术教育融入生活。幼儿园可以多开展类似的接近自然探索的艺术活动。

针对幼儿知识积累少的局限性，我园还开设了各种美术主题项目课程，通过主题课程丰富幼儿的知识面，把幼儿美术教育融入、应用到日常生活，解决生活中的实际问题，提升幼儿的综合能力。例如，主题课程之一"我们的幼儿园"，孩子们首先通过头脑风暴，构思"我心中的幼儿园"有摩天轮、有很大的足球场等，然后孩子们把想法用纸画出来，接下来做规划设计，通过寻求家长的帮助，最后通过模型展现出来。孩子们设计的幼儿园创意十足，有摩天轮、大型滑道、大足球场，整个主题活动着重锻炼了孩子们的沟通能力、表达能力、解决问题的能力。另外，通过"兔奶奶找回家的路"的主题美术活动，幼儿制作"我家的地图"、设计"我的房子"。孩子们用画地图的方式设计回家的路线，孩子们思路清晰、认真投入，设计出回家最短的路线并制作模型。一个个主题美术教育活动做下来，孩子们收获很大。

在参加广东省周丹名园长工作室的研修学习中，我体会到幼儿园的艺术教育可以丰富孩子们的情感，启发他们大胆运用不同的艺术形式表达自己的经验和感受，培养孩子们初步感受美、表现美、创造美的能力。

文化自觉而后觉人

刘克风（广州市南沙横沥中学）

南沙区刘克风名校长工作室成立于 2018 年 3 月，同年 6 月挂牌广州市名校长工作室。首期培训成员有 7 名，他们是邹刚、周建洪、曾文明、黎继承、刘大革、陈家铨、刘水珍。2021 年 8 月 19 日培训期满，接受市级、区级两级名校长工作室考核，皆为优秀。2022 年 5 月 22 日，南沙区教育发展中心发文，批准刘克风名校长工作室续期建设，第二期培训成员 8 名，他们是郭桂荣、何庆胜、任聪、张灵灵、凌亚威、刘志标、余军和、陈雄。

刘克风名校长工作室以校长的教育教学实践为主线，以校长自身专业化发展为基础，以建立校长学习共同体、促进提升管理水平、提炼办学思想、丰富学校文化、创建学校特色、建设教师师德、达成学校改进发展为目标，以校长工作室为活动平台，充分发扬工作室成员间的团结协作精神，通过理论探讨与实践研究，形成一支办学理念先进、理论水平深厚、管理能力强劲、个性风格鲜明的专家型校长队伍，使名校长工作室成为名校长和未来学校教育领军人才的摇篮。

工作室成立三年来，各成员遵循"文化自觉而后觉人"的理念，践行"探索城市化进程中薄弱中小学质量提升之途径"的宗旨，牢记"提升生命的境界，办好适合的教育"的室训，形成了"以美德成就美德，以智慧启迪智慧"的室风，分别在课题研究、学术文化交流、论文和专著的写作、东西部教育互助共进、学校共同体建设、教师师德建设、校长个人专业发展等方面进行了广泛的探索，取得了一定的成效。

一、工作室关于师德建设的主要观点与实践

主要观点："文化自信"而后"文化自觉"而后"觉人"；正确认识和处理好"自然人""社会人""精神人"之间的关系，内生归属感和幸福感；树立"学到老活到老"的理念，去"老龄化"倦怠状态；脱离功利性横向比较，"自我超越，止于至善"；"适合的教育"才是最好的教育；"心即理、

致良知"；等等。

实践过程：①学习培训提升；②校长"善者无敌"的态度和引领示范，教师"从游"而成自然；③营造良好的师德建设文化环境；④爱心课堂常态化；⑤开发师德建设校本课程；⑥"共行远"团队评价；⑦在生活中教育学生，在实践中育人；⑧教学项目化；⑨德育教育循证化；等等。

二、主要创新和学术价值

将"师德建设"从控制底线的制度落实和条例的设定强调转移到培养品学兼优的教师上来，努力为培养"四有"教师和"四个引路人"教师探索出一条可供借鉴的道路。

（1）在根植文化自信观、传承优秀文化、提升生命境界、立足中国优秀传统文化教育的基础上，形成广大教育工作者和教师的家国情怀和归属感；同时，在"经济全球化、世界多极化、文化多样化、社会信息化"的背景下，建立起教育现代化、国际化思想和理念。

（2）师德建设"从游"观。其依据为清华大学原校长梅贻琦的"从游"论，即作为校长，不能空谈理论，引领和带动最重要。

（3）教师幸福感"内生"观。人的幸福感是自生的，教师的幸福感也是自我感觉的。一个人的幸福感首先取决于个人的心态，怀着感恩而不是索取的心态，生活就会找到幸福感；一个人应有正确的人生观、价值观，而不是执着于攀比，这样人的生活和工作才会收获幸福感。

（4）"活到老学到老"观。作为一名教师，只有做一个终身学习者，才可与时俱进，生命鲜活到老。

（5）生活即教育，教育即生活。师者应将教育工作当作生活的一部分对待，形成积极的生活态度，以及构建教师的幸福人生。

（6）走"最适合"学生发展的教育之路，培养全面发展和个性发展的学生，落实学校课程建设体系，培养学生的核心素养。

（7）"文化自觉而后觉人"，教师不仅要持续走好"学者型、专家型"的专业化发展之路，还要从"职业"中走出来，只有源于文化的自觉，敬业爱岗，内生动力，才可持续发展。

（8）自我超越，止于至善。要有"至善"的情怀，更要有"致善"的行动。以"善"文化为基础，建设"致善"特色学校。不与他人攀比，纵向比较才有意义。每个人的禀赋特长、学识能力起点、背景资源、社会人际关系等千差万别，沿自己既定的正确方向奔跑，不轻易接受他人在思想上的约束及左右。

（9）推进项目教学，要求教师在教育教学中实现六种连接，即与社会的连接，与家庭的连接，与环境的连接，与生活的连接，与课本的连接，与经验的连接。让学生形成科学的学习习惯，即在做中学（知行合一）、在探中学（批判反思）、在悟中学（体验感悟）、在说中学（交流碰撞）、在显中学（彰显激励）、在助中学（合作互助）、在乐中学（身心健康），以实现学生核心素养发展，即实现人文底蕴和科学精神、学会学习和健康生活、责任担当和实践创新相结合的发展。

（10）在循证教育的指向下开展学校广义的德育工作。改变德育工作的说教性、概念性、经验性和模式性，倡导其活动性、实践性、智慧性和尊重个体意愿性，在文化自信教育、生活生命教育、全面发展教育、面向全体教育、全人教育、成长教育和知行合一教育等方面进行思考和实践探索。

（11）在课程建设工作中，构建"德智双善"的课堂教学模式和"体艺劳三善"的活动课程模式，努力发展学生的核心素养。让学生在教学过程中生成知识与技能，情感上培养学习兴趣，承担责任；态度上培养乐观的生活态度、求实的科学态度、宽容的人生态度；价值观上实现个人价值和社会价值的统一，科学价值与人文价值的统一，人类价值与自然价值的统一。使学生确立起对真善美的价值追求，建立起人与自然和谐发展和可持续发展的理念。

三、笔者获得的荣誉称号和社会影响

（一）获得的荣誉称号

（1）2021年4月6日，获评南沙区政府颁发认定的高层次人才称号。

（2）2022年7月28日，笔者的教育教学研究成果入库广州市教育局基础教育培育项目。

（3）2021年12月31日，笔者的教育教学研究成果获得广州教育学会一等奖。

（4）2021年9月10日，笔者的广州市德育示范课获得广州教育学会中学德育研究专业委员会优秀等级评价。

（5）2022年1月12日，笔者在工作室三年任职期满考核，获评广州市级和南沙区级两优秀评价。

（6）2021年11月，笔者在广东省教育厅主办、华南师范大学主训的广东省骨干校长高级研修培训中担任党支部书记，并获得优秀学员称号。

（二）办学的主要社会影响

（1）2018年12月21日，广州市教育局原副局长、广州教育学会会长吴强同志来到横沥中学，为广州市刘克风名校长工作室揭牌。

（2）2018年12月，广东省委党刊《南方》对刘克风校长领导的横沥中学作题为《聚力上善成流，润育至善成林》的专题报道。

（3）2019年5月20日，《中国教育报》对横沥中学作题为《善文化觉醒良师，多课程培育全才》的专题报道。

（4）2019年5月，笔者指导广州市中学校长任职资格培训班，方剑、刘依梦等7名学员到横沥中学进行为期一周的跟岗学习。

（5）2019年4月9日，《羊城晚报》以《南沙打造全国首个教育品牌示范区，今年建5所示范学校》为题报道，横沥中学名列其中。

（6）2020年11月，《南沙教研信息》杂志封底以《市、区名校长刘克风工作室简介》为题报道"文化自觉而后觉人"的师德建设理念和教育行动。

（7）2017年6月，汕头大学出版社出版《好教育》论坛专著，首篇以《以美德成就美德，以智慧启迪智慧》为题报道笔者开展德育与师德建设工作的情况，笔者被列为封面人物。

（8）为切实推进我国东西部教育组团协作帮扶工作，以及广东省内南沙平远教育结对发展工作，从2019年起，两届工作室成员分别前往贵州黔南和广东平远开展学校结对交流帮扶活动，具体进行了师德建设和教师发展专题讲座、送课到校、学校文化与特色建设工作经验交流等活动。具体帮扶宣讲的学校有：贵州龙里县湾寨民族中学、龙里民族中学、惠水县高镇中学（六中）、惠水县鸭绒中学、惠水县芦山中学、紫云县坝羊中学、紫云县白石岩中学，以及广东平远县城南中学、热柘华侨中学、仁居中学、石正中学和铁民中学。

四、开展活动情况

（一）区内开展活动情况

（1）2022年6月7日下午4：00，新一轮刘克风名校长工作室9名成员和横沥中学行政班子成员集中于横沥中学，开展第一次研修活动，主题为

"各美其美交流互助，美美与共携手前行"。

（2）2022年7月7日下午3：00—4：30，广州市教育科研课题开题专项培训，对象是广州教育学会立项课题组全体成员，以线上直播的方式进行，工作室课题"'适合的教育'达成'双减'自觉的实践研究"立项，全体成员集中关注"广州教育学会会务工作"公众号收看直播。

（3）教育部校家社协同创新育人项目，新一轮工作室"'适合的教育'达成校家社协同'双减'的实验研究"课题立项，本工作室课题组成员3次参加教育部课程教材发展中心主持的专项培训。第一次培训于2022年6月11—12日进行，主持人刘克风校长前往内蒙古自治区鄂尔多斯康巴什实地参训，各位成员集中在横沥中学录播室同步线上参训；第二次于6月30日全天，工作室全体成员集中线上参训；第三次于7月15日下午，工作室全体成员集中线上参训。

（4）2021年9月10日上午，怀着对教育的热忱，广州教育学会副会长熊少严研究员，华南师范大学博士生导师、教授彭虹斌老师和白云区教研院、特级、正高级教师王建春副院长，应邀作为专家来到我校进行广州教育学会中学德育专业委员会德育学科渗透调研暨南沙区"适合的教育"专项课题开题评审活动。上午第一节课，广州教育学会中学德育专委会理事、我校党支部书记刘克风校长执教德育示范课"滴滴成流，沥沥致善——综合实践开学第一课"。本课采用线上线下同步进行的方式。特邀专家、刘克风名校长工作室成员及教师代表于现场观课交流；广州教育学会中学德育专业委员会，南沙范围内市、区"三名"工作室成员参与线上观摩。

（5）2020年12月11日下午，笔者在广州市南沙横沥中学开展了题为"循证教育指向下的中小学德育工作的思考与校本实践"的专题讲座，参加人员为广州市李炳名校长工作室部分成员、学校班子部分成员、贵州挂职干部，以及广州市刘克风名校长工作室成员和班子成员，共38人。

（6）2020年7月9日，工作室在横沥中学开展研修活动，活动邀请了贵州省惠水县第六中学罗世雄校长一行12人参与，刘克风校长作了"走出教师职业倦怠困境的尝试——以横沥中学为例"专题发言，共20人。

（7）2020年上半年，工作室在横沥中学开展校本研修活动，共6个课时，笔者主讲课题是"传承中华优秀文化，提升师者生命境界"，工作室成员和全体教师共同参与，共78人。

（8）2019年6月12日，笔者在工作室校长成员校南沙区新徽学校开展专题讲座"孩子为什么要读书"，参与人员为工作室成员和该校全体教师，共75人。

（9）2019年5月13日，在广州市中学校长任职资格培训上，方剑、刘依梦等7名工作室成员学校来校跟岗，笔者作"滴滴成流、沥沥致善，在致善教育之路上迈进"的专题讲座，参加人员为跟岗人员及本工作室成员共15人。

（10）2019年下半年，工作室在横沥中学开展校本研修活动，共6个课时，笔者主讲课题是"文化自觉而觉人"，工作室成员和该校全体教师参与，共80人。

（11）2019年4月17日，笔者在工作室校长成员校南沙区港龙中英文学校开展专题讲座"文化自觉，做一个有文化的良师"，参与人员为工作室成员和该校全体教师，共75人。

（12）2018年4月12日，笔者在工作室校长成员校南沙万顷沙中学南校区开展研讨活动，主题是"学校文化与特色学校建设"，活动邀请到广州市教育科学研究所原所长熊少严先生和原广州市协和中学邹燕平校长，参与人员为工作室成员和该校班子成员，共15人。

（13）2018年9月5日上午，工作室一行8人在南沙区港龙中英文学校开展校文化与特色学校建设研讨活动，确立"龙"文化和"成龙教育"特色，并初步确立该校的顶层设计。

（14）2018年12月21日，广州教育学会会长、广州市教育局原副局长吴强同志来到横沥中学，为工作室主持揭牌仪式，并发表重要讲话，对工作室发展规划的制订给予指引。

（二）区外开展活动情况

（1）为了充分发挥广州市名校长工作室的示范、引领及辐射作用，实现优质教育资源共享，促进工作室成员教育管理水平的提升，在"南沙梅州教育帮扶协作工作组"的统筹策划和精心安排下，5月25—27日，广州市刘克风名校长工作室成员一行4人前往梅州市平远县开展教育交流协作活动，分别在平远城南中学、热柘华侨中学、仁居中学、石正中学和铁民中学，按学校选取的主题分5个场次开展宣讲，分别是："双减"背景下实施"适合的教育"，提质增效的实践探索；文化自觉，做一个有文化的良师；推行"适合的教育"，校家社协同合力实现"双减"；"适合的教育"循证教育思考与实践；传承中华优秀文化，提升师者生命境界。

（2）2021年12月9日上午，笔者在贵州省紫云县白石岩中学为全体教师作了题为"薄弱中学师德建设之路探索"的专题讲座。

（3）2021年12月10日上午，笔者在贵州省紫云县坝羊中学为全体教师进行了"'适合的教育'循证教育思考与实践研究"的专题讲座。

（4）2021年11月27日下午，广州市从化区第四中学骨干教师到我校交流学习，笔者作了题为"薄弱中学师德建设之路探索"的专题讲座。

（5）2020年11月27日下午，笔者在广州市增城区荔城街第三中学开展题为"循证教育指向下的中小学德育工作"的专题讲座，参加人员为广州市刘克风名校长工作室部分成员、学校班子部分成员和贵州挂职干部，以及广州市李炳名校长工作室成员和班子成员，共35人。

（6）2020年7月10日，在广州大学教育学院，笔者开展了"初心就是民心，使命就是生命"的专题讲座，参加人员为该学院学生党员及本工作室部分成员共68人。

（7）2020年7月1日，在广州大学教育学院，笔者开展了"大鹏一日同风起，扶摇直上九万里"的专题讲座，参加人员为学院应届毕业学生及本工作室部分成员共计300人。

（8）2020年4月10日，笔者在《中小学德育》主持的"北上广联动"上发表文章《非常时期非常课，让我们在疫情防控中感悟人生》，该文在网络上广为传播。

（9）2019年12月27日，笔者在贵州省惠水县教育局为全县中小学校长作题为"传承中华优秀文化，提升师者生命境界"的专题讲座，参加人员为全县中小学校长共110人。12月27日上午，笔者于教育局礼堂，为惠水县全体中小学校长作题为"传承中华优秀文化，提升师者生命境界"的专题讲座。从2019年2月起至今，先后有结对帮扶的贵州黔南两县共5所学校7位校级领导或中层干部来到横沥中学挂职跟岗学习。

（10）2019年12月27日下午，笔者在贵州省惠水县教育局为全县中小学校校长作题为"传承中华优秀文化，提升师者生命境界"的讲座，全县中小学校长及本工作室全体人员共120人参与。

（11）2019年12月27日上午，笔者在贵州省龙里县湾寨民族中学为全校老师作题为"横沥中学文化理念与成己达人"的专题讲座，参加人员为全校老师及本工作室全体人员共56人。

（12）2019年12月26日上午，笔者在贵州省惠水县高镇中学为全校教师作题为"横沥中学德智双善、体艺劳三善课程建设"的专题发言，参加人员为全校教师及本工作室成员共115人。

（13）2019年12月26日下午，笔者在贵州省惠水县鸭绒民族中学为全校教师作题为"在适合的教育之路上行走"的专题讲座，参加人员为全校教师及本工作室成员共75人。

（14）2019年6月14日，笔者在佛山广东外语外贸大学附设学校为行政班子成员作题为"提升生命的境界，办好适合的教育"的专题讲座，参加者为学校行政班子成员和本工作室成员共18人。

（15）2018年10月20日，广州教育学会组织熊少严名家工作室、广州市陈迪名教师工作室在天河外国语学校观摩交流，笔者作题为"教育国际化背景下薄弱中学校长使命"的专题发言，参加交流的有两个工作室成员共20人。

五、课题研究情况

（1）刘克风主持：作"文化自觉"良师行动研究，北京师范大学校长培训学院课题，2020年5月结题，部级。

（2）刘克风主持：农村城市化进程中薄弱中学师德建设的行动研究，广东省教育科学"十二五"规划课题，2019年8月结题，省级。

（3）刘克风主持：教育国际化背景下办学理念和培养目标研究，南沙区教育科学"十二五"规划课题，2018年6月结题，区级。

（4）刘克风主持：循证教育指向下中小学"适合的教育"实践研究，南沙区教育科学专项课题，2022年11月结题，区级。

（5）刘克风主持："适合的教育"达成"双减"自觉的实践研究，广州教育学会教育科学立项课题，2022年7月立项，市级。

（6）刘克风主持："适合的教育"达成校家社协同"双减"的实验研究，教育部校家社协同创新育人专项课题，2022年7月立项，部级。

（7）刘大革主持：广东省2020年度中小学教师教育科研能力提升计划（强师工程）项目"区域薄弱学校教师专业能力提升策略研究"，课题编号为2020YQJK040。

（8）刘大革：参与（排名第一）：2015年度广州市阳光评价改革专项研究课题"小学生课堂内在素养构成及培养研究"，课题编号为GZJY2015－130，2018年课题成果鉴定获良好等次。

（9）刘大革：参与2020年度贵州大学马克思主义学院与贵定县教育局合作课题"小学语数课程思政的策略研究"，课题批号：贵教党工委通〔2020〕39号。

（10）刘大革：参与教育部基础教育课程教材发展中心、课程教材研究所基础教育课程改革实验区重点课题"以适合的教育推进区域教育发展的实践与探索"，课题批准号：2020SYQ008。

六、专著出版和论文发表情况

刘克风校长近几年在师德建设和德育研究方面出版的专著和公开发表的论文如下。

（1）专著之一：《跨文化的教育体验和反思——现代化进程与学校转型》，2016 年 7 月由广东教育出版社出版。

（2）专著之二：《以美德成就美德》，2020 年 8 月由广东经济出版社出版。

（3）《让孩子全面而有个性地发展，从家庭教育做起》，《师道》2020 年第 5 期。

（4）《校长给家长讲：孩子为什么要读书》，《广东教学报》2019 年 6 月 27 日。

（5）《热爱生活，自主求知——在防控疫情阻击战中的感悟》，《广东教学报》2020 年第 3 期。

（6）《留级，合理吗?》，《成长》2017 年第 10 期。

（7）《艺术启迪智慧》，《人民教育》2018 年第 11 期。

（8）《我只看我所有的，不看我所没有的》，《中国教育科学》2018 年第 10 期。

（9）《培养思维能力与创造美的数学课》，《文化研究》2018 年第 7 期。

（10）《项目教学与发展学生核心素养》，《教书育人》2017 年第 11 期。

（11）《沙漠里缘何能有教育绿洲》，《教育家》2017 年第 5 期。

（12）《情商，学生核心素养发展之根基》，《湖南教育》2017 年第 4 期。

（13）《生活即教育，社会即学校》，《读与写》2017 年第 1 期。

（14）《传承中华优秀文化，提升师者生命境界》，《广州师训》2019 年第 5 期。

（15）《开学第一课：壮哉中华，我越战越勇的民族》，《中国教育科学》2020 年第 3 期。

（16）《全面发展的校本循证教育实践探索》，《教研博览》2021 年第 19 期。

（17）《文化自觉的师德建设之路探索》，《教育研究》2021 年第 11 期。

（18）《自信中华优秀文化，提升师者师德境界》，《教育研究》2021 年第 15 期。

（19）《关于城市化进程中师德建设的思考》，《师道》2015 年第 9 期。

（20）《善文化觉醒良师，多课程润育未来》，《中国教育报》2019年5月20日。

（21）《积极心理是学生核心素养发展的重要保障》，《社会科学》2017年第5期。

（22）《适合的教育循证教育思考与实践》，《广东教学报》2019年9月20日。

（23）《推行"适合的教育"，校家社协同"双减"》，《教育教学研究》2022年第22期。

七、工作室续建展望

在世界多极化、经济全球化、社会信息化、文化多元化的今天，帮助学生树立正确的价值观，培养学生终身发展与社会发展相适应的必备品格和关键能力，比考试分数重要得多。能力比知识重要，情商比智商重要，身心健康优于考试成绩。学生各有禀赋特长，工作室成员相信，每一个孩子都是优秀的。所以在致力于学生德智体美劳全面发展"五育并举"的同时，关注其差异性，面向全体学生，走适合学生的教育之路。让每一个孩子阳光自信、抬头挺胸，充分展示自己、不断超越自己，把事情做得最好，有"至善"的向往，更有"致善"的行动，发现明天更好更美的自己！

工作室全体成员深有教育情怀，立志把学校办成"精神的高地，文化的园地，实践的基地，致善的圣地"。我们坚信"爱出者爱返，福往者福来"，"帮助需要帮助的人，成就能够成就的事"，"让雨中没有雨伞的孩子奋力奔跑"，"坚定的信念可逆转人生"，"以美德成就美德，以智慧启迪智慧"。大家相信，在工作室师德建设思想的辐射和引领下，各成员学校会不断地实现跨越式发展，在"文化自觉而后觉人"的呼唤中，在关注学生差异发展的行动中，学校师生会不断努力提升生命的境界，办好"适合的教育"，办出人民满意的教育，让每一个孩子都能实现自身的不断超越，得到全面而有个性的发展。

赓续教育初心　共绘教育蓝图

朱巧玲（南沙区莲溪小学）

在广州市教育局关于开展广州市基础教育系统名校长工作室示范引领工作的指导下，广州市朱巧玲名校长工作室于 2018 年成立，同时成立了朱巧玲南沙区首届名校长工作室。本工作室充分发挥市区名校长工作室主持人的作用，在教育教学改革中，加强学习，不断探索，进一步提升自身素质和能力，在教育教学改革和指导青年教师成长方面发挥了示范带头作用，为促进南沙区基础教育校长和教师队伍建设、提升教育质量做出了一些成绩。

一、工作室基本情况

（一）主持人

朱巧玲，女，中共党员，中小学高级教师，华南师范大学教师教育学部兼职教授；担任正校长 23 年，现任南沙区莲溪小学校长；南沙区第一、二届政协委员，南沙区第二届党代表。曾被评为广州市优秀教师；是广州市第四批名校长工作室主持人，南沙区首届名校长，广州市第四批中小学优秀校长培养对象，广州市第二期卓越小学校长优秀培养对象。主持广东省教育研究院课题"小学公民责任教育研究"、广州市级课题"鸦片战争文化在小学教育中的开发与应用""弱势群体子女的心理成因与对策""基于《道德与法治》小学生责任教育行动研究""基于学校责任教育对小学生勤奋行为养成的研究"的研究。凝练了学校责任教育办学理念，出版了责任教育系列校本课程教材；在省市级教育导刊发表了多篇教育教学论文。担任广州市小学品德学科教研会中心组成员、常务理事，南沙区教研会小学品德学科会长。

（二）工作室成员

根据上级教育局的工作安排，工作室招募了 8 位工作室成员，同时将南沙区名校长工作室成员也一并纳入开展活动，共 10 位成员，分别是：广州市南沙区莲塘小学副校长陈建雄、广州市南沙鹿颈小学校长陈达明、广州市南沙区侨兴小学校长张亦强、广州市南沙区大稳小学校长梁海滔、广州市南沙区大塘小学副校长张淑芬、广州市南沙东涌一小校长张钜松、广州市南沙区北斗小学副校长冯丽萍、广州市南沙区金业小学副校长冼伟洪、广州市南沙区沙尾二小校长李玉嫦、广州市南沙区南沙小学副校长邹俊。其中5位是正校长，2位是主持学校全面工作的副校长，3位是副校长。

（三）制定工作室工作制度

为了更好地推进工作室工作，工作室在成立之初就制定了广州市名校长工作室工作制度，包括名校长工作室建设的指导思想、名校长工作室的性质与宗旨、名校长工作室的场室建设、名校长工作室的职责和任务、名校长工作室的规章制度和名校长工作室的账务制度。

二、工作室建设情况

为了更好地开展工作，我们加强了工作室的制度建设。

（一）指导思想

坚持以习近平新时代中国特色社会主义思想为指导，增强"四个意识"、坚定"四个自信"、做到"两个维护"。在名校长工作室主持人的主导下，围绕名校长主持人的教育理念和教育思想，以师带徒为主要培养形式，依托广州市中小学教师继续教育网建设成网络工作室，充分发展华南师范大学基础教育培训与研究院的友好合作关系，共同开展基于线上和线下的学校管理的实体与网络相结合的新型工作室，以促进我区学校发展、提升我区教育质量为核心，发挥工作室主持人的示范辐射作用，践行"立德树人，为国育才"的理念，提高教书育人的水平，让每位成员校长都能学有所进、学有所用，为促进我区学校管理水平的提升、推动南沙区教育健康发展、办人民满意的教育添砖加瓦！

（二）性质与宗旨

工作室是在广州市、南沙区教育局领导下，在区教育发展中心指导下，以广州市名校长、南沙区首届名校长姓名命名的非行政性工作机构，是由全区10位校长共同组成的、共同组织开展学校管理研讨的工作团队，是探究学校管理规律、办学理念、教师团队建设和学生学习规律，提高学校教育教学工作效率的校长合作共同体。

以名校长为引领，以先进的教育管理思想为指导，旨在搭建我区校际以及成员与外地名校之间在学校办学理念、学校管理、课程资源整合等方面的交流与合作，从而探究创建名校的方法和途径，带动更多的校长有机会成长为名校长。

（三）场室建设

工作室建在南沙区莲溪小学。学校高度重视，为名校长工作室的工作开展提供必备的条件。

（1）为工作室配备了有网络支持的20多平方米的专用工作场室。

（2）根据需要提供了必要的书橱、桌椅，有网络支持的台式电脑、手提电脑、打印机等信息化设备和办公设备。

（3）为工作室提供了基础用电和网络设施。

（四）职责和任务

1. 领航中青年优秀校长成长

（1）主持人根据工作室成员的培养目标，制定培养方案，指导其制定职业发展规划、发展目标、途径，规定双方的职责与义务，负责对成员进行考核。

（2）根据我市校长类高端培训项目的需要，完成培训机构下达的我市名校（园）长培养对象培训、高级研修等项目的跟岗实践任务，以及承担市教育行政部门委托的其他任务。

（3）帮助工作室成员剖析学校发展存在的主要问题，传授学校管理经验，指导开展课题研究。通过下校诊断、课题研究、跟岗实践、网络研修等方式，指导成员和培养对象成长。

2. 发挥示范引领作用

（1）通过课题研究、网络研修、跟岗实践、下校诊断等形式，每年组织工作室成员集中研修5天。

（2）主持人和成员每人每年撰写不少于1篇教育管理反思或案例分析。

（3）主持人带领成员每年至少到1名工作室成员所在学校开展1次学校问题诊断活动。

（4）建立网上工作室，开展网上协同研修。每年主持人组织网络研修，学员开展集体网络研修活动不少于5次。每年主持人和成员通过网络研修平台发布生成性学校管理资源（教育管理总结反思、管理改革探讨等）数量不少于 50 条，每年完成不少于 10 个学校管理案例资源。

3. 开展教育科研

（1）结合教育改革与发展重点，围绕教育教学改革和学校创新管理等问题开展研究。

（2）在周期内，主持人积极指导工作室成员开展教育管理课题研究，承担区级以上教育研究课题不少于 1 项，并形成 2 项以上研究成果（含公开刊物上发表的论文、教学成果，公开出版的教育类著作等）。

4. 为教育发展建言献策

工作室要根据教育理论和专业知识，结合下校诊断、课题研究产生的思考，拓宽视野，不断总结，针对学校建设、管理、发展，为教育行政部门提供合理的建议或具有前瞻性和建设性的调研报告。

（五）规章制度

为了不断提高工作室成员专业发展的可持续性，根据校长专业成长与发展的规律和工作室成员认定条件，结合南沙区的实际需要，制定如下规章制度。

1. 工作宗旨

在名校长工作室主持人的主导下，相互合作，以凝练学校办学理念为核心，以课题研究为载体，促进校长的健康、快速成长，为造就名校长奠基。

2. 遵循原则

在广州市、南沙区教育局的领导下独立自主开展工作，接受广州市教育局和南沙区教育局的评估和考核。

3. 负责人职责

（1）制定"朱巧玲名校长工作室三年工作方案"。

（2）确定工作室管理研究项目，撰写课题研究方案。

（3）建立"名校长工作室"的学员档案。

（4）协助成员制定个人工作周期（三年）发展计划，并督促其实施完成。

（5）制定工作室成员培养考核方案，负责对成员的评估考核。

（6）完成教育局安排的教育管理培训任务，积极开展区级以上教研讲座，引领全区道德与法治学科教育教学水平的提升。

（7）每季度举行一次工作室成员工作例会，认真组织学习，提高理论素养。每次活动时间不得少于 2 个小时。

（8）每学期作 1 次工作室成员培训讲座（或报告会、研讨会、示范课）。

（9）在一个工作周期内，在省级及以上刊物发表论文 2 篇以上。

（10）组织领导工作室成员开展各类学校诊断和研究活动；每学年到工作室成员的所在学校不少于 1 次。

（11）及时总结，撰写好工作报告。

4. 成员职责

（1）制定个人三年成长发展目标和具体的实施计划。

（2）每人每学年至少自主阅读 1 本理论专著，撰写 1 份学习心得。

（3）每人一学习周期内至少开展 1 次关于本学校办学理念的讲座。

（4）每人一学习周期内至少有 1 篇论文在市级以上报刊上发表。

（5）完成工作室规定的学习和研究任务。

（6）做好个人专业成长记录，及时撰写阶段性发展总结。

（7）工作室成员将在一个学习周期内完成每人至少 1 节的区级以上示范课。

（六）账务制度

工作室账务支出严格按照省区市的《广州市教育局　广州市财政局转发广东省教育厅　广东省财政厅关于中小学名教师、名校（园）长工作室的管理办法的通知》《广州市教育局　广州市财政局关于印发〈广州市中小学教育专家、名校（园）长和名教师工作室管理办法〉的通知》和《南沙区教育系统名校长（园长）、名教师、名班主任工作室财务管理制度（试行）》文件要求执行。

（七）名校长工作室挂牌

2018 年 12 月 26 日下午，广州市朱巧玲名校长工作室在 8 位工作室成员和金业小学全体老师的见证下，举行了揭牌仪式。

三、工作室的示范引领

三年来，我们完成了成员招募、制度建设并开展了系列工作，包括开展教研讲座 21 次（含线上线下）、课例研讨 12 次、课题研究 6 次、开展学校诊断 3 次、到新疆送教 1 次、到贵州省毕节市扶贫送教 1 次，到湖北省松滋市实验小学及沱水镇中心小学学习 1 次，开展多校联动的思维导图培训 1 次。达成了"以先进的教育管理思想为指导，旨在搭建我区校际以及成员与外地名校之间在办学理念、学校管理、课程资源整合等方面的交流与合作，从而探究创建名校的方法和途径，带动更多的校长有机会成长为名校长"的工作目标，实现了工作室"探究学校管理规律、办学理念、教师团队建设和学生学习规律，提高学校教育教学工作效率的校长合作共同体"的愿望。

（一）教研打开"脑洞"，探讨点拨思维

三年来，工作室一共开展了线上线下教研 21 次，分别邀请广州市教研院姚顺添老师，广东省特级教师胡芳梅主任，广州市黄埔区发展中心周宇轩主任，广东省正高级教师、广东省一级学校广州市越秀区农林下路小学吴琼校长以及农林下路小学数学英语骨干教师为工作室全体成员和成员校老师开展教育教学教研讲座。同时，工作室也充分发挥人员优势，进行自我培训、自我成长，主持人亲自开了 13 场讲座，成员陈建雄、张亦强、李玉嫦、冯丽萍、张淑芬也分别就学校办学理念、学校办学特色建设、学校校园文化建设、学校教师队伍建设、课题研究、线上教学、综合课教学研究、道德与法治课有效教学等主题开展了讲座。

（二）名师课例引领，促教师专业成长

三年来，工作室开展了 12 次的课例教学研讨，从说课到上课，再到评课，从对教材的理解、教学参考书的使用、教学目标的设计、教学手段的选择再到教学智慧的灵活运用都给老师们作出示范，使老师们快速学会精准把握课题的教学目标、合理选择和融合教学内容、提高教学实施过程中的智慧生成、实现课堂教学中的德育通达。

为了给老师们做好示范引领，朱巧玲、陈建雄、张亦强、冯丽萍校长亲自上示范课，参与说课评课比赛，为老师们做表率。

经过全体工作室成员和老师们的努力，莲塘小学、实验小学和大塘小学在 2020 年广州市道德与法治教学比赛中获区市一等奖 1 个、二等奖 1 个、三等奖 1 个。在南沙区 2019 年道德与法治教学比赛获 3 个一等奖。

（三）深入课题研究，促学校内涵发展

课题研究是基于教育教学需要而开展的。课题研究不但能提升老师们的教育教学教研能力，而且能集中力量解决教育过程出现的难题，达到多重功效，因此，工作室是非常重视课题研究。三年来，我们一共开展了 6 次课题专题教研活动，邀请了广东省教研院钟守权老师、《中小学德育》副编辑徐向阳老师、广州市教育研究院姚顺添老师、广东省特级教师胡芳梅主任、广东省正高级教师琼校长亲临现场指导课题的研究工作。在他们的帮助下，工作室全体成员参与的课题研究共 11 个（8 个市级、3 个区级），其中有 8 个课题已结题。

已结题的 8 个课题（7 个市级、1 个区级）分别是朱巧玲校长的"基于《道德与法治》小学生责任教育行动研究""基于学校责任教育对小学生勤奋行为养成的研究"、陈建雄校长的"小学道德与法治课程与家庭教育有效融合的实践研究"、张亦强校长的"教育大数据软件在小学高年级数学作业中的应用研究""适合侨兴小学的体验教育的实践研究"（区级）、张矩松校长的"巧用多媒体提高小学语文阅读教学的有效性研究"、梁海滔校长的"小学中高年级计算错误成因分析及策略研究"、陈达明校长的"信息技术辅助小学品德历史题材教学的实践研究"。正在研究的 3 个课题（1 个市级、2 个区级）是朱巧玲校长的"道德与法治课培育小学生责任核心素养研究"、陈建雄校长的"新时代小学家校融合发展路向研究"、张亦强校长的"适合侨兴小学的体验教育的实践研究"。

课题研究促进了校长的成长，引领了教师的专业发展，解决了学校在发展中遇到的难题，为学校的发展指明了方向，为实现立德树人基本任务提供了可行的、有效的路径。

（四）走出去，开视野

为进一步开阔工作室成员的视野，拓宽办学思路，促进与名校之间在文化建设、学校管理、课程资源整合等方面的交流与合作，探究创建名校的方法和途径，领略名校的育人文化，交流教育教学信息，经工作室研究决定并获区教育局批准，于 5 月 14 — 17 日组织工作室部分成员赴湖北省松滋市实验小学及涴水镇中心小学进行考察、学习。

（五）思维点燃智慧，导图构筑高效

为进一步发挥名校长工作室的示范、引领作用，加强教师队伍建设，提高学校教育教学工作效率，在华南师范大学张燕玲教授的帮助下，工作室于 2019 年 7 月 15 日至 16 日开展为期 2 天的教师思维导图培训。

本次培训邀请了英国东尼·博赞认证思维导图管理师王心明老师和华南师范大学附属小学的江伟英副校长，以"思维导图在教育教学中的应用"为主题开展培训。参加本次思维导图培训学习活动的有工作室全体成员、成员校的部分老师以及金业小学全体老师。

培训围绕"让教学变得更轻松高效"的主题，带领大家认识了思维导图的创始人，思维导图的类型、四要素、特点，以及思维导的绘制法则。专家

通过形象的语言、生动的图片，让我们在实例中看到思维导图在小学各科教学中的作用。如用思维导图进行论文写作、课题研究、学习管理、写活动策划、年度计划等。思维导图的培训为老师们提高课堂教学效率提供了高效的教学工具。

（六）肩负教育帮扶使命，送教共圆教育之梦

1. 辛勤援疆无怨悔　筑梦喀什追梦人

2019 年 9 月 16 日至 22 日，工作室到新疆乌鲁木齐市第十三小学开展学校特色建设研讨交流会，到喀什新疆图木舒克市四十一团学校开展广东省特级教师、广州市名校长道德与法治交流研讨活动暨图木舒克市教育联盟一区（喀什片区）第十五次区域教研活动。我给四十一团学校一年级的孩子上了一堂精彩的小学道德与法治课"快乐过新年"。会后，四十一团学校教研室赵晶主任与工作室签订了为期三年的《小学道德与法治学科教研指导协议》。活动加强了喀什片区各所学校小学关于道德与法治学科教研能力，有助于四十一团学校及喀什片区小学道德与法治学科教师提高教育教学工作能力。

2019 年 9 月 20 日，工作室到喀什大学并与中组部选派的援疆干部钟安林院长进行交流。

2019 年 9 月 21 日，工作室到阿图什市，探望了由中组部选派的两位援疆高中老师。

2. 结对帮扶促发展，粤黔共筑教育梦

2020 年 10 月 25 — 29 日，我们到贵州省毕节市威宁县第一小学和赫章县威奢乡中心小学进行小学道德与法治"结对子"和帮扶活动。我把"2019 年广州市教学成果培育项目：理性担当、责任教育校本课程开发与实施"的成果《责任教育》校本教材赠送给贵州省毕节市威宁县第一小学，让这一研究成果在威宁县第一小学生根发芽。此外，我们还做了 2 场专题讲座。

2020 年 10 月 27 日，我们到达贵州省毕节市赫章县威奢乡中心小学，与徐校长共同研究学校党务工作的开展，共同就"讲习所""三会一课""党员发展"等工作进行了详细的探讨。我把自己的科研研究成果《责任教育》校本教材赠送给威奢乡中心小学，并做了题为"小学道德与法治有效教学探讨"的讲座。

四、取得的成绩

光阴似箭，转眼工作室已成立三年。三年时间，磨炼了我们，也成就了

我们。让学校得到发展的同时，也让工作室成员们都有了收获：工作室在2020年考核中获优秀档案；工作室的11位成员中有10位通过了中小学高级教师职称评审，工作室成员所在学校也获得了长足的发展。

五、今后的努力方向

在上级的领导下，在全体校长的共同努力下，工作室取得了可喜的成绩，但我们会戒骄戒躁，把成绩作为未来工作的基石，不忘教育初心，继续努力，在提高自身能力、提升本校办学水平的同时，做好领航任务，加大对我区中小学校长和教师队伍的培训力度，创新骨干教师、骨干校长培训模式，建设高素质专业化教师校长队伍，发挥市名校长工作室主持人的作用，为提升南沙大湾区教育质量贡献力量。

从生活体验中获得真正的教育

曾志伟（广州市南沙区南沙小学）

广州市曾志伟名校长工作室成立于 2021 年 3 月，致力于搭建平台、融合智慧、促进成长，让工作室成为学员们"交流思想、实践历练、共同成长"的平台，成为"相互学习、取长补短、促进发展"的载体，在专家和主持人的引领下，使学员通过专业学习、实践探索、教育研究、教学反思，创造一个新的自己。

工作室主持人曾志伟校长是南粤优秀教育工作者、广东省中小学新一轮"百千万人才培养工程"名校长优秀学员、广东省中小学校长工作室主持人、广州市首批教育家培养对象优秀学员。工作室学员均是省内各市道德与法治学科的骨干教师与教研中心组成员，具有渴望成长、追求发展的学习意识，建设学科、培根铸魂的目标意识，改革课堂、凝练风格的研究意识。

一、立足课改促提高

工作室以"从生活体验中获得真正的教育"为理念，以课堂教学为主线，探索"引建课堂"教学模式，坚持教师价值引导和学生主体建构相统一，通过创设多样化的学习情境，引导学生开展自主、合作的实践探究和体验活动，培养学生的学科核心素养，使工作室成为师生共同成长的实践平台。工作室成立以来，在曾志伟校长的引领下，以课堂教学和实践活动的创新为突破口，相继有 8 位学员在市级或以上道德与法治教学比赛中获一等奖，有 5 位学员成为区、市学科中心组成员，有 2 位学员成为市名班主任。工作室组织学员先后参加区级、市级、省级学科教研活动，如广东省基础教育学科教研基地"学科育人研究与实践"暨省"百门思政课优质建设课程"专题研讨活动、广州市小学道德与法治"一课两讲"课例研讨活动，承担课例展示任务，并通过直播形式扩大受众范围，观看人数超过 3 万人次。教研活动在师生间引起了积极反响，《龙湖教育》《南沙教研》《现代中小学生报》等媒体都做了相关报道。

二、依托项目促研究

工作室在积极探索思政课教学改革的同时，还积极参与教育部基础教育课程教材发展中心"如何用教材教与学"研究项目、广州市中小学（中职）思政课新结构教学评范式研究项目的实践与研究。开展的道德与法治学科课题有省级 2 项、市级 5 项、区级 2 项，研究主题包括学生核心素养、革命传统文化和中华优秀传统文化进课堂等方面的研究。发表学科论文 21 篇，其中在核心期刊发表 2 篇，人大复印转载资料 1 篇。出版了学科专著《基于核心素养：小学道德与法治教学的探索与实践》。其中，曾志伟校长被聘为广州市教育研究院首届特聘研究员。通过思政科研，吸引更多的老师参与思政教育。

三、辐射引领促发展

工作室积极组织学员与学习共同体开展联动，搭建教师发展多元平台，实现优质资源共享，发挥名教师的示范辐射作用，助力提升学科教育科研水平。一是开展送教活动。过去一年，工作室先后为贵州省安顺市第八小学虹山湖校区、广州市南沙区明珠湾小学、广州市番禺区天成小学、梅州市平远县第三小学、平远县实验小学进行了送课活动，促进结对学校学科教师理念的转变和教学方法的提升。二是承接讲座任务。工作室主持人积极参加"百千万人才培养工程"省级培养学员走进乡村教育活动暨"云送教"活动，对《义务教育道德与法治课程标准（2022 版）》进行了详细的解读。三是参与集团赛课指导。为更好地促进南沙小学教育集团道德与法治学科的建设，工作室联合集团举办学科精品课、集备竞赛活动。活动期间，工作室把入室学员分派到每一个课例组和集备组，负责指导审核和课例资源工作，在备课、磨课、研课中进行对理念和方法的指导，促进彼此的能力提升。在联合打磨的 6 节精品课例中，"四通八达的交通"第一课时获得广州市小学道德与法治优质课评比一等奖，其他课例也在区、市优质课评比中获得多个奖项。

工作室成立以来，领导及专家对工作室开展的活动给予了高度的评价，更为工作室注入了奋勇前进的动力。工作室在周期内将会继续积极探索教师培养的有效方法和途径，努力促进自身素质的提高，努力成为研究的平台、成长的阶梯、辐射的中心，达到"创造一个新的自己"的目标。

附录

破困局创新篇　让生命之花精彩绽放

麦健明（广州市番禺区天成小学）

　　2019 年，我成为广州市曾志伟名校长室的入室学员，与此同时，我刚好接手一所新的学校——亚运城天成小学，开启新校的建设工作。三年时间里，在曾志伟名校长的关怀、指引下，在工作室成员同伴互助、共同学习、共同提高、共同发展的良好氛围下，我和工作室、新学校共同成长，见证了"创造一个新的自己"的工作室目标的实现。下面以我们学校的发展案例分享我的成长之路。

　　蓦然回首，天成小学已经走过三个年头，一所学校从无到有，从有到优，从优不断走向强大。目前，学校有教师 68 人，教学班 28 个，学生 1294 人。虽然这一路风雨兼程，但留下的每一步深深足迹都足以见证天成小学的蜕变与成长，见证每一位天成人不断开拓创新、锐意进取的育人精神。天成小学以"让生命之花绽放"为办学理念，遵从"生命教育"，尊重生命、彰显个性，以学生的全面发展为培养目标。学校致力于美丽校园、安全校园、文明校园、智慧校园、书香校园、活力校园的建设，打造高质量、有特色的现代化学校。

　　一、背景起因

　　2019 年，是天成小学的创校开篇之年，也是天成小学举步维艰的一年。由于新校园的建设未能如期竣工，全校师生需要借校上课。无论是室场的使用，还是硬件设施的配套都受到重重的限制。在师资配备方面，青年教师较多，教师的教学水平、管理能力还有待提升，全新的教师队伍组合也需要磨合的时间。同时，亚运城的学生家长学历高、素质高，对新校也有着很高的期望和要求。在如此大的挑战面前，我校做到了顺利安抚家长，安顿学生，如期开学开课；在经历一学期的借校上课后，我们顺利完成了举校回迁的头等大事。

　　2020 年，是天成小学措手不及的一年。正当学校步入正轨、一切顺利开展之时，一场突如其来的疫情打破了校园的宁静。疫情如同一场无硝烟的战争，学校的管理被打断了，师生的教育教学被打断了，刚建立好的家校沟通桥梁被打乱了。但我校很快就调整过来，研究出新的教育教学策略、方式、方法。我校坚持一手抓防疫不放松，一手抓教学不停顿，实现学生身心健康和有效学习两不误。5月下旬，寂静许久的校园终于迎来学生们的平安返校，在全体老师、家长的积极配合下，复学后各项工作有条不紊地进行着。

2021年是天成小学迎难而上的一年。我校全体教师在齐心协力战疫情的同时，更迎来"双减"新政策的落地。如何提高课堂教育教学的质量？如何创造一个安全有序的育人环境？如何开展好课后托管服务？一个个新的考验摆在眼前。虽然我校经历了不少的挫折与挑战，但在全体学生刻苦努力下，在全体教师敬业爱岗、无私奉献、创新实干之下，在全体家长大力配合之下，教育教学上取得了优异成绩，交出了一份又一份满意的答卷。

二、典型事例

（一）学校建设举步维艰

学校的筹备开办遇到很大的困难，校园的设备设施无法在开学前到位，如何上课？在哪上课？在这种情况下，全校师生被迫借校上课，室场有限，办学条件、学习环境甚至正常的教育教学秩序都受到严重的限制。

（二）家校共建困难重重

我校地处广州新城生活圈，家长的经济基础较好，对学校的办学水平、师资配备要求也较高。有部分家长因对学校情况不了解，甚至对学校产生对抗的负面情绪，家校共建遇到极大阻碍。

（三）教师培养迫在眉睫

学校每年都有一大批来自不同学校、不同工作岗位的新教师加入，教师彼此不熟悉，工作缺少默契，对学校的各项制度不了解，教师之间难以形成合力，需要磨合的时间较长，加上青年老师居多，教师的教学水平、管理能力急需培养及提升。

（四）生源复杂难以把控

学校虽然只开办了两年多，但目前已有五个年级的学生。随着亚运城居民入住率的激增，适龄儿童入读的人数也在不断攀升。学校每年大量增班，每学期都有大量的新插班生加入，加之学生生源复杂，这些都给学校管理、教学管理、班级管理带来了难度。

上述种种困难，正是对一个校长的管理能力和管理水平的最大考验。我调整好自己的心态，一边抓学校的教育教学管理、师资队伍建设，一边进行新校区各项工程施工、设备设施采购等的建设；同时，还要想方设法做好家长的沟通、安抚、解释工作。

三、主要做法

（一）破局谋篇求发展

1. 直面家长，家校互联

为更好地解开家长心里对新校建设的种种疑虑和误解，我做到一个学期召开四场家长会。在2019年新学期开学前，学校召开第一场题为"家校幸福牵手，共筑孩子成才之路"一年级新生家长会。我直面家长，介绍新校组建、师资队伍情况，解答家长的疑问，让家长放下心中的偏见和误解，引导家长建立起对学校、教师的信任，同时鼓励家长为新校区建设出谋划策，共同开创天成小学的美好未来。紧接着，召开第二场"幸福牵手，快乐启航"二年级家长会及学生欢迎仪式。这批二年级的学生是一批从其他学校转入的插班生，在过去一年寄读于另外一所学校。因此，我的首要工作就是让家长和孩子们对新学校产生归属感、认同感，让家长意识到虽然学校目前是借校上课，但丝毫没有降低我校教师教育教学的信心和决心。

开学一个多月以后，学校第三场家长会召开。我结合学校的办学理念，举行了一场别开生面的爸爸教育论坛。本次论坛围绕"如何能当好一个优秀的爸爸"这个话题，在会上，我毫无保留地分享了自己的育儿故事，强调了贴心细致的陪伴和身体力行的示范会让孩子在成长的过程中感到无比安心、从中获得自信和快乐的观念。这次论坛得到了在座爸爸们的充分肯定，爸爸们纷纷讲述着自己的育儿故事，发表自己的育儿理念。这次家长会帮助爸爸们提高育儿理念和改进育儿方法，不仅有益于孩子的健康成长，更助力于家校互联。

第四场家长会的召开是在新学期即将结束之际，当时新学校的设备设施已经准备到位，学校回迁的筹备工作也已经安排妥当。我校举行了"喜迎新校，共谋篇章"的新校回迁家长会。为了在家长面前更好地展现学校设备设施、教师管理能力的水平，作为校长，我高度重视，周密部署，精心准备。我指导班主任精心布置课室，保证教室干净整洁，美观大方，使家长一走进教室就感受到新环境、新气象。这次家长会，让每一位到校的家长放下疑虑，学校各项工程的进展和配备得到家长们的好评，顺利回迁得到了有效保障。

精诚所至，润物无声。我们天成人用实际行动一次又一次感化着每一位家长，用专业道德素养关爱每一位学生，用真心、爱心、恒心传递着教育人的正能量。几场家长会下来，让家长们对天成小学的未来充满期待，达成了家校合作、共育未来的共识，有助于天成小学的教育教学发展汇聚成一股坚强的巨大力量。

2. 强师工程，助力新校发展

学校教师队伍形成了弘扬正气、团结和谐、精心育人、诲人不倦的浓厚氛围。教师以高尚的师德、健全的人格去教育、感染学生。我坚持落实"学校无小事，教师无小节，处处是教育，事事是楷模"的管理要求。

一是抓师德、树形象。通过教师专题培训突出教师的精气神之美：坐立走路姿态美，声音响亮大方美，声情并茂朗读美，有理有据表达美，书写工整习惯美，仔细检查严谨美，欣赏品位情趣美，衣冠整洁形象美，健康自信气质美，创新坚强个性美，团结合作境界美，助人为乐情操美，工作干练做事美。通过一系列的培训，全体教师从外到内都得到了升华，突显我校教师的良好形象。

二是抓培训、促成长。学校每年的新进教师以倍数增长，所以新教师的培训尤其重要。每学期，我都开展形式多样的培训以促进教师们的专业发展。如教师基本功比赛、教学教研能力培训、班级管理技巧讲座、备课上课等专题研讨活动。同时，我采取师徒结对、外出培训等多形式、多渠道培训以开阔教师的视野。每次学习培训我都给教师提出明确的要求：一要认真学，守纪律；二要有所思，有所悟，有所得，有所用；三要写好小结及心得，回来在科组或教师会上分享。两年多来，我们组织教师先后到广州灵秀小学、黄埔区东区小学、南沙区南沙小学等学校观摩课堂，探寻学校教育教学改革的新思路与新做法。同时，我校还聘请教育教学专家指导教师们开展集体备课、把脉课堂、课题研究等专题活动。

（二）素质绽放创新篇

丰富多彩的实践活动是天成小学的一大特色和亮点。秉着"给你舞台，还以精彩，成就不一样自己！"的活动宗旨，我们开展了一系列大型活动，为师生提供充分展示的舞台，让师生们快乐享受，展示才华，提升能力。

1. 建设美丽校园种植活动

为进一步加强劳动教育，全面落实"五育并举"战略。我校结合"让生命之花绽放"的办学理念，将校园的绿化带进行了合理的规划，开辟出"一山、一农、四大主题园"劳动实践基地，总面积为365平方米。学校以每年的植树节为契机，以"播下春天的希望，我与绿色共成长"为主题，开展建设美丽校园活动，全校师生参与了"天成花果山，与你共成长"果园植树活动，"红领巾"农业蔬菜种植活动以及向日葵园、水生植物园、玫瑰园、格桑花园的种植活动。孩子们在家长和老师的指导下，学会了松土、播种、浇水、移植，忙得不亦乐乎，俨然成为一个个勤劳的小能手。通过一系列的劳动教育，孩子们学会了发现美、鉴赏美、创造美，渐渐懂得了美的真谛。

2. 研学实践系列活动

2019年，我校组织开展"体验生活，热爱劳动"的亲子研学之旅，孩子们与父母共同体验古法造纸的"臼捣、抄纸、晾晒"的三道工序；到农田里一起动手种香蕉，孩子们像模像样地手持铁锹，翻地培土，浇水护苗，在种植中体验农务的乐趣，更懂得了劳动成果的不易与农民的艰辛。2020年，天成小学全体师生走进长隆飞鸟乐园，与神奇的大自然进行了一次亲密接触。孩子们放飞自我，回归大自然，在研学中眼界得以开阔，见识得以增长，意志得以锤炼，友情得以增进。在欢声笑语中学会保护动物、爱护环境、敬畏自然、尊重生命。2021年，我校开展了以"学党史缅怀革命先烈，爱科学立志当好少年"为主题的春季研学活动。通过参观广东科学中心、辛亥革命纪念馆、东征墓园等红色研学基地，孩子们学习和传承先烈们不畏困难、顽强拼搏的革命精神以及感受科学的神奇魅力，从小树立远大的志向。

3. "魅力体育"系列活动

为了让孩子感受运动魅力，培养运动兴趣，激励和引领孩子成长成才，每学年我们都有计划地开展体育知识学习和各类体育活动。如邀请击剑世界冠军朱俊先生向孩子们介绍击剑运动，分享冠军故事，感受击剑魅力；开展队形队列评比，教育学生团结一心、奋勇前行、追求卓越；每学年进行至少一次体育运动会，有跳绳、拔河、接力跑、班际篮球比赛等体育竞技项目。更值得一提的是，每天伴着清晨的阳光，天成小学的运动场上，师生们怀着饱满的热情，迈着整齐的步伐，呼喊着强有力的口号开展欢乐跑操活动，构成了亚运城一道亮丽的、别样的风景线。

4. "书香校园"系列活动

我们旨在倾力打造"沉浸式全阅读"书香雅园，让天成学子在书香中浸润心灵、提升素养，让孩子们会阅读、爱阅读、善阅读，在阅读中品味人生。每学年，我校都会开展"书香校园"系列活动。如"读故事，明大道理"读书成果汇报活动，已成为我校的传统特色项目，各班通过精心排练，以一个个精彩纷呈的故事轮番角逐。围绕每年的"世界读书日"，学校举办"书韵飘香·享受阅读·健康成长"读书节系列活动。读书节系列活动形式多样，内容精彩纷呈，包括了书签制作比赛、读书小报比赛、经典诵读活动、阅读分享会、亲子阅读活动、图书跳蚤市场、快乐展示现场会等活动。

5. "精彩舞台"系列活动

办学以来，我校一直重视学生的个性发展，每学年都会为学生搭建展示自我才艺的舞台。如2020年元旦前夕，学校举行"点亮天成舞台，绽放童年精彩"文艺展演活动。为了让更多的学生能够展示舞台，学校还细化出歌唱类、舞蹈类、乐器类、语言类、体育类、书法类、绘画类共 7 个小舞台，鼓励学生积极参与各项目，达到锻炼和提升自我的效果。在寒暑假期间，学校还为学生搭建展示自我风采的"云舞台"。

四、主要成效

一夜春风绿两岸！今年是我们天成小学开办的第三年，随着办学条件的不断完善，师资队伍不断得到壮大和优化。历时虽短，但学校已形成较为完善的育人理念和发展思路。家长对学校的满意度越来越高，各方面正朝着教育强校的目标昂首迈进。学校先后被评为广州市标准化学校、广东省依法治校达标学校、广州市安全文明学校、广东省绿色学校、番禺区校内课后服务优秀学校，还获得番禺区办学绩效进步奖。教师专业水平不断提升。工作室现有区级课题 6 项，1 项已成功结题。有广州市骨干教师 2 人，番禺区名班主任 1 人。教师发表论文 20 多篇，师生获镇级以上奖励 500 项。

晨风暮雨，滋养着天成人的浩然风骨；春华秋实，谱写了天成人的动人弦歌！历尽天华成此景，人间万事出艰辛！回顾这三年，在见证天成小学成长壮大的同时，我也看到了自身的成长与蜕变。未来，我将带领天成人不断完善办学条件，继续加强师资队伍建设，凝心聚力，砥砺奋进，让每一个生命都绽放精彩。

终身学习　引领发展

陈桂英（南沙区第二幼儿园）

一、基本情况

南沙区陈桂英名园长工作室成立于 2021 年 3 月，工作室由来自不同园所的 9 名年轻的园长和副园长组成，成员具体情况如表 1 所示。

二、活动情况

南沙区陈桂英名园长工作室以"终身学习、引领发展"为理念，秉承先进的教育和管理理念，坚持在不断实践与反思的过程中，提升园长们的专业能力，发挥优秀园长的示范引领作用。自工作室成立以来，在陈桂英园长的领导下，通过"理论学习""专题研讨""课题研究""课程建设""开放交流""辐射引领"等研究路径，全面提升园长的专业能力。具体活动如下。

（1）2021 年 3 月，南沙区陈桂英名园长工作室举行揭牌仪式。

（2）2021 年 6 月 28 日，开展了"优化幼儿园场景化课程实践分享——以沙水区为例"为主题的经验分享教研活动。

（3）2021 年 7 月 5 日，邀请胡国良教授为全体工作室成员开展"幼儿园自主游戏的支持与策略"的专题培训。

（4）2021 年 9 月 23 日，组织开展了"基于 STEAM 理念的东涌水乡文化研究与实践"开题报告会线上教研活动。

（5）2021 年 11 月 19 日，邀请专家陈慧萍园长开展"区域环境的创设与留白"的专题培训活动。

（6）2022 年 5 月 20 日，邀请专家陈秀眉园长开展"区域活动创设与指导"的专题培训。

（7）2022 年 5 月 24 日，邀请邓焕坚开展"幼儿美术教育的'趣'和'美'"的专题培训活动。

（8）2022 年 6 月 14 日，邀请辛小勇开展"幼儿园投掷类游戏赏析"的

工作室主持人姓名：陈桂英

表 1　工作室成员信息汇总

序号	工作室类别	工作室名称	姓名	性别	出生年月	单位	职务	职称	学历学位
1	名园长工作室	陈桂英名园长工作室	陈桂英	女	1977 年 12 月	南沙区第二幼儿园	园长	一级	本科
2	名园长工作室	陈桂英名园长工作室	陈婷芳	女	1985 年 4 月	南沙区东涌镇中心幼儿园	教学园长	一级	硕士研究生
3	名园长工作室	陈桂英名园长工作室	吴月萍	女	1978 年 7 月	南沙区万顷沙镇第二幼儿园	副园长	一级	本科
4	名园长工作室	陈桂英名园长工作室	邹飞珍	女	1982 年 9 月	南沙区大岗镇中心幼儿园	副园长	一级	本科
5	名园长工作室	陈桂英名园长工作室	郭小华	男	1987 年 2 月	南沙区大岗镇庙贝幼儿园	副园长	二级	本科
6	名园长工作室	陈桂英名园长工作室	郭惠花	女	1978 年 1 月	南沙区黄阁镇麒麟幼儿园	副园长	一级	本科
7	名园长工作室	陈桂英名园长工作室	王敏静	女	1986 年 4 月	南沙区榄核镇湴湄幼儿园	副园长	二级	本科
8	名园长工作室	陈桂英名园长工作室	陈志英	女	1973 年 8 月	南沙区大岗镇灵山幼儿园	园长	一级	本科
9	名园长工作室	陈桂英名园长工作室	周雪琴	女	1977 年 8 月	南沙区万顷沙镇新垦幼儿园	负责人	一级	本科

专题讲座。

三、取得的成绩

　　工作室成立以来，主持人陈桂英园长组织南沙区第二幼儿园全体教师多次研讨，制定出本园的课程实施方案，其中包括课程背景、课程目标、课程理念、课程内容、课程组织与实施、课程评价等，同时，充分发挥东涌镇中心幼儿园的示范引领作用，通过组织成员来园观摩、观察分析教育行为，毫无保留地传递经验，提升工作室成员的课程意识和教育智慧。工作室重视阅读的力量，购买了一批书籍，其中包括人文科学类、学前教育学专业书籍、教育类书籍等，让工作室成员从书籍中汲取成长的力量，在书中读自己、发现自己和反思自己；工作室成员通过共读一本好书分享读书心得，吸收消化书的精华后有机融入并内化为自己的东西。此外，工作室以课题为导向，有方案、有计划、分阶段地开展课题研究，逐步提升各园教科研能力，切实提高幼儿园教育活动的质量。

　　工作室成立以来，各成员在专业素养和实践能力方面都得到了提升。

　　陈桂英在 2021 中国幼教公益论坛暨华南国际幼教展上主讲了以"基于STEAM 理念的东涌水乡文化初步研究与实践"为题的讲座；2021 年 11 月，在市教研视导活动中分享幼儿园"乐创课程的建构与实施"讲座；设计指导的"鱼缸自动换水装置"案例在 2021 年广东省中小学幼儿园 STEAM 课程案例征集活动中被评为三等优秀课例；论文《融合东涌水乡文化的幼儿园劳动教育探索与实施》荣获南沙区一等奖；论文《基于 STEAM 理念的幼儿园水乡文化园本课程教学研究》在《学园》杂志发表；主持了广东教育管理研究课题"基于 STEAM 理念下的东涌水乡文化研究与实践"。

　　陈婷芳撰写的论文《幼儿园开展沙水区游戏的方法策略探究》在广东教育学会 2021 年度学术讨论会暨第十七届广东省中小学校长论坛征文评选中被评为三等奖；在 2022 年南沙区幼儿园自主游戏活动案例征集比赛中获三等奖；2022 年成功申报南沙区级课题"幼儿园自主游戏中师幼互动现状调查——以东涌镇中心幼儿园第一分园为例"。

　　郭小华的论文《制定科学的"一日生活安排"尤其重要——督导案例》在广州市教育学会教育督导专业委员会第二十六届年会论文评选中获三等奖；在"童年童画·二〇二一第十九届国际幼儿创意绘画大赛"活动中获"组织三等奖"，作品《杠上开花》在广州教育学会幼儿教育教学研究专业委员会举办的幼儿园优秀游戏活动案例评选活动中获三等奖，《浅析农村幼儿园教师队伍建设——以庙贝幼儿园为例》在 2021 年南沙区教学论文评比活动中获二等奖。

吴月萍获南沙区中小学（幼儿园）课程思政教学典型案例三等奖，案例《一年 12 个月》获区幼儿园"深度学习"三等奖，主持了区级课题"幼儿园小篮球游戏特色园本课程开发的实践研究"。

周雪琴主持了区级课题"融本土资源于幼儿户外区域自主游戏活动中的研究"的研究，2021 年论文《巧用本土资源开展幼儿户外自主游戏》在《读与写》期刊上发表。

王敏静的《星海人传星海魂》主题故事在广州市教育局"廉洁文化进校园"主题活动中获三等奖，在 2021 年广州市中小学幼儿园深化红色教育经典案例与方案设计征集活动中获二等奖，论文《警钟长鸣——督导幼儿园安全教育的思考》获广州市教育学会教育督导专业委员会第二十五届年会论文评选三等奖。

邹飞珍参与课题"幼儿园地域文化'仁润'教育的探寻与实践"研究，并获 2021 年广东省中心学创新成果三等奖；2021 年，"红色文化资源融入幼儿园教育的实践研究——以大班建构游戏为例""基于岭南文化视角的幼儿园德育教育生活化实践""沙盘游戏促进幼儿心理健康助力幼小衔接的探索与实践"三项课题均成功在广州教育学会立项；2022 年，论文《基于岭南文化视角的幼儿园德育教育实践》在《聪明快车》杂志上发表；2022 年广东省"新强师工程"省级培训示范项目幼儿园卓越园长高级研修班的培养对象，广州市南沙区民办教育协会专家库成员，广州市南沙区第四届政府督学。

郭惠花的论文《制定科学的"一日生活安排"尤其重要——督导案例》在广州市教育学会教育督导专业委员会第二十六届年会论文评选中获三等奖；2022 年参与广东教育学会"十三五"教育科研规划小课题"快乐塑造·童趣创想——幼儿园超黏土课程建设实践研究"的研究。

陈志英获 2021 年广州教育学会幼儿教育教学专业委员会优秀游戏案例三等奖、2021 年南沙区信息技术与学科融合优质课评选活动二等奖、2021年度南沙区中小学（幼儿园）课程思政教学典型案例评选三等奖、南沙区幼儿园推进岭南幼儿园自主游戏案例评选三等奖、2021 年南沙区教学论文评比二等奖；论文《篮球游戏中幼儿的合作能力发展探究》在《当代教育家》发表。

四、形成影响与努力的方向

时光一晃而过，陈桂英名园长工作室已经成立一年半了，在这一平台上，工作室的全体成员积极、认真地对待每一次学习的机会，在每一次思想碰撞中成长。所有成员在每一次教研后都大胆地在所在幼儿园展开实践性尝试，给园区其他教师也带来了很大的指导和引领作用。在今后的日子里，工作室将继续不忘初心，携手同行，共同书写幼教的美好诗篇。

课程引领，智慧共享，注重实践，专业发展

郭丽（广州市南沙区第一幼儿园）

一、工作室介绍

广州市南沙区郭丽名园长工作室以主持人郭丽独特的集团化管理特色和鲜明的教育教学风格为依托，多年来倾心幼教、深耕不辍，为位于粤港澳大湾区几何中心的南沙幼教默默奉献。

广州市南沙区郭丽名园长工作室自 2015 年经广州市南沙区教育局批准启动以来，承担了两期的名园长工作室建设，先后有 15 名园长成为成员进室参培；举办学术研讨交流、观摩开放活动、展示活动等共 20 余场，邀请全国学前教育知名专家开展活动，包括教育部国培专家、享受邀请国务院政府特殊津贴、知名幼教专家山东女子学院教育学院教授董旭花教授，华东师范大学华爱华教授，幼儿体育教育泰斗、全国《幼教体育活动教学法》编写牵头人、天津师范大学学前教育学院陈冬华教授，深圳大学陆克俭教授，等等；与贵州省宋黎明名园长等建立长期的交流合作；工作室成员先后发表论文 12 篇，主持课题 13 项，充分发挥了工作室的示范引领作用。

二、工作室成员

第二期工作室成员包括黄雄燕、陈丽群、肖颖、黄锦芬、陈兰。

三、工作室的理念

课程引领，智慧共享，注重实践，专业发展。

四、工作室的发展目标

（1）荟萃资源，创建平台。

（2）实践研究，全面成长。

（3）课程共建，成果分享。

五、工作室的特色

（一）个人成长历程案例

郭丽，幼儿园高级教师，南沙区第一幼儿园（南沙区第一幼儿园教育集团）园长，副高职称、中共广东省第十三次党代会代表、中共广州市第十二次党代会代表、南沙区第三届政协委员、教育部园长中心特聘教学指导专家、广东省人民政府督学、广州市教育家园长培养对象、南沙区郭丽名园长工作室主持人、区基础教育系统第一批名园长、广州大学教育学院兼职导师，其研发成果获国家软件著作权和省科创成果一等奖，曾获2020年广东省新时代最美幼师。其所在幼儿园是教育部园长中心实践教学基地、广东省一级幼儿园、广东省学前教育教研基地园、中国教育报南沙品牌示范园。

1. 凝练办园思想，争做公办幼儿园集团化办学的开拓者

笔者从事幼教工作26年来，以"快乐心情孕育快乐儿童，营造快乐家园"为办园理念，长期工作在幼教一线，历任多所省级示范幼儿园、省一级幼儿园园长职务。曾用一年零十个月时间打造了广州市南沙区直属园，由1间公办园、2大园区发展为3所公办园、5大园区的规模。负责的园所在园幼儿1191人，教学班42个，教职工221人，实现了幼儿优质学位两年内翻两番的目标，有效缓解了社会对幼儿优质学位的需求。带领幼儿园顺利通过省一级园复评及分园省一级园的认定工作，为南沙区幼教质量提升作出了贡献。先后获广州市优秀教育工作者、广州市优秀教师、广州市三八红旗手等荣誉称号，被聘为教育部幼儿园园长中心特聘实践指导专家、广东省人民政府督学。

2. 量质同升，成绩斐然

为打造"集团式管理下一园一品特色"的优质幼教品牌，笔者以强烈的事业心与责任感用爱为孩子撑起一片乐园，潜心研究、勇于创新，提出规模质量同提升的园所内涵发展之路，创新"集团式管理下一园一品"的发展模式，全面提高集团办园教育质量。通过集团内资源共享，形成具有"管理和谐、课程多元、注重体验"的独特风格，吸引了全国各地幼儿园观摩学习百余次，为同行提供了可借鉴参考的成功样本。研究成果被《教育家》杂志刊发，课题成果获广东省科创教改实验课题成果一等奖，其中研究成果"基于物联网的集体儿童智慧健康管理模型——以智尔康 H. L. E 慧爱幼儿健康管理系统为例"获广州市 2021 年教学成果立项。笔者 2015 年起被聘为南沙区名园长工作室主持人，所在幼儿园 2021 年被南沙区教育局正式批准成立南沙区第一幼儿园教育集团。所在幼儿园获评中国教育报首批南沙区品牌示范幼儿园，2018 年至今连续两届获评教育部幼儿园园长中心实践教学基地，获评广州市指南实验幼儿园、广东省 STEAM 科创实验第一批实验园、广州市艺术教育基地等，大大增强了幼儿园的知名度和辐射力度，社会影响力逐步扩大，幼儿园办园质量得到快速提升，获得家长一致好评。

3. 精心育人，示范引领，坚持做追梦的幼教人

为了让每个孩子都体会到爱，工作室主持人先后开展示范课、专题讲座、同行交流等示范辐射活动，开展讲座、同行交流等活动共计 47 次，其中教育部级别 8 次、省级 12 次、市级 11 次、区级 16 次。笔者亲自执教的多节示范课获奖，积极投身教师培养工作，长期承担教育部园长中心等国家省区市层级的教师培训工作，先后有 30 位来自全国各地的教师园长入园参训。给各层次老师搭建了发展的平台，为幼教事业发展培养了一批优秀人才：园内多名教职工先后获得广东省五一劳动奖章；获评南粤优秀幼儿教师、省保育大赛第一名、市百千万人才、市优秀教师、市骨干教师、市骨干班主任等称号；入选省名师工作室成员，2 人获区名教师工作室主持人。笔者立志把自己全部的爱都献给孩子，做一个德才兼备、内外兼修的优秀园长。

（二）工作室建设特色

1. 引领专业发展，精准规划先行

广州市南沙区郭丽名园长工作室以科学发展观为统领，以建立学习共同体为目标，以园长的办园实践为主线，以园长的自主研修为基础，以科研课题为切入口，充分发挥名园长的引领作用和工作室成员间的团结合作，努力提升园长的办学能力、专业素质和解决实践问题的能力，提升园长的品位，促进园长个性化管理风格，通过工作室运作，主持人、研修人员和所在的幼儿园都得到可持续的发展。针对工作室成员园所的需要和南沙区的特点，工作室科学制订工作室计划，有效开展工作室活动，充分发挥名园长工作室的辐射引领作用，并借助与其他优秀工作室的资源共享，实现教育资源的共享

和教学智慧的共鸣，凸显出名园长工作室多元化的立体价值，彰显出工作室扎实的工作实效。

2. 我思故我在，精彩丽人行

（1）开展多次对外活动，邀请专家现场诊断，打造特色发展路径，做到辐射带动共发展。工作室三年来聘请知名专家进行线上和线下培训活动及现场指导活动 13 次，通过专家引领，工作室成员们对日常工作的开展有了新的思路和想法，通过研讨交流，取长补短，共同进步，共同成长。

（2）组织成员外出参观学习，学习借鉴名园经验，开阔视野。工作室每年组织全体成员到名园进行学习，借鉴成功名园的经验和做法。近三年来，工作室开展了实地观摩和诊断交流 10 次，包括为自主游戏观摩交流、绘本阅读中幼儿传统文化培养的途径策略研讨、STEAM 艺术创客节园长论坛、卓越园长班园长进行幼儿园高质量发展的诊断和重难点议题的研讨、市教研院视导等活动。

（3）利用自身丰富的办学经验、扎实的专业知识、先进的办园理念，结合南沙实际大胆创新"集团管理下一园一品特色"的公办园发展模式，并将经验进行推广。

（4）精准帮扶。工作室成员先后到新疆、贵州、广州市萝岗等地的幼儿园进行支教帮扶，加强与薄弱园的交流合作，有效提升薄弱园教师的专业素养和促进幼儿园整体教研水平的提升，实现了优质教育资源的辐射带动作用。

3. 我在故我真，成果促改变

（1）笔者利用丰富的办学经验、扎实的专业知识、先进的办园理念，结合南沙实际大胆创新"集团管理下一园一品特色"的发展模式，为处在粤港澳大湾区的南沙幼教质量提升做出了突出贡献。

（2）打造品牌幼儿园，走内涵发展之路，形成课程多元、注重体验的独特风格，吸引全国各地幼儿园观摩学习千余人次，为园所发展提供了可借鉴的成功样本。其所在幼儿园获评教育部"园长中心实践教学基地"、广东省一级幼儿园、全球儿童安全组织教育基地、省科创教改实验园。

（3）辐射带动效益明显。工作室成员有 2 人分别被评为 2020 年区名教师工作室主持人和区名园长工作室主持人，1 人被评为全国最美教师；主持人和各成员主持的课题共 13 个，其中省级课题 4 个、省学会课题 3 个、市级课题 3 个、区级课题 3 个；市级教育成果立项 1 个；发表论文共 12 篇。

工作室培养的教师有多人获得广东省五一劳动奖章、南粤优秀幼儿教师、省保育大赛第一名、市百千万人才、市优秀教师、市骨干教师、省名师工作室成员、市名园长工作室成员、区名园长名教师工作室主持人等称号。

同心同行　共享共进

黄雄燕（广州市南沙区南沙街道红星幼儿园）

一、工作室概况

南沙区黄雄燕名园长工作室于 2021 年 3 月由南沙区教育局授牌，由广州市南沙区南沙街道红星幼儿园园长、广东省早期教育研究会幼儿体育专业委员会理事、广州市南沙区名园园长、南沙区学前教学研究组成员、广州市南沙民办教育协会学前教育专家库专家、区百姓学习之星黄雄燕担任主持人。该工作室吸纳了南沙区辖区国企办、镇街公办、普惠及民办园的园长共6 名成员。

工作室以《幼儿园学习纲要》和《幼儿园儿童学习与发展指南》为依据，坚持"幼儿为本"的科学发展观，积极践行"同心同行　共享共进"的工作室理念，坚持"搭建平台、互动交流、共建品质园"，以发展为本，同时发挥示范作用，积极传播、推广先进的教育管理思想和经验，引领各园长高效研讨，力争使工作室成为"园长成长的空间站"，以园长自主研修为基础、科研课题为切入口开展各项活动。名园长工作室所在园区结合自己的实际情况，秉承红星幼儿园"用德、用心、用情、用智"的办园理念，在原有的生活化基础课程、足球特色课程的发展基础上，探索、实践、研究园本特色的生活化课程，促进教师专业化成长和提高管理团队的管理水平，并在推进园本生活化课程中完善幼儿的评价体系。希望经过三年的成长与历练，工作室及成员可以形成自己独有的教育管理理念和运行模式，并以科研为先导，使各工作室成员的园所文化、园本课程实践研究与幼儿园教师队伍建设同步得到先行发展，共同构建与大湾区同步发展的品质园，形成一支锐意进取、努力实践、勇于探索的优良管理队伍，为南沙区学前教育培养管理经验丰富、办园目标明确，并有自己独特思想的园长。

工作室授牌后，名园长主持人黄雄燕与工作室成员共同商议工作室研究方向、制订三年发展规划、逐步完善管理制度，现已形成工作室管理制度、后勤保障制度（会务接待制度、经费管理制度、资料管理制度），以保障工作室正常运作、考核与管理，明确了主持人及成员的责任与义务，从根本上保证了工作室各项活动规范、有效地开展。

为充分发挥名园长的示范、引领和辐射作用，激活并带动各园教师队伍建设，促进各园教育质量的提升，2022年7月4日，南沙区黄雄燕名园长工作室到南沙街道育英幼儿园开展交流研讨活动。华南师范大学政治与公共管理学院教育管理系、华南师范大学粤港澳大湾区教育与社会融合研究中心研究员、华南师范大学区域基础教育高质量发展与治理创新研究中心主任龙君伟教授，南沙区教育发展中心培训部黄碧霞部长，南沙区名园长黄雄燕工作室成员、南沙区名教师阮汝敏工作室成员、南沙区名教师覃榆评工作室成员及一直关心支持工作室发展的同行们受邀出席本次活动。

一方面，工作室通过与工作室成员姊妹园、帮扶园、集团内各公办园及民办园开展优秀示范课例、学术研讨会、教学成果交流、考察学习等活动，传播教学观念和经验成果，分享工作室经验，充分发挥工作室的示范引领作用。另一方面，工作室借助与其他优秀工作室的资源共享，努力实现教育教学资源的共享和教学智慧的共鸣，凸显工作室多元化的价值，彰显工作室扎实的工作实效。

二、幼儿园智慧管理工作案例

（一）问题的提出

某日上午，孩子们正在户外活动时，忽然一位大班的老师神情焦急地抱着一名幼儿奔到保健室，原来该幼儿在大型运动器械上活动时，因未抓牢从离地面约80厘米的高度摔下来，幼儿本能地用手撑地导致其手肘骨折。在一边观察保护幼儿的老师因为距离较远未能及时抱住幼儿。事故发生后，幼儿园马上将孩子急送至最近的区中心医院急诊，并立即与家长取得联系，同步联系幼儿园购买责任保险的公司。保险公司回复：保存单据，待幼儿恢复后一次性理赔，凭单据一般都能赔偿。经区中心医院诊断幼儿属粉碎性骨折，手术有一定难度。为了减少日后的后遗症，建议送至市儿童医院手术治疗。

幼儿手术前，园长和管理团队、班主任老师到幼儿家看望并送上3000元慰问金。由于疫情，幼儿住院期间医院只允许一名家属陪护，亲友不可以探访。手术当天，由幼儿园租车，管理人员和班主任陪同幼儿家人到广州市儿童医院外等候手术完成。幼儿住院期间班主任老师多次通过视频与幼儿互动，还在线上给幼儿举办生日会，让全班小朋友送上生日祝福以及早日康复出院的祝愿。幼儿出院回家后班上老师多次上门和他互动，家长对班上老师的诚挚付出表示感谢。后来幼儿在市儿童医院复诊、换药时，家长等不及园方保险公司理赔，拿了部分单据去了自己购买意外险商业险的公司报销。

孩子完全康复后，家长拿了所有单据（含自己已报销的单据）到幼儿园，要求幼儿园支付全部治疗费用，同时提出赔偿误工费、营养费、精神损失费十几万元，称有法律条文规定，但其当时并未提供正式的法律条文本。同时，幼儿园的责任保险公司则说报销过的单据不可以重复报销。

（二）问题的解决

园长在与家长沟通的过程中，对小朋友在园发生的意外事故再次表示深深的歉意，并表示幼儿园真心希望能妥善地处理好善后事宜，希望能得到家长的谅解。幼儿园咨询法律顾问以及保险公司，家长亲戚也曾经有过校园意外，所以自己向保险公司了解情况。双方多次协商后达成共识，用以下方法解决：虽然该事故属于意外，非责任事故，但毕竟是在园内发生的，经权威伤残鉴定，机构鉴定幼儿已经恢复并在日后不产生后遗症。幼儿园采取一次性保险赔偿加幼儿园慰问金，赔偿完毕后由家长签订日后不再追究责任的保证书。

事件妥善处置后，我们也进一步做了分析梳理。

首先，现在的孩子都是家长们的心肝宝贝，孩子受到任何伤害都是家长无法忍受的，特别是在他人监护下的意外伤害更加不能接受。家长认为，幼儿园对孩子在园内的活动应负有全部责任。幼儿园则认为孩子在幼儿园出了意外事故，幼儿园和老师已经尽到全部义务了，家长应该会谅解的。

其次，现在媒体上经常有这样的报道：×××在×场所受到意外伤害，在法院起诉后获赔×××元。这在一部分公众心中形成了"受伤＝赔偿"的观念。

再次，随着我国社会法制的健全，公民素质、文化层次日益提高，家长们的维权意识也在增强，他们往往会利用各种渠道、多种法律武器来维护自己的利益。

最后，由于在文化层次、家庭背景、性格脾气上存在差异，家长对事故中处理的态度、方法、措施、结果有各种不同的感受与判断标准；还有亲戚朋友的议论，也会影响家长的判断。有的家长由于其某些不合理要求未得到满足，又会向教育局投诉，歪曲了部分事实，诬蔑幼儿园解决问题的诚意和态度，甚至闹到司法部门，令园长苦恼不堪，甚至影响了幼儿园的日常管理工作。

为了避免类似事情的消极发展，作为幼儿园法人的园长一定要做好以下事情。

（1）熟悉相关法律条文、条款。就幼儿园而言，园长要熟悉的主要法律条文、条款有《中华人民共和国教育法》《中华人民共和国教师法》《幼儿园管理条例》《幼儿园工作规程》《托儿所、幼儿园卫生保健制度》《托儿所、幼儿园卫生保健管理方法》，有条件的幼儿园可以聘请一名律师或法律顾问。

（2）幼儿园在每学年开学时应该购买校（园）《意外事故责任保险》，如发生意外事故，保险公司会依据保险条例办理相关理赔，为幼儿园承担一定经济责任。

（3）制定完善的《幼儿园安全工作管理条例》《突发事故应急预案》，建立完整的安全工作管理职责与监督机制，以及事故后的处理方法与流程，做到责任到人、防患于未然、思考在前、有序应对。

（4）对事故现场及时取证：可照相或记录事故现场的安全情况，一般中大型运动器械要保存好安装时的安全检测报告，以防家长指控运动器械存在不安全因素。

（5）在平时的学校管理中一定要定时、定人巡视，做好检测、保养、维修工作，记录好各运动器械的安全及使用情况。

（6）详细记录事故发生经过。要求班级教师、保育员及相关目击者共同回忆，详细记录事故发生经过和细节。事故发生的详细经过是认定事故中幼儿园有无过错的关键依据。

（7）安抚家长、争取主动。主动承担医疗费，主动上门探望慰问，主动帮助复诊，有条件的主动送一段时间营养餐，甚至送教上门，争取家长情感上的感动与谅解。针对焦急心理、过激言行的相关人员，有条件的可以进行心理干预。

（8）及时与上级部门取得联系。事故发生后应当及时与主管部门取得联系，从而为基层校园提供政策咨询、指导与帮助，还可以为校园提供法律顾问。

（9）妥善保存相关资料，处理过程中产生的所有信息都应以文本形式留存。对于幼儿园付的医药费，园方一定要保存好单据，并注明付费人姓名，如家长一定索要，幼儿园要保存复印件，这也是保险理赔的依据凭证。与此事故相关的家访、探望、慰问品、双方商谈时间、内容等都要做好相关记录，妥善保存。

（10）需要具备一些法律常识。例如，孩子的监护人是父母；家长委托的律师一定要出示委托证明；所有的谈判学校要两人以上出面，要有书面记录，如有需要可以录音，但要征得对方同意；不要私自给家长任何口头及书面承诺；如遇媒体采访，应及时与上级相关部门联系，要求对方出示相关身份证明，并表示需要预约时间接待，可确定专人负责接待；等等。

（11）相信司法能公正判决。要充分相信上级相关部门能妥善协调解决问题，如遇家长纠缠，则应通过司法部门公正处理。

（三）反思与感悟

3～6岁的幼儿园适龄儿童天真、活泼、好动，自我保护意识与能力相对较弱。幼儿园在管理中，尽管非常重视安全设施维护及安全教育，强调老师的责任心、安全意识，但有时还是会防不胜防，出现意外。面对家长各种各样的要求，园长的处理方式一定要合情、合理、合法，既不能逃避，更不能迁就，要依法处事，要懂得依法维权，这也是园长的幼儿园管理的重点工作之一。

聚力纵深推进　赋能科研建设

黄文娟（南沙区直属幼儿园）

2021年3月，南沙区黄文娟名园长工作室在南沙区教育局、南沙区教育发展中心的关心和支持下成立。

一、基本概况

（一）基于发展需求，确定研究方向

共同的发展目标和愿景是一个团队持续发展的根本动力。开展名园长工作室活动前，我们对成员的状况和需求进行了调查，以此研讨工作室的发展定位及发展目标。从成员的访谈中，我们了解到：南沙区黄文娟名园长工作室成员来自公办幼儿园的占比为90％，来自民办幼儿园的占比为10％；成员中青年教师占据比例较大，并且较为缺乏教科研工作意识及经验。工作室9名成员一致认为幼儿园的教科研建设是园所发展的重点。根据成员及工作室实际出发，我们最终确定以"园所教科研建设"为工作室学习的方向。

（二）基于发展方向，制定研究目标

以工作室为研究平台，形成学习共同体，通过工作室的活动增强教科研能力，提高教科研工作水平。活动及活动成果的辐射性是工作室发展的趋势，工作室应当以活动及活动成果发挥辐射带动作用。工作室通过成员与成员之间的交流，园与园之间的交流，片与片之间的交流，促进优质资源共享，实现教育资源的整合。名园长工作室的建设主要以成员的成长为主心骨，把园所教科研工作作为重要任务，通过专家讲座、园所交流、成员沟通等形式，引导成员整合和共享优质教科研资源，提高自身教科研能力，使学习的成果得以及时巩固提升。

（三）基于发展策略，打造学习共同体

为抓好工作室成员的内涵发展，发挥名园长的示范引领作用，激发成员的学习热情，带动成员的专业发展，名园长工作室从传统个人学习转化为合作学习，是一个具有包容性、开放性、建构性、异质性特点的专业学习共同体，有利于成员个人、共同体和组织的学习和发展。名园长工作室基于教师专业学习共同体而建立，是学习共同体的一种实践模式。在明确工作室建设目标后，工作室成员共同商议、携手合作，结合实际情况设定研究目标，不断向前；以学习共同体为发展愿景，激发成员的教科研工作能力，为构建专业学习共同体打下扎实的基础。

二、具体实施

（一）创新建立运行机制，保障高效运转

建立工作室机制确保教科研工作落实到位，以教科研工作为核心，明确工作目标，以实践、思考、研究引领工作。工作室所有成员共同讨论、研究制定工作室章程和工作室制度，完善名园长工作室建设实施办法。在名园长工作室启动之初，系统思考名园长工作室的人员组成、职责任务、经费使用、条件保障、过程管理与评价考核等内容，并结合名园长工作室规划发展、文化建设、研修方式、资源生成、课题研究等方面进行专业指引。在工作室制度中，对工作室成员的学习、研究、考核评价等提出了明确的要求，以确保工作室能够发挥价值，并时刻把工作室成员拧成一股绳，使教科研工作落到实处。

（二）开展交流研讨，丰富实践考察

黄文娟名园长工作室以教科研建设为研究方向，重视内部交流研讨，厘清实践思路，注重实践探索。以下的实践活动丰富了工作室成员的实践交流活动，促使工作室成员得到有效的发展与成长。

1. 考察式交流学习

名园长工作室主持人组织工作室成员对所在园区开展参观交流活动，以交流为核心，实地参观考察，了解园内教科研内部建设实际情况、教师教科研团队组建情况，学习成员所在园所的先进教学理念、模式、经验等，并对其进行有效的吸收。参观结束后，及时进行学习分享，让成员在借鉴学习的

同时及时查找自身不足并加以完善，促使考察活动有效地提升工作室成员观察、思考、反思的能力。

2. 研究式交流学习

在园区教科研建设中，总是会遇到各种各样的问题。名园长工作室主持人针对成员提出的问题进行归类，挑选急需解决的和具有探究价值的问题展开研讨，共同探索解决问题的方法和有效路径。主持人利用探索研究型考察，营造工作室良好的研究学习氛围，培养成员的专业组织能力和创新精神。

3. 诊断式交流学习

经过探索、研究，成员可在自身园所开展实践，在实践过程中发现实际问题并寻求解决措施，在实际应用中找到解决方法，再结合实践结果进行优化，以此培养工作室成员分析、解决问题的能力。

（三）强化思想引领，达成汇智共识

工作室以专家为引领，先后邀请华南师范大学郑福明教授、家庭教育高级指导师姚璇等作相关的专题培训；以园与园教科研工作为抓手，通过工作室常态交流研讨、区级课题开题报告会、省级课题结题报告会加强成员与成员、园区与园区的合作交流。通过主持人引领成员，再由成员引领园区教师集体成长，实现集群式发展。名园长工作室从"我"到"我们"，从"共通体"走向"共同体"，最终成为"共生体"。登高方能望远，识广才至见高，黄文娟名园长工作室结合实际，集优质资源为一体，针对成员之间的共识性、重难点问题进行实践探索，产出课题成果，研发优质课程资源，形成以点连线、以线带面的区域整体辐射效应，提升了成员所在园的教科研工作教育教学质量。

（四）创新联动平台，引领共研共生

工作室主持人黄文娟，为南沙区直属幼儿园第二党支部书记，首批广州市黄文娟家庭教育名师工作室主持人，广州市人民政府督学，广州市卓越园长，中国共产党广州市南沙区第四次代表大会代表，广东省家庭教育指导师，广东教育学会创新教育专业委员会首届理事会成员，广东省家风家教志愿服务队公益导师（专家），当代学前教育创新园长，环境教育杂志社、中国环境文化教育专家委员会 2020 全国生态文明教育创新人物，南沙区政府教育督学，南沙区民办教育协会学前教育专家。其撰写的督学文章被《广州教育简报》教育督导专刊收录发表；主持的省级课题被评为优秀，论述成果

项目 1 项；发表论文 21 篇，其中 4 篇获奖，1 篇发表在"学习强国"平台，8 篇发表在国家一级学刊上；省级科研课题 4 项、市级 2 项、区级 1 项。多篇文章获奖，2 篇发表在国家一级学刊、中国重点期刊上；多项科研成果多次被省、市、区教育领域邀请进行专业分享交流。主持人充分利用市、区优质资源，在教科研领域工作方面，充分带动工作室成员参与，通过研究资源、整合资源，满足成员所在园的发展需求，力求达到促进成员在教科研工作上持续性发展的目标。区域联动活动以契合工作室主题方向为主要目标，以"相互促进，优势互补"的行为为策略，开展教研活动具有如下实际意义：一是区域联动能够有效促进成员的专业发展；二是能够更好地帮助成员开展教科研；三是能够有针对性地开展对应的交流研讨活动，做到优势互补。工作室通过搭建高质量的教育资源共享平台，能更好地推动园区教育教学活动的高效发展。

1. 深化学习研修策略

考虑到工作室成员必须立足自身实际需求、所在园的实际情况，充分发挥名园长、名师工作室的引领作用，有效运用优质经验和资源，进一步提升园长的教科研领导能力，实现资源整合，主持人充分利用"名师名园"合作共享平台，跨市联动广东省佛山市禅城区潘燕卿工作室，开展以"跨市联动　名师共研"为主题的交流研讨活动。在贵州省安顺市帮扶工作中，主持人抓住学习交流的机会，在进行专业讲座时，对内容进行线上分享。此外，主持人还充分利用自身资源，使成员之间通过片区交流与跨市跨省交流，得以充分交流，充分履行主持人的职责，构建良好的学习平台。

2. 持续重构知识体系

在区域联动的交流研讨活动中，由于各个幼儿园各有所长，即便是优秀的成果，也不完全适用于所在园区及教师，因此，工作室主持人会联系成员所在园的实际，对信息内容进行甄别、选择。在研讨交流过程中，工作室不断优化、改进教科研存在的问题，实现对研修内容的重新建构，并将其内化为自身的知识架构，形成相应的能力，促进问题的解决。

3. 多重角色挑战成长

主持人利用区域联动逐步扩大成员成长的平台，合理安排工作室成员的角色转换，成员在交流研讨的活动中，可以是活动的主导者，也可以是活动的"策划人"。角色的合理互换和有机融合，使成员们可以利用更多的平台不断挑战自己，促使自己成长。

三、内涵建设

（一）强化知识储备，全面提升素养

工作室主持人认为，只有不断学习，更新自己的知识体系，才能在工作室中更好地发挥示范引领作用。工作室成员在工作的同时，要利用碎片化时间进行学习，放远目光，打开思路和视野，使自己的思维更加活跃，增加知识储备。工作室主持人在注重工作室教科研方向发展，更注重成员自身专业素养的提高，通过制订阅读方案，督促成员多读书、读好书、享好书，读书成为成员每天必做的事情。

（二）资源实时共享，强化研修效果

借助互联网平台，实现区域优质资源共享，促进成员与成员之间的合作与交流。充分发挥网络学习、网络分享的独特优势，利用工作室微信公众号、微信群等实现良好的互动。及时发布工作室动态，加强工作室成员的信息交换，营造工作室共生共研的学习氛围，增强不同工作室成员的合作意识，从而达到研修效果最优化。

聚焦现代学校管理　示范引领办学创新

李明秋（广州市南沙区金隆小学）

一、基本情况

南沙区李明秋名校长工作室主持人李明秋，男，中共党员，高级教师，广东省"五一劳动奖章"获得者，湖南省骨干教师，广州市优秀教师，广州市名校长，广州市卓越校长，南沙区教育科研带头人，小学语文学科带头人。李明秋担任广州市南沙区金隆小学校长以来，学校综合办学水平优秀，金隆小学先后被评为"广东省书香校园""广东省依法治校示范校""全国教育系统先进集体"。他提出"慧心教育"创新型办学理念并在金隆小学全面推进探索与实践，多篇相关的成果性文章先后在《中国教育学刊》《中国德育》《基础教育课程》《广东教育》《广州教育研究》等知名刊物发表。2015 年 5 月，南沙区批准其成立"李明秋名校长工作室"。

二、指导思想

根据《南沙区中小学名校长工作室实施意见》，工作室以科学发展观、现代教育管理的先进理念和新课程理念为指导，以培养优秀骨干校长、教育家型校长为目标，以工作室活动为载体，以专业引领为抓手，通过理论探讨与实践研究，实现共同发展，为南沙教育的科学发展、优质发展、均衡发展、特色发展奠定更加坚实的基础。

三、措施方法

（一）明确目标、示范引领

工作室全体人员均根据工作室总目标制定个人的三年发展规划，明确自己的发展方向和目标。工作室成员以主持人所在学校关于管理与改革方面的探索与实践成果为引领，积极推进自身素养提升及所在学校的改革与创新。

（二）分工协作、合作发展

工作室对主要事务性工作进行适当分工，倡导在分工的基础上，加强协作与合作，集体推动工作室工作的开展，并服务所有成员自身发展、事业发展。

（三）名著研读与心得交流

工作室成员每年至少阅读 180 万字或 6 本教育专著，每读 1 本专著即撰写至少 1 篇心得体会，且心得体会要与其他成员进行交流。

（四）合作研究，开发课程

通过专家引领、集中交流、入校观摩、实践探索等形式，工作室成员三年内每人至少开发出 1 种适合自己学校特色发展的校本课程。

（五）专家引领，研访并进

通过专家讲座、课题研究、考察访学等多种形式开展主题鲜明的实践活动，提高工作室成员的实践研究能力。工作室成员每人每年至少撰写 1 篇教育考察报告，每人至少主持 1 项区级以上的课题研究。

（六）交流分享，共同提高

一是每半年筹备组织 2 次学校管理经验交流会，工作室成员在会上做专题发言或典型案例介绍，共同研究解决学校管理中的问题，共同研究提升自己学校管理品质的策略问题。二是依托网络，建立工作室微信群，及时介绍本工作室的工作动态、互相交流学习成果、推荐优秀学习资源。三是每年编印 4 期工作简报，及时发布重要信息，增进主管部门对工作室日常工作的了解，促进成员校之间的交流和合作。四是积极联系各类媒体，加大宣传力度和辐射范围，充分发挥工作室的社会影响力。

（七）总结反思，螺旋提升

工作室所有人员每年撰写 1 份总结、1 篇阶段性成果汇报。

四、运作程序

（一）学习提升

工作室致力于现代学校管理的实践探索和研究，带领青年校长努力探索既符合社会主义办学方向，又符合本校与区域实情，从而促进综合办学水平提升的管理与办学模式，在知行合一的理念下开展行之有效的学校管理。

1.制定工作室学员成长目标

学员要制订自我发展规划和每年发展计划，努力学习专业理论，在实践中不断提升自己的理论水平和教育能力。

2.促进工作室成员专业发展

工作室主持人结合成员的自我发展计划，为成员诊断、引领、制订、评价专业发展规划，促使成员尽快提高管理能力，推动成员的专业成长。在专家组的指导下，成员系统学习现代学校管理的前沿理论，切实提高业务能力，提升专业引领水平。工作室成员定期在工作室发表读后感言，交流心得体会，以同伴互助的方式实现成员的共同成长。工作室主持人定期组织各项研讨活动，如研讨会、交流会、专题讲座、学员论坛、外出参观学习等。

（二）研究实践

工作室积极申报学校管理类科研课题，参加成员已经立项的各类课题研究。在导师的指导下，以工作室全体人员的智慧为依托，结合工作实际，边研究边实践，推动自身与本校管理同步发展。

（三）成果辐射

以讲座、发表论文、经验介绍、成果分享等方式，借助学校自媒体与业务主管部门的信息技术平台，将自身成果或学校发展成果向外辐射，传播先进的教育理念、管理方法以及国内外最新的研究动态与成果，引领本区域内学校发展、校长素养提升。

五、取得成绩

经过三年的共同努力，工作室在促进成员学校队伍建设、提高办学质量、打造办学特色方面取得了较好成绩。例如，陈国配获评为南粤优秀教师、广州市优秀教师、广州市最美教师；陈建雄、黎少文、梁志南被评为南沙区优秀德育工作者；9 位工作室成员在省级或省级以上教育教学刊物发表教育教学与学校管理方面的成果性文章 22 篇，在各级论文与业务竞赛中获奖 18 人次；工作室成员校长主管或分管工作获奖 33 项；工作室成员校长主持与参加研究的国家、省、市、区立项课题 19 个；工作室成员学校的中青年教师与骨干教师快速成长，涌现了 2 名南粤优秀教师、10 多位市级优秀教师，还有 10 多位教师晋升副高级技术职称；5 位副校长被提拔任用为正校长。

工作室主持人也在成员学校的帮助下提升自我，主持教育部课程与教材中心立项课题"小学慧心校本课程的实践与研究"的研究并结题；多篇论文或研究成果在《教育学刊》《中国教育报》《基础教育课程》《广东教育》等报刊发表；主编出版慧心教育成果专著《以慧启慧、以心育心》全二册；通过竞争，成为广州市教育家校长培养工程的首批学员；2015 年获得了广东省五一劳动奖章。工作室主持人在自己的办学实践中不断追求创新，主持人所在学校确立了"以慧启慧、以心育心"的慧心教育办学理念，建构了"基于全面、关注个性"的慧心课程体系，学校被认定为广州市特色学校，通过了教育部 NCCT 项目国际化认证。金隆小学综合办学水平连续十年名列全区前列，在南沙区社会各界赢得了很好的口碑。中华人民共和国成立七十周年之际，主持人所在学校被评为全国教育系统先进集体。

六、主要经验

（一）确立"三个一"的目标

由于主持人与成员的首要职务是校长，因此主持人与成员共同商讨后一致认为：本工作室的一切活动都应基于"如何办好一所学校"这个中心，围绕"办好一所学校应该主抓什么工作"这个问题，关注"在学校办学工作中如何全面践行办学理念"这个实践。因此，"基于一个中心、围绕一个问题、关注一个实践"，这"三个一"就成了本工作室过去三年来的工作目标。

（二）推进"二个一"的活动

校长的工作千头万绪，为工作室制订一个切实可行的工作室活动计划，有利于科学地推进工作室的工作，避免工作室活动杂乱无绪、"假、大、空"和"形式主义"局面的产生。经过协商，工作室推出了"二个一"的活动原则，即每个季度安排不少于一次的培训学习活动，每个季度不少于一次的传播交流活动。

（三）理出一个思考

工作室主持人与成员共同设想，通过为期三年的工作室学习和活动，主持人及成员都能在原有办学实践的基础上，对本校的办学实践与思考有更系统、更科学的梳理，使自己的办学实践与思考既有理论支持，又有可操作性，从而为主持人及成员后阶段的办学工作提供科学指导。

七、工作反思

在过去三年的活动推进中，工作室也存在一些的问题与不足。一是工作室主持人与成员行政事务多、杂、繁、重、急，工作室主持人组织活动尤其是外出学习活动时的程序过多、时间过长、机动性不足，这导致工作室组织每次活动都会出现人员不齐的现象，也就使得主持人组织活动的热情降低、组织活动次数减少的情况发生。二是对工作室主持人与成员的激励机制不到位，没有继续教育学分，这也严重挫伤了主持人与成员的工作积极性。

让每个师生都成为爱读书的人

林景雄（南沙区大岗镇教育指导中心）

"一个人的精神发育史就是他的阅读史，一个民族的精神境界取决于这个民族的阅读水平，一所没有阅读的学校永远不可能有真正的教育，一座书香充盈的城市才能成为美丽的精神家园，共读共写共同生活才能拥有共同的愿景、共同的语言、共同的密码和共同的价值。"新教育研究院朱永新院长的一席话启发了我，所以我把工作室的主要研修方向定为"培养阅读兴趣，提升阅读能力，让校园书香四溢，让每个师生都成为爱读书的人"。工作室制定了《大岗镇中小学阅读文化生态建设三年实施方案》，邀请了全国著名教育家、新教育研究院副院长、推动中国读书十大人物——李庆明博士为大岗镇阅读文化生态建设作开班启动专题报告。

李庆明博士作的阅读专题报告《传灯——阅读文化与文化阅读》，以诗一般的语言拉开了培训的序幕：千百年来，篝灯课读，书声撼窗，有朝一日，从各自家中或家乡走出一个又一个、一代又一代有出息的书生，乃是中国传统家庭、家族乃至社会喁喁向往的美好图景。李博士从绘本《我讨厌书》入手，与我们真诚分享了他喜欢书、爱上书的人生经历，与我们谈论"播撒高贵的精神种子"；用一本又一本创世佳作告诉我们什么才是真正的经典。接着，李博士向我们分析了经典阅读要处理的五个问题和品鉴经典的"六味"，童趣、诗情、史韵、哲理、土气和辞采。最后，李博士以图片的形式教导我们如何全方位打造阅读文化生态，引经据典，旁征博引。演讲字字叩问自己的心灵，句句表达着独特的见解，为我们勾画出了阅读文化的愿景与蓝图，可感知可触摸，李博士用热情点燃了我们心中的那盏教育的灯。

"建设书香校园，让校园弥漫书香"成为本工作室成员研修的主要方向和内容。

让校园弥漫书香，校长要带头读书。以身作则和率先垂范是无言的号令，是巨大的感召，是强劲的引领。校长带头读书，做书的崇拜者，成为师生读书的榜样，用自己的读书理念和行动，去影响和带动教师和学生读书。校长乃"书迷""书虫"，是校园最美的身影；一级读给一级看，是校园最美的风景；一个喜欢读书的校长带领一群喜欢读书的老师陪着孩子们一起读书，是教育最美的样子。

让校园弥漫书香，需要校长营建读书氛围。读书是需要氛围的。当你进入图书馆，看到大家都在用心地读着书时，你一下就有读书的冲动。校长在校园里为师生营造出一种浓厚的读书氛围，应该成为校长的努力方向。在营造读书氛围方面，除了充分利用好图书室、阅览室、图书角，为师生创造良好的读书环境外，还要利用学校的文化墙、宣传栏、黑板报、校园广播站与电视台，渲染出浓浓的读书气氛。同时，也可以设定校园读书日或者阅读节。校园里的阅读节、读书日会让师生自然而然地进入读书的状态，融入读书的氛围。

让校园弥漫书香，让书籍主动"进入"师生的生活。当图书成为学校分布最广的资源，当一所学校完全变成了书的海洋，老师和学生想不被书籍影响几乎不可能，想不读书也几乎不行。校长最智慧的行动就是将图书馆、图书室里的书"请"出来，建书架、书橱、书壁、书柜、流动书车，让书"漂流"在学校的每一个空间，让其存放在校园的各个角落，让师生做到随手可拿、随地可取、随时可读。为了让校长、老师带头读书，2022 年工作室向镇申请"提升老师阅读能力"专项经费，购置了一批近三年出版的新书供学校开展阅读交流活动。

丰富多彩的读书活动让校园弥漫书香，没有读书活动，就没有书香校园的有效构建，也就无法推动师生积极读书。通过图书漂流、好书交换、书目推荐、书香班级评比、读书人物表彰、读书演讲比赛、读书论坛、读书沙龙、经典诵读、亲子共读等活动，师生在积极主动的参与中，认识到读书的意义，感受到读书的价值，体验到读书的乐趣。通过培养师生的读书兴趣，帮助他们养成良好的读书习惯。

让校园弥漫书香，需要校长着力研发完整的阅读课程体系。课程是教育的有效载体和抓手，只有拥有完整的阅读课程体系，才能确保书香校园建设的持续性，让书香校园建设走向成熟之路。

研发阅读课程体系，既要结合学校自身特点、教师队伍特点以及学生的身心发展特点，也要增强教师研发阅读课程的意识，提高教师研发阅读课程的能力。阅读课程研发应注重循序渐进和内容与连贯性，坚持阅读课程的主体性与合作性、开放性与优化性、实践性与探究性、活动性与教育性。在阅读课程内容的构建上，一方面针对阅读技能及方法，帮助师生学会如何选书、如何买书、如何检书、如何做读书笔记，如何略读、粗读、精读、泛读、啃读，如何处理好读有用书与读无用书、读有字书与读无字书的关系，等等；另一方面，通过对经典文本在文化层面、思想层面、艺术层面的多维度阅读及解读，丰富师生的阅读体验，涵养师生的阅读情怀。

让我们共同努力，让校园弥漫书香，把每一所学校变为书香校园，让每一个师生成为爱读书的人。

专业赋能　巧思提升　知行合一

蓝静舞（南沙区黄阁镇中心幼儿园）

广州市南沙区蓝静舞名园长工作室于 2021 年 4 月正式成立，工作室由 5 名成员、2 名助手组成。工作室成员均来自南沙区各姊妹园、帮扶园、集团内各公办园及民办园的业务园长以及业务骨干，管理经验丰富，办园目标明确，并有自己独特的办园理念与特色，教科研能力显著，有几名成员多次参与省级、区级课题，并顺利结题。

一、聚是一团火，散是满天星

工作室成立后，针对各成员的"特殊性"，我迅速对情况进行梳理并召开工作室筹备会议。在工作室筹备研讨会议中，各成员就目前其所在园的课程建设、教师队伍建设、办园条件优化等方面提出了困惑；同时，就如何以研思方式提升园长专业素养与能力，如何在研修中引领各园长以鲜活的案例、精湛的理论悟出文化建设、智慧经营、团队管理与建设、课程开发的策略与方法提出疑问。结合筹备会议上的思考与实际中所面临的问题，主持人带领大家思考：工作室各成员在未来三年怎么样可以迅速获得成长？怎么样聚合、发挥大家的力量，提升团队软实力？

二、携手启航，幸福相聚

（1）团队标志，聚心凝力。工作室第一时间设计了工作室的专属 logo。蕙质兰心，"兰"是"蓝"的谐音，以兰花的轮廓为基本形态，花心包裹着翩翩起舞的幼儿和老师，寓意以幼儿为中心，以各成员为抓手，大家团结一心，围绕工作室"有爱的教育"理念。在工作室的带动下，各成员自身软实力得到质与量的发展，也同步带动其所在园的幼儿与老师的数量呈螺旋式上升发展。

（2）构建一个好的工作环境。高质量、舒适的环境是建立高效率、高质量工作的基础，工作室初期目标就是大家齐心协力构建一个好的工作环境。在工作室成员的共同参与下，我们创建了大约30平方米的工作室，"麻雀虽小，五脏俱全"，工作室不仅有一面文化墙，还有独立的资料室，为各成员后期工作开展提供了良好的工作环境和氛围。

（3）确立了工作室将以"有爱的教育"为理念。通过工作室运作，主持人、研修人员和所在的幼儿园合力，以此得到可持续的发展；同时制定了工作室室训和"工作室三年发展规划""工作室实施方案""工作室考核制度""成员自我分析报告""个人成长规划"等规章制度；科学规划、精细设计，开展了自主研修、专题研讨、课题研究等一系列行之有效的系列研修活动，做到"规定动作做到最好，自选动作有所创新"。

三、双线研修，多领域涉足，专家赋能

培养优秀的教师是提高教育质量的关键。在如何培养教师这个问题上，工作室成员一直在探讨，我们不断试着从源头追问："是什么让教师不断进步？""从新手教师到专家型教师有怎样的路径？"苏霍姆林斯基说过："如果你想让教师的劳动能够给教师带来乐趣，使天天上课不至于变成一种单调乏味的任务，那你就应当引导教师走上从事研究这条幸福的道路。"同理，我们工作室想要走得更远，就需要专人专事专研。于是，我们通过线下活动、线上直播，线下工作、线上分享，线下成果、线上发布，线上粗研、线上深究，线下集中研修、线上自主研修等方式，实现主题式研修资源共享。

（1）2021年10月23日，工作室开展了幼小衔接系列研修活动之"如何设计一个优秀的大班体育活动"。本次研修活动邀请了广州市第一幼儿园的彭盛斌园长进行专家讲座，围绕幼儿园体育活动，剖析从幼儿园体育课的特点、原则与要求，到幼儿园体育课的结构模式，助推各成员的教学研讨与业务能力的提升，促成各成员了解多层次、多形式的教育方式。讲座结束后，各成员之间在线上及时地进行了分享，产生了思维碰撞。

（2）黄阁镇中心幼儿园有幸与东方红幼儿园一起参与申报了广东省学前教育"新课程"幼儿园科学保教示范项目"幼儿园广府文化特色课程研究"的研究。在每一次和东方红幼儿园的探讨交流学习中，工作室主持人都及时将学习感悟以及最新的教育动态与各成员在群内分享。2021年11月25日，工作室与东方红林举卿园长共同开展研修活动"广府文化特色课程研究"，并与各成员资源共享。以广府文化的研究背景、研究目标、研究过程、研究路径等方面为抓手；就如何将广府文化融入幼儿的主题活动中，如何让幼儿

在潜移默化之中接受本土文化的浸润与滋养，加深幼儿对广府文化的认同感以及归属感等方面展开研讨，并与各成员共同探讨撰写课题以及开展课题研究的方法，为工作室成员的课题研究答疑解惑，理清课程研究的思路；积极组织各成员展开密切交流，碰撞思维的火花。

（3）2021年12月10日，工作室开展了幼小衔接系列活动之"师幼早操研讨"，基于对早操的内容、材料、形式、融入关键动作，开展趣味游戏，提高幼儿参与度等方面的思考，精心设计、大胆创新，将特色足球、红色元素等，大胆融入早操并向工作室成员进行展示。展示环节结束后，工作室各成员针对此次活动，就如何引领教师、激发教师的主观能动性以及创新能力，如何激发幼儿兴趣，如何使幼儿乐于运动等方面进行了小组研讨，加强早操活动的常态管理。

（4）2022年4月24日，为进一步落实以游戏为基本活动的理念，厚植自主游戏的精神，扎实推进工作室各成员所在园游戏活动的探究，开展高质量的保教。工作室邀请专家进行有关开展游戏活动线上培训，通过实践—研讨—再实践的过程磨炼各工作室成员及其所在园骨干教师的专业技能。线上参与培训100余人，各成员撰写心得进行分享，并通过黄阁镇中心幼儿园公众号进行推文宣传，线上分享阅读人数达300余人，取得了一定的社会认可。

（5）2022年5月，为充分尊重儿童发展的连续性、整体性和可持续性，我的工作室通过幼小衔接课程，减缓衔接坡度，宏观上解析工作室成员所在园基础教育课程改革视角下的幼小衔接相关问题，响应"课程游戏化"的号召，奠定工作室各成员所在园"去小学化"的基石，通过研讨不断尝试有效、科学的幼小衔接活动。工作室有幸邀请叶平枝教授为我们进行了"科学助力幼小衔接"主题分享，全方位剖析骨干教师成长过程中的关键问题，触发头脑风暴，讨论科学教学之路应如何走。培训结束后，工作室各成员马上理论结合实际投身到各自幼儿园进行实践，进行科学有效衔接之路的探索，助力幼儿的科学、健康身心发展。

每一次研修，大家都会"三省吾身"，对学习心得及经验进行分享，力求将师资队伍建设快速由"学"转"教"、转"研"，通过系列研修活动持续、高质量地推进各成员所在园的人才培养和教科研的提档进阶。

四、课题引领，以研促教

我们认为，除了用鲜活的案例、精湛的理论去解决在文化建设、智慧经营、团队管理与建设、课程开发的策略与方法中存在的问题外，还应该从细微处见真章，用科研去解决教师实践中的"真问题"。例如，工作室成员叶嘉慧园长提出，如何更有效地指导教师将切实开展的幼小衔接教学实践活动经验总结、提炼，以论文的形式进行成果展示？作为领导应该怎么样给予教师支持？工作室卢枝坚园长提出，作为发展中的园所如何做好幼小园本课程？工作室成员田海萌园长提出，民办园应如何更好地在顺应幼儿发展年龄特点的基础上，做好幼儿以及幼小衔接？针对大家的种种疑惑，以问题为切入，在工作室成员的共同努力下，工作室于 2022 年 6 月申请广东省教育学会小课题"基于幼小衔接幼儿学习品质培养的行动研究——以工作室成员实验班为例"，顺利立项通过。借此契机，我们以课题为抓手，在各成员所在园设立了课题实验班，通过互相参观，调查各成员所在园的幼小衔接现状并开展了研究。从狭义的含义理解到班级区域创建的切入，从幼儿园和小学存在的教育分离现状、衔接意识薄弱、过度重视知识准备、衔接机制不健全等系列问题，到用课题研究助推展业成长的方式，创新各成员所在园原有的教学研究形态，通过构建园所课题研究组织的培育机制和模式，提升教师教育教学水平，改变教师传统的教学模式，形成工作室共育机制，为推进幼小衔接课题研究打造强劲引擎。

五、双向交流，探寻研讨，以点带面谋发展

工作室成员田海萌园长，来自普惠性民办园。为了协调各成员所在园齐驱并进的良好发展，2021 年 12 月 13 日，我组织工作室成员赴维柯厚永幼儿园进行儿童感统以及情绪辅导项目研讨，从班级活动室到户外场地，从课程的设计到幼儿一日生活，全方位深入地了解，感受维柯厚永幼儿园的教育理念。大家一起进行头脑风暴，为普惠性幼儿园如何深入教育改革创新，打造园所特色等问题展开探讨，同时围绕"资源共享、教育互助、文化共建、项目合作"献计献策，进行一次名园长工作室的双向联动交流活动。交流活动结束后，厚永幼儿园针对各年级幼儿的年龄特点和发展水平，制定合适的目标及教学内容，在全园范围内开展了具有本园特色的公共课程。

六、非学无以广才，非志无以成学

"问渠那得清如许，为有源头活水来。"为了不断给各成员注射新鲜血液，拓宽大家的知识面，尝试站在"巨人的肩膀上"看世界，工作室在

2022年5月开展了与番禺区范峻婷名教师工作室的线下交流活动，通过走出去引进来的方式，各成员身临其境地感受到最新的教育动态以及幼儿学习环境氛围。从班级幼儿管理到整个行政团队的管理，大家思维碰撞，相互沟通、相互联动，通过工作室之间的交流，提供培训情景和案例给各成员，助推其所在园软件、硬件的同步提升。

在2022年第27个"世界读书日"之际，工作室组织全体成员开展了阅读月活动，成员们每天花半小时阅读一本教育类书籍，按照工作室给出的每日阅读计划与重点，将自己在书中所感悟到的点点滴滴在工作室群内与大家分享。通过一期的阅读活动，大家思接千载、心游万仞，丰富了精神家园。工作室阅读活动结束后，各成员同期在各自园区开展了以"全员参与、以园为本、师幼共读、亲子同阅"为主题的园所系列阅读活动，以此同步提升教师自身素养，培养幼儿良好的阅读习惯，延续工作室"有爱的教育"理念。

七、聚焦课程，领航共建

在落实"以游戏为基本活动"的幼儿园一日活动中，如何以儿童兴趣为出发点，开发师幼共建的高质量探究性课程？2022年9月26日，工作室依托虞永平的《学前课程与幸福童年》，邀请广州大学教育学院与特殊教育研究中心主任、广州大学教育学院学前教育系研究生导师、中国学前教育研究会教师发展专业委员会副主任叶平枝教授进行线下课程领导力的指导，工作室全体成员参加此次课程指导。以幼儿园课程建设为切入点，采用"案例分享＋园长诊断＋专业引领"的研训方式，结合南沙区黄阁镇中心幼儿园课程架构、课程开展情况以及课程实施中所遇到的困难，以案例为载体探讨幼儿园课程建设与幼儿园园长课程领导力。同期，借助工作室室场开展了幼儿园课程建设案例分享活动，进一步提升园长领导保育、教育的能力，提升各成员所在园的保教质量。

八、展望未来

未来，针对工作室、各成员、各成员所在园三位一体，促进团队深层融合。同时，随着工作室活动的不断开展，结合社会发展与改革教育新趋势，也将同步不断更新工作室发展理念。一个人可以走得很快，但一群人可以走得很远，工作室将继续秉持"求知、共享、绽放"的宗旨，秉承"有爱的教育"理念，更加积极地组织工作室开展一系列行之有效的活动，更好地发挥名园长工作室的示范引领和辐射带动作用，同时也相信我们工作室搭建出的学习共同体平台能够更进一步加强成员间的交流，做到研修有气，学习无期，共生共长！

建立学研共同体　培养引领骨干队伍

刘颖丽（广州市南沙区实验幼儿园）

一、工作室概况

南沙区刘颖丽名园长工作室成立于 2021 年 3 月。工作室主持人刘颖丽，华南师范大学学前教育全日制硕士研究生、幼儿园高级教师，现任广州市南沙区实验幼儿园副园长（主持全面工作），广州市第十八届中小学、中等职业学校特约教研员，第三届南沙区政府督学，广州市南沙区教育发展中心兼职教研员；拥有 7 年一线教师工作经验、4 年幼儿园教学管理经验、3 年幼儿园全面管理经验，积累了丰富的教学实践和管理经验。她专业基础扎实，教科研经验丰富，作为课题组成员（排名前三）参与全国社会科学基金"十二五"规划课题"体育区域活动中幼儿运动安全行为与规则意识的培养研究"、广东省"十二五"课题"幼儿良好运动习惯培养的实践研究"；独立主持 2019 年市级规划课题 1 项、市级专项课题 2 项、主持区级专项课题 1 项，指导幼儿园教师申报并成功立项区级规划课题 2 项、区级专项课题 7 项；先后在《教育导刊》《家庭与家教》《幼教 365》《生命时报》《沙盘游戏》《家庭》《广东教学报》发表论文，内容涵盖幼儿园课程改革、幼儿教育、教师成长等内容；参与教育部立项教材《幼儿园教育活动设计与指导——语言》一书的编写工作，独立撰写第四章、第五章。

工作室成员均由南沙区内各镇街的公办、民办的幼儿园园长和教学副园长组成，教育教学实践经验丰富，教研与实践能力强，能够支撑工作室的良好运作和研究的开展。成员分布在沙区街、黄阁镇、万顷沙、东涌镇、大岗镇、榄核镇，以学习指导实践，带动南沙幼教事业共同进步。

工作室成立以来，全面贯彻党的教育方针，以科学发展观为统领，以名园长工作室为依托，以建立学研共同体、培养幼儿园教研引领骨干队伍为目标，贯彻《3～6 岁儿童学习与发展指南》和《幼儿园教师专业标准》，充分发挥学员自身特点，坚持科研先导、专家引领、理论学习、教学研讨、入园观摩、互动研讨为主要的研修形式，辅以主题教研工作坊、园本教研活动设计、参与式培训等手段。在幼儿园档案管理和游戏观察点评方面，购买线上资源一起学习共进；在交流学习方面，先后联合南沙区石晶名园长工作室、南沙区甘洁榆名教师工作室、南沙区杨雨婵名教师工作室，到珠江街中心幼儿园、华南师范大学附属南沙幼儿园参观交流学习，多次开放南沙区区实验幼儿园的节日活动、跟岗活动、对外公开活动进行交流学习；在教科研方面，先后举办了课题开题、结题会的线下和线上的分享交流；关于传统文化节活动的设计和组织，设计了世界咖啡教研活动并邀请工作室成员参与其中，感受头脑风暴，思想火花碰撞的精彩；在疫情居家期间，发挥南沙区实验幼儿园青年骨干教师的引领作用，面向工作室成员所在幼儿园的老师们开展公开线上教研活动"利用家庭资源进行体育类游戏开发的教研"，并帮助老师们做好疫情居家期间的家庭教育指导。

工作室注重将自主研习和集中研修相结合，切实提高工作室成员的个人修养和专业素质，培养师德高尚、业务精良、实践能力扎实的园本教研引领骨干队伍。

今后，工作室将坚持多元融合、优势合作，通过资源整合，优势互补，合作交流，解决学员在专业发展中的痛点和难点，建立学研共同体、培养引领骨干队伍，促进工作室成员的共同发展。

二、工作室成员介绍

沈柔瑶，现任广州市南沙区万顷沙镇第一幼儿园副园长（主持全面工作），幼儿园中级教师、南沙区民办教育协会专家库专家；2010年华南师范大学教育管理本科毕业，拥有5年省一级幼儿园工作经验、1年市一级幼儿园教学管理经验，7年幼儿园全面管理经验，曾获南沙区优秀教师称号；在《当代教育实践与教学研究》《科学咨询》发表幼儿园人文管理与戏剧研究论文。

司徒美仙，中共党员，毕业于华南师范大学学前教育专业，本科学历；从事幼儿教育工作34年，现任广州市南沙区石排村幼儿园园长，第三届南沙区政府督学，南沙区民办教育协会理事。多年来，她工作勤奋务实，勇于挑战，不断创新，善于管理，使幼儿园在最短的时间里迅速发展为广州市规范化幼儿园、广州市一级幼儿园、广州市安全文明校园，获得广州市民办教育40年突出贡献奖等，幼儿园连续被评为区保教质量一等奖、区好园所、镇先进园所、镇五星级幼儿园等。其多篇论文在各类教育报刊里刊登及获奖，个人多次获得区好园丁、优秀教师等荣誉。

罗燕萍，现任广州市南沙区大岗镇灵山幼儿园副园长，幼儿园一级教师，本科学历；曾多次荣获优秀教师、教育工作者称号。她拥有 24 年幼儿教育工作经验，带领团队积极开拓，与时俱进，不断创造适合幼儿全面发展的教育环境，抓课题研究，促课程改革，共建温馨、和谐的大家庭。

徐晓聪，现任广州市南沙区黄阁镇麒麟幼儿园副园长（主持全面工作），南沙区民办幼儿园办学许可证审批评审专家库成员；2005 年大学本科毕业至今，拥有 5 年的音乐教师及班主任工作经验、12 年的幼儿园教学及全面管理经验，擅长声乐、古筝、家庭教育指导等，发表论文《幼儿园安全教育及幼儿园安全事故的预防》。

黄丽娜，现任南沙区榄核镇中心幼儿园副园长，幼儿园二级教师；从事幼儿教育 23 年，其中 14 年市一级幼儿园教师工作经验，9 年幼儿园全面管理工作经验；入选第二期广州市卓越园长促进工程培养对象、刘颖丽名园长工作室成员；曾获"天河区好园丁""番禺区好园丁""番禺区石碁镇科学育儿先进工作者""榄核镇优秀教育工作者"等称号。

何淑贤，现任广州市南沙区榄核镇中心幼儿园副园长，幼儿园一级教师；华南师范大学学前教育专业本科毕业，从事幼教工作 19 年，其中 10 年市一级幼儿园教师工作经验、4 年幼儿园教学管理工作经验、5 年幼儿园全面管理工作经验；曾获得"广州市优秀教师""番禺区好园丁""榄核镇优秀教育工作者"等称号。

莫学琴，现任广州市南沙区滨海半岛幼儿园、滨海隽城幼儿园园长，南沙区南沙街民办幼儿园联合党支部书记，幼儿园高级教师（大学本科学历），第三届南沙区政府督学、南沙区民办教育行业党委委员、南沙区民办教育协会理事等；1989 年 7 月从事幼儿教育工作至今，曾获得南沙区优秀共产党员、南沙区社会组织优秀党务工作者、先进教育工作者、优秀"三八"红旗手的光荣称号等。

自然·温暖·专注

石晶（广州市南沙区珠江街道中心幼儿园）

一、工作室概况

石晶名园长工作室于 2021 年 3 月 23 日授牌成立，现有主持人 1 名，助理 1 名，成员 7 名。工作室主持人石晶为幼儿园一级教师，南沙区优秀教育工作者、南沙区兼职教研员、南沙区教育督导；从事幼教工作 20 余年，担任园长 14 年间，以教科研为努力方向，打造以儿童为本的教育环境和课程。工作室成员 8 人中，有园长 6 人、副园长 2 人，平均年龄 37 岁，其中最大年龄 44 岁，最小年龄 29 岁，均为本科学历。成员团队都是在一线历练的园长和负责教学的主任，好学、积极，对幼教事业怀有情怀和干劲。

工作室成员来自公办、普惠性和民办等不同办园模式性质的幼儿园，且都是当地具有代表性和发展较快的幼儿园，为实现未来三年多样性研究和均衡发展奠定了良好的基础。在调研、讨论、实践研究和总结归纳中，成员希望通过工作室平台的学习获得自身的成长和所在幼儿园的发展，提升自己的专业能力和管理水平，让自身和所在的幼儿园在原来的基础上得到不同程度的进步。同时，工作室也希望建立不同类型幼儿园的发展共同体，形成合作网络，促进互助学习和专业上的共同提升，让学前教育实现内涵化发展和品质上的提升。

二、工作室愿景

（一）工作室发展理念

以提升园所教科研能力为目标，以"课程领导力"为导向，通过"摸清主要问题—找准发展方向—进行实践研究—开展反思行动—提升专业素质—呈现特色成果—形成思想创建"这一思路，促进自主研究，促进共同发展，促进成果转化，促进教育管理质量提升，促进园所内涵化发展，促进成员所在幼儿园不同程度的品质提升。

（二）文化理念诠释：自然·温暖·专注

1. 自然

人类是在真实的自然环境中学习成长、发展自我的。我们的艺术、哲学、科学最初的源头都来自对自然的观察以及在自然中的感受。自然教育是最有吸引力的教育方式，在自然中体验学习，建立与自然的联结，建立生态世界观，尊重生命，遵循自然规律，以期实现人与自然的和谐发展。自然滋养了人类千万年，也是滋养孩子最好的元素。

我们一方面强调让孩子们在自然中学习，建立与自然的关系；另一方面倡导自然的教育方式，遵循孩子自然成长的规律，去观察、去聆听，让孩子在自然的学习模式中发展和成长。

2. 温暖

教育是一个漫长的过程，静待花开便是教育最好的方式。用爱、用心给予孩子一个善意的世界，孩子便会自然而然地成为温暖和充满善意的人。所以我们强调要做有温度的教育和构建温暖的社会性环境，让孩子在最初的学习时光里有着温暖的学习和成长经历。而这份温暖来源于自主的学习环境、儿童视角的学习内容、体验式的学习方式以及随时获得认同的氛围。

3. 专注

乔布斯曾经说过：人们认为保持专注，意味着要对那些必须要做的事情说"Yes"。其实并非如此，保持专注的真正含义是对其他的一百个好主意说"No"。一切创造和研究都离不开专注，这需要有明确的目标、清晰的路径和专注的信念，并保持持续性。幼儿需要专注的探索，教师需要专注的学习，管理者需要专注的研究。

工作室的成立，让我们一群有着"倡导自然教育之道"教育理念的人聚集在一起，专注于学前教育研究，做有温度的教育，认真刻苦钻研，友好团结协助，遇见更美好的自己！

三、工作室目标

工作室以《幼儿园工作规程》《幼儿园教育指导纲要》《3～6岁儿童学习与发展指南》为基本指导，坚持理论学习与实践锻炼相结合的原则；坚持引领示范与主动参与、个体研修与团队合作、共同提高与个性发展相结合的原则。以幼儿园管理为研究领域，以教师专业发展策略为研究对象，以幼儿园特色的建设与提升为研究课题。通过专家引领、课题研究、实践考察、学术交流、互动提高等方式，全面提高工作室成员的政治素养、理论水平及管理能力，促进成员办园思想的形成及教育教学质量提升，力求在教育管理理念和运行模式、园所文化、园本课程的研究与实践以及师资队伍建设等方面学有所长。

（一）提升个人专业素养

工作室有助于提升个人的专业素养、办学理念、管理能力、业务水平，同时提升工作室团队的学习、研究、实践、交流能力，共同探讨解决工作室成员园发展过程中的难点和焦点问题。

（二）形成项目研究成果

工作室秉承幼儿园"自然、温暖、专注"的理念，力求通过三年的成长与历练，有针对性地开展项目研究和实施，形成一定的项目研究成果。我们依托珠江街中心幼儿园课程理念为主线，以自主研修为基础，以科研课题为切入口，将研究方向确定为奥尔夫音乐教学法在学前阶段的应用研究、文溪雅荷场景化课程中场景的创设、"学习故事"的应用、生态主题活动的探索四个方面，通过专家讲座、主题研讨、实地教研、说课磨课等不同的形式将研究与实践相结合，促进成员的专业化成长。

（三）辐射引领共同提高

工作室要求主持人及成员积极撰写论文、论著，周期内在专业期刊发表论文不少于1篇。此外，每年积极参加工作室开展的专家讲座、现场教研、观摩示范课、经验交流会等活动，将取得的研究成果和优质教学活动以各种形式展示出来，实现交流、分享的目的，达到教育教学质量、幼儿园管理水平的提高，从而提升整体的教育管理能力，力争两年内培养1～2名本地区有一定影响力的名园长或优秀园长。

四、工作室推进过程中面临的困难及反思

（一）多方支持，着眼教育理念和学习能力，实现"有效的观察"

如何将教育的理念、观察的方式更好地落实在日常的教育教学和课程设

计中是工作室成员所面临的困难。工作室将着力在转变观念、提升观察能力方面开展项目式研讨，通过更多的类似"学习故事"的方式展开提升教育理念、操作方式的探讨，从而更好地观察孩子、记录孩子，找寻最适合和有效的教育方式。

（二）多种形式，提升理论基础和实践能力，实现"多样化学习"

针对交流和学习方式的多样性，工作室需要不断找寻更适合工作室成员的研习和实践方式，实现自主学习体系，提高学习的有效性，实现共同发展。工作室需要继续提供更多渠道的学习方式，一方面邀请专家入园进行指导，线下进行理论培训；另一方面利用各类平台的教研资讯和学习资料，组织教师们进行线上学习。同时，创设教学资料图书馆，开放幼教刊物和书籍的借阅服务，鼓励教师们积极借阅，不断学习，及时转变观念，学习新的教育理念和新的教学方法，做好理论学习笔记，做到理论与教学实践相结合。

（三）多措并举，聚焦提升项目的稳步落实，实现"共同的发展"

工作室对年度项目的落实需要进行目标性研讨、过程性分析和成果的收集；做好理论学习笔记和实践过程记录，将理论与教学实践相结合；加强对过程性资料的收集和分析研讨，梳理、形成更具有指导意义的活动方案，进而通过对项目的聚焦实现有价值的提升，实现各工作室园区共同发展。

五、工作室下一步规划

在工作室建设过程中，我们认真落实南沙区教育局对工作室的各项要求，充分发挥工作室的示范辐射和引领作用，在教育观念、常规管理、课程建设和实施、保育保健、家园共育以及教改科研等方面脚踏实地努力，并已获得阶段性成效。

工作室将继续秉承"自然·温暖·专注"的理念，以珠江街中心幼儿园课程理念为主线，以自主研修为基础，以科研课题为切入口，将研究方向确定为奥尔夫音乐教学法在学前阶段的应用研究、文溪雅荷场景化课程中场景的创设、"学习故事"的应用、生态主题活动的探索四个方面，通过专家讲座、主题研讨、实地教研、说课磨课等不同的形式将研究与实践相结合，有针对性地开展项目研究和实施，形成一定的项目研究成果。同时，也将继续优化平台，进一步推动园际交流与合作，以阶段目标为重点，以实地观摩、教学研讨、课程大赛、书籍共读等不同形式开展互动交流，致力于提升工作室成员的专业素养和管理水平，提升各园所的教育教学质量，互学互研，共同发展。

第三章 遇

美美与共……
名教师工作室
的炼成

友爱　助跑　成长　发展

王莉（广州市南沙区启慧学校）

一、以梦为马，打造特教发展平台

广东省王莉名教师工作室成立于2021年4月，衔接广州市王莉名教师工作室自2018年6月起三年的建设经验，旨在为热爱特殊教育事业、乐于奉献、善于学习、有志于主动进行教学探究的广东省优秀教师提供特殊教育教学合作、创新、互动、交流的一个发展平台。

工作室徽标由工作室成员沈玉文老师设计绘制，寓意"友爱（Freindship）""助跑（Support）""成长（Growth）""发展（Development）"。微标中紧紧相连又呈螺旋式成长的花瓣、坚定的绿色花托，如同青年教师在工作室的坚实基础上紧密相连、共同成长，再将所学所悟示范引领辐射，传播特殊教育的大爱、专业、创新和奉献精神，托举熠熠生辉的明日之星。

多方成员聚力"突破"，专家引领助跑"成长"。工作室成员由13名深耕在特殊教育一线的青年教师组成，地域涵盖广州、肇庆、珠海、清远多个城市，专业领域跨越了培智教育、普通教育、幼儿教育和听障教育等，共同聚力为特殊教育教学探寻突破与进步。工作室聘任黄志红博士、谌小猛博士和高珂娟老师为工作室的指导专家，发挥专家引领作用，帮助广东省内众多从事特殊教育的教师有理论依据、有教学方法策略地开展教育教学，并提供实践基地和共同成长进步的发展空间。

二、以心为擎，行稳致远砥砺前行

工作室以科学发展观为统领，以教学实践为主渠道，按照"围绕名师、组建团队、开发资源、搭建平台、培训教师、培育名师、形成特色、提炼成果"的建设思路，重视学术引领，重视理论与实践相结合，重视课题研究、教师培养和示范辐射，实现了优质特殊教育资源共享和教师的专业化发展。活动情况如下。

（一）广东省王莉名教师工作室揭牌仪式

2021年4月，王莉同志经遴选被评为广东省中小学特殊教育名教师工作室主持人（2021—2023），于广州市南沙区启慧学校举行工作室揭牌仪式。谌小猛、黄志红作为工作室的理论与实践指导专家开展了联合研修的专题讲座，期待今后通过工作室的专家引领和多元化研修活动，为广东省众多从事特殊教育的教师提供实践基地和共同成长进步的发展空间。

（二）粤黔特教一家亲，山海携手共奋进

2021年11月8—10日，由工作室主持人、南沙区启慧学校王莉校长带队，与黄丽华、林提和陈伟老师一行四人前往贵州省安顺市紫云自治县特殊教育学校开展结对交流活动。通过同课异构、听课和评课，加强了两校特殊教育教师教学互助互学，共同谱写了特教新篇章。

（三）专业引领，携手共进——工作室举行联合研修活动

2021年11月24日，广东省王莉名师工作室、马善波名师工作室、广州市王莉名师工作室联合研修活动在南沙区启慧学校举行。谌小猛博士为全体成员作"特殊教育研究实施与文章发表"的专题讲座，从研究方法、总体路径、申报书撰写等方面系统地阐述了教育科研工作应如何开展。而后，两个工作室均进行了观摩课展示，通过听评课活动加强特殊教育工作室成员的教学交流分享。工作室发挥专业引领作用，带领工作室成员心怀教育梦想，深耕特教沃土，收获丰硕成果。

（四）聚焦培训赋能，点亮教育心灯

2022年1月12—13日，工作室精心策划了南沙区启慧学校首次教师校本研修学术工作坊，全体教职员工参加了为期两天的工作坊培训活动。本次培训内容形式丰富多彩，教职员认真倾听、积极探讨，在互动交流中不断碰撞思想的火花。

校本研修不仅是提升教师个人能力的重要途径，更是提高教育教学质量的重要抓手。经过自主申报、专家评审，主持人所在南沙区启慧学校于2022年4月22日被认定为南沙区第一批校本研修示范校，申报科目为特殊教育。2020年建校以来，南沙区启慧学校便不断摸索校本研修的实践方式，未来还将不断探索，不断提高教师的素养，提升特殊教育的质量。

（五）开题论证明思路，专家引领促提升

2022 年 3 月 15 日，广东省王莉名教师工作室的省级研究项目"以 IEP 为抓手，推动区域特殊教育提质增速发展"举行开题报告会，并听取专家们的建议和指导。该研究项目旨在结合区域实际探索出特殊教育的运作方式，通过形成以特殊教育资源中心为主导、以特殊教育学校为骨干、以随班就读和特教班为主体、以送教上门服务为补充、学前和高中融合教育协调发展的"五位一体"融合教育服务体系，探索个别化教育计划的实践模式。

（六）课题引领，研路花开

为进一步提高南沙区启慧学校教师的科研能力，促进教师专业成长，做到以研促学、以研促教，2022 年 4 月 22 日下午，南沙区启慧学校召开线上校级课题开题报告会。广州市越秀区启智学校谢立瑶老师担任评委专家组长，工作室成员沈玉文、朱江老师担任评委专家，为南沙区启慧学校教师的课题研究提供宝贵的指导意见。

（七）开展名教师工作室系列学术活动

2022 年 6 月 11 日，为促进特殊教育教师的专业发展，工作室积极搭建学习交流平台，让教师们能更好地提升专业素养与赋能培智教学，由广东省中小学教师培训中心主办，广东省王莉名教师工作室承办，省内其他特殊教育名教师工作室联合承办，开展了为期 5 天的主题为"基于课标的培智学校课程建设与教学实践"的系列学术活动。

（八）精打细磨精品课，专家指导促提升

2022 年 6 月 15 日上午，广东省王莉名教师工作室、广东省谭绍珍名教师工作室联合指导省精品课程中期汇报活动在广州市南沙区启慧学校举行。本次活动采用线下与线上相结合的形式进行，省内特殊教育参会教师共计 70 余人，两位工作室主持人对 4 个精品课程的研究情况和实施过程进行了悉心的指导。

（九）深研绘本教学，共推融合教育

2022 年 6 月 17 日，由广东省中小学教师培训中心主办、广东省陈海苑名教师工作室承办、广东省王莉名教师工作室等 9 个省内特殊教育名教师工作室共同参与的绘本教学学术活动在市桥沙墟二小学以线上和线下相结合的方式举行，活动主题为"深研绘本教学，共推融合教育"。工作室全体成员以线上的方式参与活动。

（十）家校沟通，温情共育——为孩子的健康成长搭起希望的桥梁

2022年6月20日，由广东省王莉名教师工作室、广州市南沙区特殊教育资源中心（指导中心）、广州市南沙区启慧学校共同主办，广东省马善波名教师工作室主持人、佛山市禅城区启智学校副校长马善波老师主讲的"家校沟通的策略和技巧"讲座，对特殊教育学校的教师们来说，有着深远的意义和实效性。

三、以评促学，评教结合共成长

工作室注重学术引领，重视理论与实践相结合，加强资源整合，通过培养计划的实施，着力开展特殊教育教学改革的实践活动，研讨并解决教学中的实际问题，帮助工作室成员在课堂教学上出精品、在课题研究上出成果、在区域范围内有一定学术影响力，实现入室骨干教师和工作室成员的专业成长和专业化发展，取得的成绩如下。

2022年7月，朱江在广东省第十三届中学生运动会科报会评比中获二等奖。

2022年6月，罗红波完成广东省"通过信息化服务平台促进区域特殊教育教研发展的实践探索"特殊教育专项研究课题结题。

2022年5月，沈玉文在2021年"我劳动，我快乐"劳动教育主题活动中获二等奖。

2021年12月，沈玉文制作的学具可触摸图书《好饿的毛毛虫》获中国盲文出版社二等奖。

2021年7月，吴小文主持"融乐绘"特殊教育宣导课程获广东省特殊教育精品课程项目立项。

2021年5月，蔡丽仪在广东省融合教育优质资源征集活动中获评二等奖。

2021年5月，吴小文在广东省融合教育优质资源征集活动中获"优秀荣合伙人教育研究论文（一等奖）"。

2021年5月，吴小文在广东省融合教育优质资源征集活动中获"优秀融合教育实施方案"二等奖。

四、以工作室为阵地，立足课堂研教结合

工作室依托省、市各类特殊教育学校，定期举办公开课、观摩课展示、学术沙龙、工作室论坛、教学技能竞赛等活动，并选派工作室优秀成员参加国内外特殊教育学术交流研讨会议，积极承担、开展形式多样的专题讲座、教学科研分享等，使其从经验型教书匠转化成为专家型教学能手，成为特殊教育骨干教师和学科带头人，从而带动扩大或提升工作室在省内，甚至全国的区域影响力。

以广州市南沙区启慧学校的融合教育指导中心为实践基地，工作室建立了自闭症儿童教育与康复研究实验室，联合各级各类特殊教育学校开展全省自闭症儿童教育与康复研究专项论坛研讨。

工作室积极参与建立与完善国家、地方、学校三级课程管理体系，并根据培智义务教育课程标准和教学要求，开发校本课程，建设一批学科资源。工作室支持指导工作室成员（包括网络学员）所在学校，构建专题学习模式，组织开发系列教学资源、教学设计、教学课件、微课视频、课后评估统整等学科资源。对所开发的特殊教育教学资源，工作室通过微信公众号、粤教翔云平台等进行及时宣传、推广与应用。

五、以工作室为中心，示范带动效应持续释放

名师工作室是凝聚教育精英的主要阵地，是一支集实践、创新、实战、总结、思考和反思为一体的队伍，是一支听取建议、乐于开拓创新、精于积累与应用的精英兵。

依托广州市南沙区启慧学校的融合教育指导中心建立自闭症儿童教育与康复研究实验室，联合各级各类特殊教育学校开展全省自闭症儿童教育与康复研究专项论坛研讨，工作室积极参与建立与完善国家、地方、学校三级课程管理体系，并根据培智义务教育课程标准和教学要求，开发校本课程，建设一批学科资源，并对所开发的特殊教育教学资源进行及时宣传、推广与应用，发挥示范带动作用。

教育离不开为教育不断思索、创新与实践能力的践行者。因此，工作室致力于培养有先进的教学理念和独特的教学风格的教师群体，形成一个以省、市、区学科带头人和骨干教师为主体的教师群体，从而完善骨干教师的梯队；培养教育研究骨干力量，以外聘专家指导、开展课题研究讲座等多种

形式提高教师的研究能力，不断深化专项教研组，培养学科、领域专业教师，继续推进教学教研交流活动，不断提高教师教学水平及专业化水平；实现由"经验型"教师向"学习型""研究型"教师的转变，达到特殊教育教师的专业化发展。

做脚踏实地、仰望星空的"大先生"

曾志伟（广州市南沙区南沙小学）

2021 年 3 月，广东省曾志伟名教师工作室成立，一群来自广州、清远、梅州、湛江、汕头的思政追梦人相聚在一起，守初心、担使命，追逐着心中的那一束光。

一年多以来，我们从初识、起航到跋涉、深耕，再到共赢、收获，无数个行走的瞬间镌刻在追梦的路上，留下了一串串坚实的足迹，在专业学习、实践探索、教育研究、教学反思中不断探索课堂教学的改革，凝练个人教学风格，追求自我的蝶变，从而创造一个新的自己。

一、工作室理念——智慧共融，创新引领

工作室成立伊始，我们就确立了一个集思想引领、理论研究、实践探索、经验总结于一体的优秀团队，致力于搭建平台、融合智慧、促进成长，让工作室成为成员们"交流思想、实践历练、共同成长"的平台，以期成为"相互学习、取长补短、促进发展"的载体，成为"名家引领、专家指导、自我成长"的孵化器。我们追求思想融合，深入研究，坐下来学，请进来讲，走出去学，静下来思，发散思维，存同求异，另辟蹊径，以问题为导向，以已有经验为基础，创发新思维，努力成为"有理想信念、有道德情操、有扎实学识、有仁爱之心"的好老师，更要努力成为孩子们心中的"大先生"。

二、工作室目标——创新我，育新人

工作室积极探索教师培养的有效方法和途径，努力使工作室真正成为研究的平台、成长的阶梯、辐射的中心，使学员朝着"三型教师"的要求前进，达到"创造一个新的自己"的目标。

一是成为学习型教师。通过理论学习及专家引领，树立先进的教学理

念，掌握道德与法治学科的知识体系，提高学科专业教学水平，将新课程理念内化为教学行为，并运用到教学实践中。二是成为研究型教师。即具有独立承担学科领域课题研究的能力，能主持开展课题研究，形成自己的教育教学研究专长。三是成为特色型教师。在培养期间，工作室学员切实制定好个人发展目标，充分利用名教师资源，挖掘自身优势，发挥自身的个性特长，形成自己的教学风格，成长为名教师。

此外，作为小学道德与法治的工作室，我们清晰地认识到要上好道德与法治课关键在于教师。道德与法治教师肩负着"给学生心灵埋下真善美的种子，引导学生扣好人生第一粒扣子"的责任。因此，我们既要"学出来、悟出来"，更要"做出来、传下去"，持续改进教学实践，成为终身学习者，立德树人担使命，深耕思政课堂，把真善美的种子种进每一个孩子的心灵，培根铸魂育新人。

三、工作室发展——"一二三"推进策略

（一）高举"一面旗帜"：铸魂育人

为党育人、为国育才是中国特色社会主义大学的庄严使命。办中国特色社会主义教育，就要理直气壮开好思政课，用习近平新时代中国特色社会主义思想铸魂育人，厚植青少年儿童的政治底色。工作室引领全体学员做新时代铸魂育人的耕耘者，讲好思政课，想学生之所想，答学生之所疑，解学生之所惑，充分发挥其积极性、主动性、创造性，努力成为塑造学生品格、品行、品位，做学生为学、为事、为人的"大先生"。

（二）聚焦"两个关键"：课堂改革、核心素养

在培训与学习中，我们不断听到"课堂改革"和"核心素养"这两大关键词。在当前国家教育政策导向和前沿教师思想和实践的引领下，我们清晰地了解到现代社会对创新型人才的需求，对学生的培养应落实到发展其核心素养上。

课堂是教育教学的主阵地，教育的改革最终还是要落实在课堂教学改革上。而课堂教学改革的起点在于教师。朱永新老师说过："教师是所有问题的出发点，教师是课堂的生发点……教师也是课程的出发点，不仅是课程的执行者，同时也是课程的研发者。"作为教师，我们要及时更新教学观念，优化教学方法，重视对学生核心素养的培养，落实三大转变。

1. 从"教教材"到"用教材教"的转变

"教教材"是"书本"思想的体现，"用教材教"是"人本"思想的反映。教师应将教科书视为教学资源，将学生视为学习的主体。教学过程应是学生在教师的指导下进行自主、合作、探究式学习的过程。

2. 从传授式到体验式的转变

陶行知的教育理念从生活出发，提出"教学做合一"，倡导学生通过"做"实现教育的真正价值。开展体验式教学正是陶行知教育理念的具体体现。通过探究体验，学生亲身参与，才能在体验中领悟教材内容的要点，这样才能使课堂变得生动有趣，意义深远。

3. 从注重知识技能到关注全人发展的转变

新课改的第一个目标是"改变过分注重知识传授的倾向，强调形成主动的学习态度，使学生掌握基础知识和专业技能，形成正确的价值观"。新课改的目标凸显了学习态度和价值观的重要性。因此，我们要把课堂变为有温度、有内涵、有情感的场所，要注重"培养真正的人"。

只有实现这三种转变，才能真正构建一个有高度、有温度、有效度、有深度的课堂，实现育人的价值。

（三）突出"三大引领"：理念引领、学习引领、活动引领

1. 突出理念引领，明确研究方向

工作室在主持人曾志伟校长的带领下，以"从生活体验中获得真正的教育"为理念，以课堂教学为主线，探索"引建课堂"教学模式，坚持教师价值引导和学生主体建构相统一，通过创设多样化的学习情境，引导学生开展自主、合作的实践探究和体验活动，培养学生的学科核心素养，使工作室成为师生共同成长的实践平台。

2. 突出学习引领，促进专业成长

在进入工作室之初，工作室学员就已经在主持人和指导专家的帮助下制订了成长计划，确立了符合个人职业发展的规划和学习目标。工作室通过任务的驱动来激发学员的成长动机，通过创建不同的学习情境，让学员带着具体的任务去学习研究、实践创新，促进专业成长。工作室还通过微信群、钉钉群创建网络学习研修平台，对学员进行思想、教学、教育、管理的引领，实行集中学习和自主学习相结合，达成"五个一"的学习任务，即每天学习一小时、每周一次微信交流、每月读一本教育理论与实践的书籍、每学期写一篇总结、每年进行至少一次集中学习交流或外出学习交流。

3. 突出活动引领，助推专业发展

一年来，工作室围绕学习培训和示范引领等主题，有序开展了以"走出去、请进来、静下心、沉下去"等系列活动。

一是走出去，拓宽视野。工作室重视对外交流，极力创造平台让学员走出去，让学员参加各类学科培训研讨活动，如参加广东省中小学幼儿园名教师、名校（园）长、培训专家工作室主持人团队专项研修项目；前往鄂尔多斯市康巴什区参与由教育部基础教育课程教材发展中心、课程教材研究所"如何用教材教与学"研究项目小学实验校工作启动会暨研讨会；参加广州市中小学（中职）思政课新结构教学评范式研究项目试点实验学校授牌仪式暨研讨会并作为实验学校代表发言；参加广东省中小学"百千万人才培养工程"省级培养学员走进乡村教育活动暨"云送教"讲座；等等。让学员放眼教育前沿、走进高端教育、强化实践研修、锻造高效课堂、辐射引领成果。

二是请进来，名师助力。工作室为提高学员的教科研能力，帮助学员把脉课堂教学，深化开展课题研究，多次邀请学科专家到校开展课题和课例的指导工作。工作室要求学员每人每学期在各自学校或者全区范围内至少上 1 节教研课或展示课；每人每年要参与 1 项区级以上的课题研究，并取得研究成果。2021 年 12 月，由工作室牵头，与南沙区教育发展中心、广东省黄志煊名教师工作室、广东省胡嵘苹名教师工作室一起举行以"探索融合教学 提升学科素养"为主题的"南沙—东莞—中山"省名教师、市名校长工作室暨南沙区小学道德与法治教研联合教研活动。参与本次教研活动的还有广东省义务教育统编教材三科骨干教师提升高端研修班学员。本次活动通过课例研讨、专题报告、专家点评等形式呈现了小学道德与法治对探索学科融合、优化教学方式、提升学科课堂教学实效的思考与实践。2022 年 7 月，工作室邀请广州市教育研究院院长方晓波、广州市教育研究院原副院长傅荣、广州市教育研究院小学道德与法治教研员姚顺添老师，担任课题结题报告会暨广州市新结构教学评范式研究项目研讨会议的指导专家，并在会上商讨红色大思政课题研究的方向与重点。

三是静下心，强化阅读。工作室每学期会赠送学员 3 ～ 5 本学科教育理论专著，并要求学员做好读书笔记，写出心得体会；每年召开一次开展"名师荐名著""名师心中的名师"阅读分享会，并邀请专家参与指导。2022 年 5 月，工作室围绕《"接上童气"——小学〈道德与法治〉统编教材研究》和《怎样上好小学道德与法治课》两本著作，以章节阅读分享的形式，学员们以自身实践与理论相结合的角度，分享对这两本书的理解与体会。

四是沉下去，辐射引领。工作室通过与集团、结对帮扶学校的联动，多次开展送教下乡、指导青年教师的活动，努力实现"成己达人"的示范引领作用。如曾志伟校长多次参加广东省中小学"百千万人才培养工程"省级培养学员走进乡村教育活动，在潮州、高州、连平等地开展品德示范带学。2021 年 11 月，组织工作室助手及学员代表赴贵州安顺市若飞小学、安顺市第八小学、安顺市第九小学、安顺市西秀区岩腊乡三股水小学 4 所学校开展跟岗学习、送教下乡活动。2022 年 6 月，组织学员代表到梅州市平远县实验小学、第一小学、第二小学、城南小学、第三小学开展送教下乡活动，并邀请广东省教育研究院黄志红博士进行线上指导。此外，工作室还多次与南沙小学教育集团开展道德与法治学科联合教研活动，点对点进行精品课例打造、青年教师教学能力大赛和单元集备竞赛的指导。

四、工作室成果——花开满园，硕果飘香

（一）立足课改促提高

工作室成立以来，在曾志伟校长的引领下，以课堂教学和实践活动的创新为突破口，相继有 8 位学员在市级或以上道德与法治教学比赛中获一等奖，5 位学员成为区、市学科中心组成员，2 位学员成为市名班主任。工作室组织学员先后参加区、市、省级学科教研活动，如广东省基础教育学科教研基地"学科育人研究与实践"暨省"百门思政课优质建设课程"专题研讨活动、广州市小学道德与法治"一课两讲"课例研讨活动；承担课例展示任务，并通过直播形式扩大受众范围，观看人数超过 3 万人次，在师生间引起了积极反响，《龙湖教育》《南沙教研》《现代中小学生报》等媒体都做了相关报道。

（二）依托项目促研究

在积极探索思政课教学改革的同时，工作室积极参与教育部基础教育课程教材发展中心"如何用教材教与学"研究项目、广州市中小学（中职）思政课新结构教学评范式研究项目的实践与研究。包括：开展道法学科课题省级 2 项，市级 5 项，区级 2 项，研究主题包括学生核心素养、革命传统文化和中华优秀传统文化进课堂等方面；发表学科论文 21 篇，其中在核心期刊发表 2 篇，人大复印转载资料 1 篇；出版学科专著《基于核心素养：小学道德与法治教学的探索与实践》。其中，曾志伟校长被聘为广州市教育研究

院首届特聘研究员。通过思政科研，工作室吸引了更多老师参与到思政教育中来。

（三）辐射引领促发展

工作室积极组织学员与学习共同体开展联动，搭建教师发展多元平台，实现优质资源共享，发挥名教师的示范辐射作用，助力提升学科教育科研水平。一是开展送教活动。过去一年，工作室先后为贵州省安顺市第八小学虹山湖校区、广州市南沙区明珠湾小学、广州市番禺区天成小学、梅州市平远县第三小学、平远县实验小学开展送课活动，促进了结对学校学科教师理念的转变和教学方法的提升。二是承接讲座任务。工作室主持人积极参加"百千万人才培养工程"省级培养学员走进乡村教育活动暨"云送教"活动，对《义务教育道德与法治课程标准（2022版）》进行了详细的解读。三是参与集团赛课指导。为了更好地促进南沙小学教育集团道德与法治学科的建设，工作室联合集团举办学科精品课打造、集备竞赛活动，工作室把入室学员分派到每一个课例组和集备组，负责指导和课例资源审核工作，在备课、磨课、研课中实现理念和方法的指导，促进彼此的能力提升。在联合打磨的六节精品课例中，"四通八达的交通"第一课时获广州市小学道德与法治优质课评比一等奖，其他课例也在区、市优质课评比中获得多个奖项。

"教育是希望的事业，教师是事业的希望"，植根繁荣实验教育的沃土，用行动诠释种子的力量。教师不仅要教给学生知识，还要把自身的情怀与信念在潜移默化中影响周围的所有人，从"我"变成"我们"，同伴共生互助，实现个体自我超越，享受团队成长的快乐，共同推进道德与法治学科的建设。这是我们的第一年，更是我们成长的开始。

各美其美　美美与共

周彩霞（广东第二师范学院附属南沙麒麟小学）

一、工作室概述

广东省周彩霞名教师工作室成立于 2018 年 4 月，主要成员有高校专家、技术专家、专职教研员各 1 人，实践导师 4 人，助理 2 人，入室成员 10 人，网络成员 100 多人。工作室遵循"组建团队—搭建平台—研修学习—立足课堂—开发课程—研究课题—探讨交流—提炼成果—展示推广—示范引领"的发展思路，以探索"纯美"语文教学模式、开发"纯美"语文课程、打造"纯美"语文课堂为主要研究方向，充分利用名师优质资源，通过课题研究及开展各类培训和教学教研活动，使工作室成为名师引领教师专业成长的"学习型、辐射型、合作型、研究型"的专业组织，最终促进教师专业发展，成就一批新的名师，正如工作室 LOGO 设计：分别以"周彩霞"拼音的三个首字母（ZCX）和"纯美语文"中"纯美"的拼音字母作为设计蓝图，Z 寓意种一树希望，C 寓意成满园芬芳，X 寓意携一路阳光。三个字母整合在一起寓意：怀揣梦想，一棵棵充满生机与活力的小树苗，在"纯美语文"（CHUNMEI）这片沃土扎根、生长，在互助互爱、协同共进的成长路上，几经磨砺、几多期许，收获满园芬芳是工作室成员共同的理想与追求。

工作室成立以来，主持人通过开设专题讲座、上示范课、指导备课、听课、评课、组织课题研究、指导论文撰写等方式，手把手指导青年教师，认真做好专业引领工作，使一大批青年教师成长为校级、区级、市级乃至省级的教学骨干。据统计，近三年，成员们在个人荣誉或在赛课等教学技能比赛中，获得国家级奖励的有 2 人次，获得省级奖励的有 15 人次；获得市级奖励的有 30 人次。李桃、程俏俏、陈辉昌、黄靖华、吴晓颖 5 位工作室成员被评选为市级青年名师培养对象。

二、"纯美"语文工作室的提出

为认真贯彻落实广东省教育厅《广东省"强师工程"实施方案》《关于加强"十三五"广东省中小学教师培训工作的意见》和《广东省中小学名教师、名校（园）长工作室管理办法》的通知文件精神，本着"携同、提升、研究、创新"的工作理念，以营造共学氛围、提升科研水平、锻造课程精品、创新教学成果为目标，打造一支师德高尚、理论积淀深厚、教学业务精湛、创新意识强、敢于实践探索、甘于奉献的优秀教师团队，工作室提出了打造"纯美"语文工作室的发展愿景。"纯美"语文工作室致力于构建基于学生兴趣与发展的"纯美语文"。"纯美语文"的"纯"指的是构建纯真、纯情、纯趣的语文课堂，体现了语文教学推崇的"共性"；而"美"则重在"个性"，更多体现的是教师个性化的追求。独特的教学风格、多维的课程资源、创新的智慧课堂是"美"的三种行走方式。"三纯三美"构成"纯美语文"的核心，它们相依相融、横向交错、纵向递进、循环至美。纯美语文的建构与实践，坚持"传承与创新共存，共性与个性共进"的原则，通过创设美的教学内容、美的教学情境、美的教学手段、美的教学风格，让学生感受美、领略美、欣赏美、创造美、表现美。

三、"纯美"语文工作室的打造

工作室以课堂为主阵地，以构建"纯美语文"课堂为目标与追求，通过开展读书沙龙、观点报告、课堂观察、专题研讨、主题培训、课程开发、课题研究、论文反思和对外交流等一系列活动，把工作室建设成名师成长的摇篮，热点问题研究的中心，优质资源整合的基地，优秀成果展示的平台。

（一）扎根实践促成长

课堂既是名师成长的沃土，也是检验名师含金量的试金石，还是名师展示风采、辐射周边的舞台。名师的成长、成名，遵循着"从课堂中学习—在课堂中成功—为了课堂改进"的实践路径。因此，工作室本着"学习—践行—反思—检验"的实践模式，把日常课堂作为研究和实践的现场，让成员们深深扎根于课堂的教学实践。通过学习，全面准确地把握小学语文课标课程要求；通过反思，全面了解自身专业现状，发现问题并寻求对策；通过实践，将先进的教育理念融入课程的实施过程；通过检验，确保教育教学方式和行为符合新课程的理念，使课程理念融入课程实施的全过程，促进教师形成自觉的专业发展意识、需要和自觉行为。

工作室要求成员每学期必须上1节以上公开研讨课，将课堂作为学习型团队打造的着力点。上课磨课的过程，就是提升教学理念、提高教学技艺的过程，是课堂观察者和课堂执教者之间深层思考与对话的过程，由此建构和催生出新的教学理念，实现共同成长。成员的磨课先在各自的学校或工作室内进行，然后请专家评点，多角度、有针对性地辅导，促使每一次的打磨都是一次新的启程。

三年来，工作室成员面对不同的范围、不同的对象，举行的示范课和公开课有30多节，市内外参与听课及培训的教师达1000多人。一节节公开课铸造了一个个教学精英。吴晓颖老师所上课例"小鹿的减法"被教育部评为部级"优课"；李桃老师的课例"能说会道"被评为省级"优课"，课例"续编鲤鱼交朋友"获得广东省首届中小学特色课堂精品课例一等奖；吴晓颖老师的课例"奇异的植物世界"被评为省级"优课"，微课参加广东省教育"双融双创"活动获一等奖；康华梅老师参加首届广东省中小学青年教师能力大赛获语文学科一等奖；谢丹老师在第二届广东省中小学青年教师教学能力大赛决赛中荣获三等奖，在茂名市青年教师教学能力大赛决赛中荣获一等奖第一名；劳洁丽老师在茂名市青年教师教学能力大赛决赛中荣获一等奖第二名。学员们在各类教学比赛中，不断挑战自己的极限，发掘自身的潜能，快速成长，逐渐形成了各自的教育教学特色。

（二）名师引领助提升

教师的专业成长既需要自身"接地气"的教学实践，也需要名师的率先垂范和专业引领。工作室以"名师"为资源，以"课"为载体，以"研"为方法，以"训"为途径，以"教"的改善和提升为目的，将教师培训主题化、课程化和学术化。通过"走出去""请进来""组织观摩名师课堂"等途径，让老师们走近教育大师，引领工作室学员走上专业成长的"高速路"。同时，利用分散学习、集中研修等方式，有计划地进行教育理论、教学艺术、实践研究等模块的研究性学习。

一方面，我们聘请了高校专家和地方语文教研员为入室成员把脉与指导，根据工作室成员具体情况进行指导，帮助学员分析目标定位，勉励大家坚定方向、勇立潮头、追逐名师。另一方面，我们又组织成员外出聆听专家报告，观摩名师课堂。名师、专家给成员们带来了思想上的冲击，一场报告、一节观摩、一次对话都是思想的洗礼、头脑的风暴，不断刷新成员的理念，使学员的教育理想与信念更为坚定，探索更为执着，不断迈向新的高度与深度。此外，工作室还让每位成员潜心观摩、细察、研究对自己影响最大的著名特级教师诸如王崧舟、于永正、薛法根、管建刚、何捷等的录像课堂，对他们的教学特色展开研讨，并对典型课例展开述评，让成员们在学习、借鉴、反思中梳理自己的教学历程，提炼自己的教学特色，提出个人研究项目方向。

成员们通过深入观察名师思考、解决问题的思维方式和思维流程，把握其思想精髓，学习名师扎实有效的课堂训练方法和丰富的教学经验，进而了解当前教育教学改革动态，认清教育发展的潮流和趋势，主动审视自己的日常教学，更新教育观念和教学理念，并以此为契机吸纳先进的教学经验，把实践反思的成果付诸行动，实现教学行为的改进，促进教学理念与教学实践有机融合。

（三）潜读专著拓视野

工作室要求成员每学年阅读历史、人文、教育、教学等经典书籍 3 本以上，并要求做读书笔记不少于 3000 字。此外，以"走近教育大师"为主题，成员们先后共读了苏霍姆林斯基的《给教师的建议》、佐藤学的《静悄悄的革命》、薛法根的《为言语智能而教》等多本教育经典名著，亲晤古今中外教育大师，了解他们的教育主张和历史贡献，批判性地汲取他们的教育思想精髓。

工作室还多次组织"读书沙龙"，使成员交流各自的个人阅读史，在喧嚣中享受一份恬静。龙兆云老师为伙伴们推荐了《成长的疼痛》一书，他详细剖析了书里面的内容、人物的变化及自己实际教育教学遇到的情况，并分享了他的为师之道：①关注顽皮的学生，特别是其心理特点和行为表现；②教师对待学生的方式要真正做到"因材施教"；③教师教育方式：以心换心，以爱换爱，善待孩子。劳洁丽老师说："如果你爱孩子，请大声为孩子读书吧"，她向大家推荐了一本博客上热搜的书——《大声为孩子读书吧》，从朗读的重要性出发，分享了阅读的兴趣是孩子迷恋读书的宝典，她认为要多鼓励孩子看各种各类的书，想要孩子有出息首先要从改变自己开始，做一个饱读诗书的家长，培养爱读书的孩子。程俏俏老师从《捕捉儿童敏感期》切入，展开了她对年幼孩子教育的体会，运用心理学等方面的知识强调了敏感期教育的重要性。李桃老师向大家推荐了《于永正课堂教学实录》，并从自己参加茂名市口语交际大赛的备赛、应赛和获奖后的感悟谈了这本书给予她的收获。吴晓颖老师从《第 56 号教室的奇迹》这本书吸取精华，分享了她的感悟——教育没有捷径，需要你执着、真诚地付出，需要你的智慧与无私的爱，只有真正走进孩子的心灵、走进孩子的世界才能真正找到教育孩子的方法，才能创造教育的奇迹。

阅读开阔了工作室成员的文化视野，使他们从日常的琐碎生活中突围出来，走向广阔的世界并对话自己的心灵，实现自我的完善，创造出一种别样的教育生活。

（四）科研引领深发展

"教而不研则浅，研而不教则空"，教学实践和教学研究是相生相长、相辅相成的整体。工作室强调"问题即研究""教育即研究"的意识，要求成员要善于捕捉和确认问题，坚持在行动中研究，在研究中行动，在行动与研究的实践中不断砥砺教育智慧，使成员由经验型、苦干型教师向科研型、学者型教师转变。

工作室将以"小学纯美语文教学的建构与实践"为重点课题，以探索"纯美"语文教学模式，开发"纯美"语文课程，打造"纯美"语文课堂为主要研究方向，展开一系列的教学实践研究。"纯美语文"是对语文课堂内涵和外延、本真和本色的一种思考和回归，主要体现在纯真、纯情、纯趣三大方面：纯真指的是让语文教学回归本真，即本体性语文教学；纯情倡导语文教学始终伴随着情境、情感的体验，即让语文教学植根生活；纯趣指的是让语文课堂充满情趣。通过构建"三纯"——纯真、纯情、纯趣的语文教学，引领学生感悟语文独具魅力的语言美、意境美、思维美与文化美，渐入"纯美语文"的美好境界。

在"小学纯美语文教学的建构与实践"重点课题的引领下，学员们针对自己的个性特长、教学难点、研究领域等广泛开展自己的课题研究，包括黄静华"新课改背景下开展语文教学专业发展的研究"、程俏俏"在城区小学推进传统思想文化教育活动的研究"、李桃"儿童诗欣赏与创作教学的研究"、吴晓颖"农村小学语文综合实践中作文资源的开发和利用的研究"、劳洁丽"小学语文教师个性化教学风格的探究"、黄静怡"粤西地区儿童诗歌校本课程资源的开发与实践研究"等，成员们注重提炼自己的观点主张，形成自己的研究成果，还撰写了一系列高质量的论文。据统计，近三年成员们在省、市级刊物上发表论文23篇，区级以上获奖论文32篇。学员们的科研成果促进了学科教学的理论建设与实践操作，并在区域内进行了交流及推广。

（五）多维打造强素质

"条条大路通罗马"，教师专业成长的途径很多，如读书阅报、观点反思、参与教改、课堂观察、各式研讨、专题培训、课程开发、课题研究、提炼成果、参加比赛等，方法林林总总，应如何发挥各种途径的最大效能？工作室通过"压、推、引、促"等形式，鞭策学员们积极投身于各式研修活动，并通过圆桌交流、经验移植、撰写总结反思等方式，及时反馈学员们的学习情况及学习收获，在团队内形成切磋琢磨、互学互助的良好氛围。

互联网是众多教育资源的集散地，网络让世界不再有距离。无论是导师还是学员，他们在自己所在学校都担负着繁重的教育教学任务，如何打破时空界限进行交流与研讨？工作室网站及微信公众号是一个极好的交流与学习平台。工作室网站开设的栏目有：风采档案、教育论坛、教学案例、共读共赏、活动剪影、师路心语、视频教学等。利用网络平台不仅可以传播先进的教育理念和先进的教学方法，阅读国内外最新的德育研究动态与成果，还可以及时公布交流工作室研究主题和成果，定期开展在线交流、研讨，使不同地区的教师有定期交流的固定平台，吸引更多的教师参与网络对话与切磋，提升研究品位和实际价值。

工作室还设立了微信群，拓展网络教研形式，团结一批积极上进的同道中人，吸纳了省内外的一些名师，从而大大提升了论坛的含金量。网络的方便、快捷、高效已被所有成员认同，成员在网络上不断探索、不断反思、不断创新，不断成长。

在"多维度打造，全方位发展"理念的引领下，工作室成员目标坚定、步履矫健，不断地修炼自己，成就自己。据统计，近三年，工作室成员在赛课、基本功比赛、论文案例评比等教学技能比赛中，获得国家级奖励的有 2 人次，获得省级奖励的有 15 人次，获得市级奖励的有 30 人次。李桃、程俏俏、陈辉昌、黄靖华、吴晓颖 5 位工作室成员被评选为茂名市青年名师培养对象。此外，在工作室团队群策群力、精心打造下，成员们都有了自己开发并实践的一系列特色课程，在区域内具有很大的影响力，成员们开发的相关课例还经常代表工作室在各级各类示范课上展示，并应邀在各个平台推广经验做法。

（六）展现自我显风采

在"纯美语文"的感召下，工作室倡导成员"各美其美，美美与共"。工作室为每个成员精准把脉、谋划发展，使每个成员都能在教学实践中凝练并形成自己独特的教学风格。工作室还努力为成员们搭建平台，鼓励大家根据自己的兴趣爱好、个性特长，围绕各自的教学主张和研究方向，开发个性化的专攻项目或特色课程，在不一样的舞台展现各自独特的风采，成为在某一方面学有专长、术有专攻的知名教师。

在工作室团队的群策群力下，每个"个体"都积极开发和研究的经验成果，从"点"到"面"惠及工作室的全体成员及身边所有的老师，实现了"成己达人、共同成长"的美好意愿。如黄静怡老师的儿童诗教学、李桃老师的整本书阅读教学、程俏俏老师的绘本教学、谢丹老师的作文教学、刘小娟老师的阅读教学、劳洁丽老师的拼音教学、吴晓颖老师的识字教学、黄靖华老师的情境教学、陈辉昌老师的口语交际教学、龙兆云老师的古诗文教学等，学员们精心开发的课例经常代表工作室在各级各类示范课上展示，且经常受邀在市、区推广自己的经验做法。

李桃老师在推广儿童阅读这一方面，做了大量的工作和深入的探讨，多次受邀在市、县、区等作阅读专题讲座，她开发的专题报告《推广儿童阅读，滋养儿童的生命和人格》《带领班级走上阅读之路》《阅读引路，"报"显风采——我的一些班级课外阅读推广尝试》受到了领导、老师们的高度赞许，其经验做法也在全市范围内得到了大力的推广。黄静怡老师致力于引领孩子们走进儿童诗创作的奇妙世界，她在儿童诗创作指导方面经验丰富、方法独到，把指导策略归结为"灵感、灵动、灵性"，意在引导学生在主客观因素的作用下形成自己的诗歌灵性，从生活中取材进行诗歌创作，抒发自己的真情实感，强调教师需要在严谨的诗歌指导策略之中让学生潜移默化地喜欢上诗歌，并学会诗歌创作，最终创作出有灵性的诗歌，同时也让孩子在一个充满灵性的诗歌乐园中自由生息，并为此做出了孜孜不倦的实践与探索。她指导学生创作了大量优秀的诗歌作品，在省、市各级诗歌创作大赛中屡屡获得骄人的成绩，她自己也被评为"广东省诗歌节优秀指导老师"。此外，吴晓颖老师的识字教学、程俏俏老师的绘本教学、谢丹老师的作文教学，她们的经验做法及研究成果均得到了同行们的高度认可，无论是课例还是专题报告都在各自的舞台上绽放精彩。工作室成员既各有建树、各有所长，又相互分享、相互促进、精诚合作、共同提高，实现了工作室"各美其美，美美与共"的美好愿景。

四、"纯美"语文工作室的展望

以上只是撷取了"纯美"语文工作室集群式发展中的六个横切面来跟大

家交流我们所走过的一些历程和取得的一些成绩，以此见证我们艰难跋涉中的步履坚定、交流碰撞中的充实愉悦以及展望未来的迫切凝重。我们将继续坚守"成己达人、行将致远"的信念，回归熏陶、浸润、涵泳的学科本质，构建基于学生兴趣和发展的"纯美语文"课堂教学，虔诚、恭敬地躬耕于三尺讲台，无愧于党和人民交给我们的使命与荣耀！

不负韶华　奋楫笃行

陈健华（广州市南沙区太石小学）

广州市陈健华名教师工作室自 2021 年 3 月 23 日挂牌成立以来，在两年多的时间里，以学科为纽带，以先进的教育思想为指导，初步形成了集教育、科研、培训等职能于一体的教师学习共同体，力求搭建一个促进教师专业成长的平台，打造一支在教育教学领域中有成就、有影响力的高层次教师团队，让工作室成为优秀教师的"孵化器"、教师队伍建设的"助推器"、学校教育改革发展的"加速器"，为本区域的教育教学可持续发展做出贡献。

一、从 1 到 10，搭建平台，广纳贤能

（一）工作室介绍

工作室主持人在整个团队里担任领航员的角色，是团队的精神领袖和灵魂人物。我是中小学数学高级教师，21 年来一直扎根于农村数学教育的第一线，现任教于广州市南沙区太石小学，曾被评为广州市名教师工作室主持人、广州市第十六届特约教研员、广州市学科带头人培训工作室指导老师、广州市教师资格面试考官、广州市第二批骨干教师、南沙区优秀教研会委员和课程中心组成员。

"让学生接受良好的教育"，一直是我孜孜不倦的追求；让学生享受"有营养的数学，有温度的课堂"也是我的教学价值追求所在。扎实的基本功和丰富的教学经验，让我驾驭课堂的能力越来越强，我曾在北京、杭州、肇庆、江门、广州等地上研讨课，均获一致好评；多次在南沙区和肇庆市作专题讲座，并主持、组织片区教研活动，活动实效性强、接地气，受到专家及一线老师的高度评价。

2015 年冬天的北京之行，刚好下着雪，为了能按时到达跟岗的学校，我错峰出行，5 点多就从酒店出来，经过天安门时，天还没亮，还没升旗。当时有感而发：默默地付出，执着地坚守，寂寞地前行，快乐地追寻。虽然说

快乐是主色调，但寂寞才是最艳丽的底色。

（二）工作室成员概况

本工作室共收到 20 名来自本区骨干教师的成员申请，经审核和综合评估，最终选定了 10 位工作室成员，他们来自南沙区的不同学校，年轻、有活力、有激情，有担当、有想法，为以后团队的建设和个人专业发展提供了强有力的支撑。

二、从 1 到 0.1，细化管理，责任到人

（一）立制度，明方向

为确保工作室扎实而又开创性地发展，工作室拟定了《名师工作室管理制度》《工作室成员职责》《工作室成员考核制度》等相关的管理办法，还讨论制定了《工作室三年发展规划》《工作室成员三年发展规划》《工作室专题活动方案》，做到有明确的方向指引、有合理的制度管理、有翔实的计划指导。

（二）明分工，零缺位

为保障工作室正常运转，主持人结合每位成员的特点特长进行分工。工作室主持人主要负责工作室整体规划，确定课题或专题，提供每次学习和研究的主题，负责培训和方法指导，引领工作室的研究方向。工作室副组长 1 人，协助主持人工作，负责工作室学年度计划、总结的草拟，工作室活动的召集、联络、协调各组事宜等。宣传报道组 4 人，负责工作室网页建设、更新、活动摄影摄像、新闻撰写和宣传报道等工作。档案建设组 3 人，负责工作室活动考勤、活动记录、资料整理归档等。后勤服务组 2 人，负责经费管理、经费支出台账建设，做好活动开展后勤保障等事务。

成员们把工作室当作一个大家庭，努力当好家庭里的角色，分工明确、责任到人，确保"零缺位"，同时大家也不分彼此、精诚合作、相互补台。团结协作既有效提升了工作效能，达到了 1 + 1 > 2 的效果，也营造了和谐愉悦的氛围，更加有利于学习共同体的形成。

（三）依规划，谋发展

由于疫情原因，我们工作室的挂牌仪式推迟到 2022 年 9 月。会上，我

给成员们提出了以下几点要求。

1. 多阅读

作为教师，我们要以书为友，以书为伴，进行量大、面广的阅读，读后大家交流心得体会，以同伴互助的方式实现成员的共同成长。

2. 勤研究

我们要积极参加课题研究，以课堂为主阵地，以课题为抓手，把问题提炼成课题，围绕"真问题"，开展"真研究"。

3. 拓视野

工作室积极创设条件，为大家争取更多外出参观学习的机会。通过外出学习，更新自己的教育教学观念。立于高端，融回一线，还要把学到的东西应用到课堂上。

4. 善交流

借助区的"三名"工作室平台，建立工作网络交流空间，创建 QQ 群和微信群等，方便共享交流。

三、从 1 到 100，活动驱动，引领辐射

一年来，我们工作室通过"理论建构、实践探索、团队建设、交流辐射"四位一体的培养方式，夯实了工作室成员的教育教学理论基础，提升了每一位成员的课堂教学水平和教学研究能力，促进了每一位成员的专业化发展，最大限度地发挥了工作室的辐射作用。

（一）"室内"活动——聚人心，强本领，拓视野

1. 难忘的团建活动

2021 年 10 月底，借着到东莞学习的契机，我们利用课余时间去东莞松山湖公园进行了团队建设活动。在那次活动中，我们一行 11 人首先进行了破冰之旅式的自我介绍，接着分享了日常生活和教育教学工作的趣闻轶事，气氛轻松融洽。特别是谈到辅导后进生方面的话题，引起了彼此的共鸣，一下子拉近了大家的距离。

接着就是骑车环湖游，游完就吃晚饭。在整个过程中，我发现了成员们的两大特点：特能干和特能吃。特能干的原因是本来我设计活动的初衷是让大家在繁忙的工作中放松，谁知他们骑车的速度非常快，像赛车一样。当时我就打趣地说："从你们骑车的速度就可以看出你们平时工作的强度。"令人吃惊的是，环湖游结束后，系统显示我们一共骑行了 26.8 千米，那相当于

从番禺市桥到南沙金洲的距离。骑行了这么长的路程，成员们没有任何的抱怨。整个过程中，大家有说有笑，彼此鼓励打气，团队凝聚力得到提升。

2．"读一本好书"分享会

教师的阅读史，不仅是其精神底色，也是其教育蓝图。每一位教师，都应该成为一位真正的读者。阅读应该是纯粹的、无功利的。那些有用的专业书籍固然重要，那些看似"无用"的书籍同样重要。有鉴及此，在工作室持牌的那天，我就利用工作室的经费，为成员们购置了一批书籍。书籍中除了一些与数学有关的专著外，还有一些人文方面的著作，如老子的《道德经》等文学巨著。

（1）专业与拓展相结合的阅读模式。大半年来，工作室坚持专业阅读与拓展阅读相结合的方式，专业阅读以提升专业素养，拓展阅读以拓宽视野、宽厚积淀。为了防止阅读浅表化、碎片化、娱乐化、功利化的倾向，我们更多选择阅读经典教育原著、优秀核心期刊。我们明白"功夫在诗外"的道理，为了避免自己的眼光只限定在自己的"一亩三分地"上，我们博观约取，有意识地选一些非专业书，这些书看起来与数学学科没有直接关联，但能有效提高人文素养，增强数学教师的人格魅力。

（2）个人与团队相结合的共读模式。工作室倡导个人阅读与团队共读相结合，个人阅读重在独立思考，团队交流重在分享集智。于是，我就从当前小学数学研究的最新动态中，精心挑选体现最新研究成果的专业理论书籍，及时向成员进行推荐。本午度工作室推荐的史宁中教授的《基本概念与运算法则——小学数学教学中的核心问题》、张奠宙老先生的《小学数学教材中的大道理——核心概念的理解与呈现》和雷玲老师的《小学数学名师的教学艺术》等书籍均深受成员欢迎。

11 月中旬，我们举行了一个"读一本好书"的分享会，大家在会上各自分享自己的读书体会，让智慧的分享带来思维的碰撞：《在关联中寻求数感的发展》通过分析数与数之间的关联以及运算与数感发展的关系，为我们理解数感提供了更加理性、深刻的研究视角，充分彰显了麦银凤老师深厚的理论功底；《为什么 3.8×2.8 等于 12.4？》，郭巧婷老师将这一问题的"前世今生"犹如讲故事一般娓娓道来，引人入胜；郭炳华老师的《从"符号感"到"符号意识"》全面解读了关于符号意识的核心内容；冯泳霞老师分享的《教学过程中的几何直观》，借助大量生动细致、具有典型性的实例使大家更加完善和丰富了对几何直观的深入的认识……

工作室成员通过个人阅读、共读活动，拓宽了教育视野，提升了专业素养。在这样的氛围下，成员们渐渐养成了自主、自发、自觉阅读的习惯。

3. 拓宽视野到东莞交流学习

我们既要脚踏实地，也要仰望星空。很多时候，选择比努力更重要。因此，专家的引领必不可少。为更好地推进工作室成员专业成长，开阔成员们的眼界，提高成员们的教学水平，2021 年 10 月 19 日下午，我带领工作室组织成员赴东莞参加为期 4 天的"课改二十年"主题峰会之全国小学数学"聚焦新课标，发展核心素养"名师教学观摩研讨会。在这 4 天的学习中，工作室成员深深感受到名师讲课就是一场场精美绝伦的视觉盛宴，是不可多得的艺术享受。名师们以独特的教学风格感染着学生，震撼着学生的心灵，我们从内心深处感到惊叹折服，收获颇丰。活动结束后，我们分别进行了线上和线下的研讨。

为了让工作室真正成为"研究中心、交流平台、辐射中心"，一年来，我们积极进取，努力配合市和区的各项工作。让工作室成为一座发射塔，影响辐射至周边地区。

（1）广州电视共享课堂的录制。工作室参与了两批广州电视共享课堂的录制。第一批承担了 2 节的录课任务，分别是二年级的"角的认识"和"认识直角"，都是概念教学课。我从工作室的成员中精心挑选了郭巧婷和郭柱流两位老师负责此次录课任务。他们都是近几年在工作室中成长的，是我手上的两张王牌。加上工作室的其他成员，我们组建了一个以工作室为单位的录课团队。其间，有的老师负责课件的制作，有的老师负责录播，有的老师负责后勤……大家分工明确、通力合作，工作得很开心。同时，也让我明白了"人在一起是聚会，心在一起是团队"这话的真正含义。

有了第一批的活动经验，第二批则驾轻就熟。此次，工作室一共承担了 6 节录课任务，占了整个区小学数学录课任务的1/3。其中，工作室主持人陈健华老师做好表率，自己承担了 1 节。除了做好本身工作室的 6 节课，陈老师还协助区教研员，帮助了其他三个团队的磨课，让她们顺利录制并通过审核。

（2）区级线上分享。2021 年 9 月下旬，工作室主持人陈健华老师在全区作了一个题为"从'课例'看成长——我的专业发展二三事"的线上专题讲座，分享了自己从教 21 年来的经历。陈老师围绕"找次品""倍的认识"和"圆的周长"三个案例展开，鼓励全区数学老师在专业发展上多做尝试，勇做加法；面对纷繁的工作，要善于做减法。此外，他提醒老师们，在发展自己专业的同时，不要忘记享受生活。一名老师的发展＝专业发展＋生活发展。最后，他还分享了一些宝贵的线上学习资源并推荐了几本书，鼓励大家多看书，多写心得体会，笔耕不辍。让全区的数学老师，特别是新任职的老师，在专业发展的路上健康成长，一直是他的梦想。正如他所说的一样："梦想，总是要有的！"

（3）区级5＋2综合与实践现场指导。2022年11月上旬，在区发展中心的邀请下，工作室主持人带着成员们到南沙嘉安小学进行了"双减"背景下，小学数学综合与实践5＋2课外创新课程展示活动的预演指导。各成员认真用心地参与了整个活动，然后出谋划策，给活动主办方提出了很多独创性的建议，为本次活动的正式开展提供了较大的帮助与支持。

四、从1到X，建设经验与存在的问题

（一）建设经验

（1）无规矩，不成方圆。工作室在成立之初要和成员达成共识，制定一套工作室相关的制度（包括后勤保障制度），确保工作室每次的活动都能顺利开展。

（2）要增强工作室成员间的凝聚力，切实加强团队合作，也要加强与外部专家、学者的交流合作。

（3）要重视科研课题的导向，切实围绕科研课题展开研究，用课题引导工作室成员提高教育教学能力和水平。

（4）要扎根学校，扎根课堂，服务教师。所有活动都必须让教师与教育教学实际融合在一起，离开了具体的学校，离开了鲜活的课堂，离开了一线的老师，名师工作室也就失去了生命力。

（二）存在的问题

（1）工作室主持人既是理论导师，也是实践导师。但主持人的理论水平不足以带领全体成员进行论文与课题的相关研究。短短不足一年间，工作室也举行了一些活动，虽然有收获，但缺乏提炼。

（2）一线教师的日常教学工作繁忙，有时学校工作与工作室的活动发生冲突，因缺少区级的活动通知（工作室是以主持人所在学校发的通知），所以，有些活动未能做到全员参与。

五、从1到1，共同成长，成就你我

过去的一年里，我们抱团成长、收获累累硕果，相信在全体成员的努力下，2022年，更值得期待……

一群人、一件事、一条心、一起干、一定赢！

名师搭建平台　交流互促成长

陈浩荣（广州市南沙区教育发展中心）

承载着市教育局名师工程建设的期望、承载着工作室全体成员的梦想，在各级领导关心支持下，广州市陈浩荣名教师工作室的全体成员团结一心，不懈努力，开展了一系列扎实有效的工作。

一、明确目标促发展

目标是行动的追求，也是行动的方向。目标既引导人也激励人。广州市陈浩荣名教师工作室于 2019 年 1 月 8 日成立，成员有横沥中学郭丽娜老师以及潭山中学陈灵彬老师，黄阁中学陈丽冰老师，珠江中学黄照峰老师，万顷沙中学曾剑辉老师，榄核第二中学莫勇老师、陈伟贤老师、邝炳坤老师，英东中学董丽琴老师。工作室创建之初，我多次召开工作室会议，学习广州市教育局名师工作室建设方案，讨论工作室工作计划，交流个人工作计划，并对工作进行动员，明确分工，布置相关工作要求。

二、创新形式搞活动

广州市陈浩荣名教师工作室的活动不断尝试创新的策略，变换组织形式，在创新中探索，在创新中前行。例如，与广州市 6 个名教师工作室联合中开展教研活动，成立海珠、白云、番禺、南沙、增城等 6 个工作室，同时成立了广州市名教师工作室联盟，定期开展区间的学术交流活动；学段包含了初中和高中两个学段，与高中物理工作室结伴同行，既能补初中物理学段上的课，也能补物理教学学段教学衔接上的课；与特级教师一起，能感受身边大师的魅力和学识，也能感悟身边大师成长的必经之路。

三、重视学习练内功

教育是慢活，快不得，急不得，更假不得。素质要提升、教研结硕果当然也需要一个有序的发展过程，渐进而至。教科研的内功不扎实，教研之路将注定走不远、走不久，甚至走不对。因此，工作室高度重视学习，只有厚积才能薄发。

2019年4月16日，广州市名教师工作室联盟在广州市新穗学校石井校区开展活动，给未成年犯学生上了一节物理课。广州市名教师工作室主持人、南沙区教育发展中心物理教研员陈浩荣老师，广州市名教师工作室主持人、广州市白云区同和中学吴海毅副校长联合教学，课堂配合无缝对接，两位老师运用大量的生活事例，把物理知识生活化；结合未成年犯学习特点，联系生活构建"压强"概念；运用压强知识回归到生活、回归到社会；强调学习物理知识的同时要养成透过现象看本质、用物理思维思考问题、理智处理问题的习惯，培养未成年犯运用知识关心家庭关爱社会、爱国爱家的人文情怀，春雨润无声。此次授课受到未成年犯学生的好评和学校的充分肯定。

2019年10月16日，陈浩荣工作室成员在英东中学举行了集体备课活动，活动目的是为英东中学董丽琴老师的"透镜"课进行集体备课。该课还于10月18日参加了在广州市人和中学举行的、有6个工作室参加的工作室联合活动，英东中学董丽琴教师代表陈浩荣名教师工作室在人和中学上了一节公开课，受到一致的好评。

2019年10月21日，工作室全体成员在横沥中学举行了集体备课活动，活动目的是为横沥中学郭丽娜老师的"寻找物态变化的规律"课进行集体备课。该课在由教育部基础教育课程教材发展中心主办、我区教育发展中心承办的2019年"深度学习"教学改进项目第二期物理学科成果汇报活动中，为来自全区约70位初、高中物理教师进行了课例展示。

2020年4月4日，陈浩荣名教师工作室全体成员参加海珠、白云、番禺、南沙四区物理名教师工作室在番禺祈福中学的联合教研活动。番禺区祈福新邨学校卢喜艳、白云区汇侨中学原宝玉共同展示了初二物理"物体的浮沉条件及应用"示范课。

2020年10月23日，陈浩荣工作室成员在黄阁中学举行了集体备课活动，活动目的是为黄阁中学陈丽冰老师的"变阻器"课进行集体备课。该课于10月30日参加了在广州市人和中学举行的有6个工作室参加的工作室联合活动，黄阁中学陈丽冰老师代表陈浩荣名教师工作室在人和中学上了一节公开课，受到一致好评。

2020 年 11 月 16 日，2020 年南沙区"深度学习"教学改进项目第三期成果汇报活动（初中物理专场）在南沙珠江中学成功举行。工作室成员、珠江中学黄照峰老师在活动中进行了课例展示，活动内容包括课前说课、课例展示、案例欣赏、交流研讨、专家讲座等。课前，工作室为该课进行了 3 次的集体备课，北京师范大学李春密教师携宝安区"薪火计划"初中物理骨干教师素养提升项目团队（35 人）莅临指导，我区逾 80 名中学物理教师参加，活动受到一致好评。

受疫情影响，广州市教育局开展了中小学线上课程资源工作，工作室成员万顷沙中学曾剑辉老师、珠江中学黄照峰老师、横沥中学郭丽娜老师、英东中学董丽琴老师承担了 7 节电视课堂的录制工作，在工作室的全体成员和区内骨干老师的协助下，圆满完成了电视课堂录制的所有工作。

四、努力工作结硕果

经全体工作室成员的努力，工作室主持人及工作室全体成员不断结出教育教研成果，有 2 名工作室成员成为广州市教研中心组成员或学科带头人，获省、市区级奖共 23 项，主持或参与课题共 8 项，市公开课展示共 7 次，发表论文共 11 篇。工作室主持人以主编的身份带领工作室成员参与了广州市《阳光学业评价》九年级上册的编写工作。陈灵彬老师有 10 个实验方案入选了广东省教育厅关于公布初中物理微课资源征集与数字出版活动名单。

服务　共赢　构建高效课堂

冯少勤（华南师范大学附属南沙中学）

一、主持人简介

冯少勤，中共党员，中学数学高级教师；广州市优秀教师，广州市（2018—2020年度）名师工作室主持人，广州市第三批（2017—2019年度）"百千万"人才培养对象，南沙区数学学科中心组成员；近三年在省级、国家级期刊发表论文5篇，两次获省级"优课"，参加广州市"优质录像课评选"荣获一等奖；主持区、市、教育部课题各1个。

二、工作室简介

广州市冯少勤名教师工作室于2019年3月由广州市教育局批准挂牌。该工作室是集教学、科研、培训于一体的教师合作学习共同体，是教师交流探讨、共同成长、实现价值的平台，承担示范引领的重要作用，同时履行教育互相帮扶的社会责任。

工作宗旨：服务·共赢。

工作室特色：构建高效课堂。

工作室指导专家：刘永东（正高级教师，广州市天河区教研室数学教研员、广东省特级教师）。

工作室成员：郭桂珍、黄碧莲、陈淑怡、杨彦鹏、张伟琼、黄杏彩、何嘉驹、陈紫红、黄婉婷。

工作室网络学员：黄安锦、陈国龙、梁桂雄、李华惠、梁素明。

工作室研究的主要任务：每学年听评课不少于5节，上课不少于1节；撰写1篇听课反思，开发1节优秀课例（含教学设计、学案和上课录像），并根据该课例撰写1篇教学反思；开展课题研究，确定教育教学研究内容并开展研究工作，确定研究具体方案，提交修订好的开题报告；每学期设计录制微课1个。

三、工作室开展的主要工作

工作室成立以来，共获得区级以上奖项 50 多项，郭桂珍老师被认定为广州市骨干教师，黄碧莲、陈淑怡两位老师被认定为南沙区骨干教师，郭桂珍老师、黄杏彩老师通过高级职称评审，成为中学数学高级教师。

工作室本着服务共赢的宗旨，积极辐射带动、示范引领，开展各类教学专题研讨活动，工作室所有成员均开展了区级或区级以上的公开课、示范课、研讨课。其中，主持人冯少勤老师在贵州省惠水县高镇中学开展课题为"一次函数与几何综合"的研讨课，在华南师范大学附属南沙中学开展课题为"倍长中线""方程、函数、不等式综合运用"的示范课，均得到与会老师的一致好评。工作室成员郭桂珍老师的现场课例"三角形中位线"得到广州市名教师工作室联盟的高度赞扬。线上学习期间，工作室成员陈紫红老师承担两次"广州电视课堂"录像课，录制工作圆满完成。2021 年，南沙区承担了由广州市教育局、广州市电化教育馆、广州广播电视台主办的广州市中小学学科线上课程资源建设的部分任务，工作室主持人冯少勤老师充分发挥工作室的示范引领作用，指导、带领工作室成员完成了 4 节数学课堂的线上资源，实现优质教育资源全市共享。工作室还情系偏远薄弱学校，曾到贵州、梅州兴宁、东莞企石送教送课，到黄埔区镇龙中学送培，既锻炼了工作室成员教师自身专业技能与素质，又推进了偏远地区的课程改革深化，真正实现示范引领、资源共享，携手同行的教育目标！

附录

名师引领　助力成长

郭桂珍（华南师范大学附属南沙中学）

　　回顾在广州市冯少勤名教师工作室三年的学习生活，我深深感受到这个集体给我带来的欢乐与收获。虽然在这三年里我没有值得夸耀的荣誉，但在工作室主持人冯少勤老师以及其他优秀的成员和学员的感染、带动和帮助下，我积极认真地参加名师工作室的每一次活动，收获颇多，开阔了视野，知识不断更新，教学能力也得到了提高。同伴们好学上进、乐于创新、勇于开拓的精神给了我很大的动力，成长是一个过程，是一份快乐，三年来我成长了很多。

　　一、加强学习，强化理论素养

　　加入工作室后，我时刻以名教师工作室成员的标准来严格要求自己，思想上要求上进，业务上刻苦钻研，时时以身作则，处处为人师表。为了能在名师培训中尽快成长，我积极参加各类活动，提高自己各方面的能力。冯少勤老师常常鼓励我们要用心教学，更要多学习。工作室推荐了很多书籍供我们学习、研究，还送书给我们。我有计划地认真阅读教育专著，寻求理论支撑，不断丰富自己的专业知识，充实自己，并努力做到与教学实践相结合。在工作室的微信群和继续教育平台工作坊中，我虚心学习，积极借鉴其他成员的优秀教学案例、学习体会、读书心得、论文等。此外，我还积极参加学校组织的各项政治学习，严守工作纪律，树立良好的师德形象。

　　二、名师引领，提升职业道德修养和教学能力

　　三年的工作室学习，最幸运的是遇到了冯少勤老师。冯老师一直信奉"学业一般的孩子也能培养得更好"，她潜心研究，不断改革、创新课堂教学方法，耐心辅导每一个孩子，她所教授的学生的中考成绩都取得了重大突破。我目睹了冯老师踏实严谨的工作作风，卓有成效的工作效率，以及浓厚的教学情怀。2018年6月，当我知道冯老师提交了到我区华师二中（现南沙华附）的跟岗申请后，我也毅然地递交了申请，经过面试、约谈，我有幸和冯老师在同一间学校共事。此后，冯老师言传身教，她在工作岗位上兢兢业业、默默奉献，默默坚守的无私精神，时刻鞭策、指引着我。冯老师基本是

以校为家。无论早上 7 点还是晚上 9 点，都可以在课室、在办公室看到她忙碌的身影。她不是在备课的路上，就是在培优辅差的路上，无论是在平时的备课、改作业、课堂改革上，还是在辅导学生上，冯老师都起到了很好的引领作用。她良好的职业道德素养和教学情怀，还有对学生真心付出的点点滴滴每时每刻都影响着我。慢慢地，我在冯老师的带领下，教学业绩取得了很好的突破，2019—2021 学年连续两年任教初三重点班。当年，2020 届初三班在每次区统考、市统考中的教学成绩稍低于对比班，由我接手后，稳定在以平均分不低于 4 分的成绩下超过对比班；在 2021 届初三班教学中，所带两个班的均分及优秀率都有大幅度提升，为年级教学成绩的提升作出了巨大的贡献。特别是在 2020 年的中考数学中，学生的 A 等占比 80%，超过 120 分以上同学占比 69%。2021—2022 学年任教 2021 届初三两个平行班时，学生的基础水平一般。由我接手后，无论是学生的学习兴趣还是学习习惯都得到了较大飞跃，在阶段性练习中，均分由接手前的全年级倒数第一跃升为平行班的第一，B 等以上比例为平行班最高，学生的学业水平取得可喜变化。至此，三年来在岗位上取得的成绩，让我更坚定了我的职业方向，并逐步把职业变成了自己热爱的事业。

三、乐于分享，团结协作

冯老师从不吝啬把自己积累的 20 多年的教学经验和智慧分享给我们每个学员。在每次的工作室活动中，冯老师都能把她的所知、所学、所悟开诚布公，特别是平时的公开课磨课。在冯老师的带领下，工作室成员都能各抒己见，公平交流，在一次次的思维碰撞中逐步完善自我认知，从而在理解学生、理解数学、理解教学上更上一层楼。在这种氛围中，我变得更积极开朗，对于别人的见解我比以前更具有包容性，并更乐于思考，在多种见解中去其糟粕，取其精华，并能找到相关的理论进行辩证，譬如建构主义理论、多元智力理论、有效教学理论、教学最优化理论、学习方式层次理论等。都说一个人走得快，一群人走得远，工作室成员彼此之间结下了深厚的情谊，我们成了一个亲密和谐的学习大家庭，大家合作学习、共同成长，并结下了深厚的友谊。

四、科学制定个人发展三年规划

冯老师给我们明确了成为一个名师的 8 个五年计划。第 1 个五年计划：尽快站稳讲台，内化"定位意识"；第 2 个五年计划：成为教学骨干，蕴积"容量意识"；第 3 个五年计划：打造成"白骨精"，凸显"科研意识"；第 4 个五年计划：追求讲台名师，提升"名师意识"；第 5 至 8 个五年计划：甘做讲台导师，彰显"生命意识"。

在工作室的第一年，我就制定了个人的三年职业规划。

（一）加强理论学习，夯实研究功底

积极参加每次的教育理论学习，珍惜每次培训机会，用心完成工作室布置的任务，主动撰写学习心得，尽快提升自我理论修养。每年至少读2本教育类书籍，并做好相应的随笔记录与心得撰写；每天坚持网络学习，并将好文章及时收藏起来，不断拓宽知识视野，用先进的教育理念指导教学课题研究。

（二）立足常规教学，促进课堂改革

以冯少勤名教师工作室为平台，主动学习同行们在教学工作中的新举措，革新教学改革思路；积极开展微课、问题驱动、基层学生转化的实践探究，把专题研究和学科教学结合起来；多倾听专家和工作室成员指导并做好记录，反思自己教学工作的得与失，全面提升自己的教学能力。

（三）提高科研水平，促进专业成长

积极开展课题研究，侧重案例研究，勤于积累第一手鲜活的研究资料。开展教育科研，这既是教育改革和发展的需要，是实施素质教育的需要，也是教师从"教书匠"向"学者型""科研型""智慧型"教师转化的关键，是教师专业化成长的必由之路。因此，我要坚持走理论学习与实践操作相结合的研究之路，我的教学班要保持学科成绩有提高、学生能力有提升的优势。

五、比赛获奖百花齐放

在工作室的带领下，本人积极向优秀成员靠拢，珍惜每次学习和检验学习成果的机会。积极参加各种学术性比赛和评比，取得了可喜的成绩，2018年被推选为广州市数学骨干教师，2021年顺利通过副高职称评审。

六、积极开展课题研究

在工作室学习的三年，在冯老师的指导下，本人2021年5月顺利完成区级课题"初中数学核心素养的培养及评价研究"（课题编号：NSKY2018001），完成等级评为"优秀"；作为第二成员的市级课题"农村高中小组合作教学模式构建的研究"在2020年12月完成课题结题；2021年5月，作为主持人成功申报"基于问题驱动的课堂教学策略研究"区级课题（课题编号：NSKYZ2021010）并完成了开题。

七、当好学科带头人，引领青年教师成长

在工作室学到的知识，我能将其带到本校，以扩大工作室的示范引领作用。我作为学校的学科带头人，坚持示范引领，组织其他教师学习专业理论，开展教学研究，如同课异构、一课两讲；作为科组长，始终关注本科组青年教师的成长。我抓住"备课、上课、教学反思"三方面开展指导，深入青年教师课堂听课，并帮助教师评课，分析总结课堂教学的得失，从而提高课堂教学的水平，如梁素明、杨彦鹏、李华惠等老师已经完全胜任数学的教学工作，教学、教育成绩突出，成为我校年轻的数学骨干教师。

八、今后的努力方向

回头俯瞰，抬头仰望，在冯少勤名教师工作室的带领下，一路耕耘，一路探索，洒下辛苦和汗水的同时，也收获了一份心灵的愉悦与感动。今后，我将勤于实践，勇于探索，把学到的知识应用到教学的实践中去，让在工作室学习的成果在教育教学中发光，争取取得更优异的成绩。

共建　共研　共享　共长

霍锐泉（广州市南沙东涌中学）

广州市南沙区霍锐泉名教师工作室成立于 2018 年，工作室特聘广东第二师范学院数学系主任、博士生导师李样明教授为顾问。两级成员共 16 人，分别为王智君、陈国龙、陈珅、张蕾、曾凡祥、陈璐玲、李湛、吴锐波、麦凤珊、陈栩彬、黄安锦、郭桂珍、张华平、张伟琼、何梦圆、洪海容。工作室以"共建　共研　共享　共长"为理念，构建教研共同体。以研讨会、报告会、专题讲座、示范教学、成员共研、成果展示等形式，发挥工作室的带头、示范、辐射作用。通过集中研修、网络研修等培训模式，搭建交流的平台，采取走出去、请进来的形式进行专业培训，促进教师专业化发展。

一、研究——在前人的肩膀上前行

（一）阅读研究

苏霍姆林斯基说："每天不间断地读书，跟书籍结下终生的友谊。潺潺小溪，每日不断，注入思想的大河。读书不是为了应付明天的课，而是出自内心的需要和对知识的渴求。如果你想有更多的空闲时间，不至于把备课变成单调乏味的死抠教科书，那你就要读学术著作。应当在你所教的那门科学领域里，使学校教科书里包含的那点科学基础知识，对你来说只不过是入门的常识。在你的科学知识的大海里，你所教给学生的教科书的那点基础知识，应当只是沧海一粟。"

为提高成员的理论水平和专业素养，工作室为每位成员购买了章建跃博士的著作《数学教育随想录》（上、下册）以及江苏省名师、全国生长数学倡导者卜以楼老师的著作《生长数学》，此外，还购置了一批教学教研方面的专业书籍以便集中研修时可以进行阅读。工作室开展了读 1 本专业杂志、写 1 篇读书心得、上传 1 份课堂反思等活动，要求工作室成员用心阅读学习，做好学习笔记，并在此基础上根据个人情况，自选阅读书目并撰写读书心得，讨论交流学习心得，落实提升工作室的教育科研、有效教学等方面的能力。

（二）课题研究

参与课题研究是有效促进自己专业发展、提高自己业务素质的主要途径之一。第一，参与课题研究要查阅大量的文献和资料，能有效提高数学教师的理论水平和知识层次，让其开阔视野。第二，教师在课题研究过程中很容易发现自身业务方面存在的问题，能及时地得到同行的帮助和指导，使存在的问题得到解决和改进。第三，参与课题研究能让教师系统地掌握数学教育的科研方法，如怎么选题，选什么课题，如何设计问卷、采用什么科研方法，如何调查，调查的结果是什么，处理问题的对策是什么，如何撰写开题报告与结题报告，等等，都能让教师得到锻炼。

工作室以课题研究为重点，努力培养工作室成员的科研意识，提高成员的研究能力；继续通过学习提高成员的理论素养，学习了解课题相关文献资料，把握研究的重点和方向；组织成员边学习边研究，以学导研、以研促学。一是学习相关理论文献，让先进的理念引导实践；二是学习先进的教学方法，让先进的方法改进课堂教学；三是组织课题组成员走出去学习他人经验成果，请专家名师指导课题研究。工作室邀请专家到学校或到广州进行培训，促进教师专业发展。2019 年 1 月 14 日，工作室邀请山东曲阜师范大学张雨强教授到校作题为"一线教师如何开展微教学研究"的讲座，张教授详细介绍了开展课题研究应怎样选题、怎样开展研究、怎样总结研究成果、怎样投稿等内容。为提升数学教师的教育科研能力，促进教师的专业发展，2019 年 5 月 27 日，工作室特别邀请了云南师范大学朱维宗教授作了题为"中学学科教育科研策略探究"的专题讲座。2019 年 9 月 27 日，工作室成员参加了广铁一中学钟进钧老师的广东省教育科研规划"十三五"课题"基于核心素养的高中数学写作实践研究"开题报告。2019 年 10 月 11 日，工作室邀请佛山市南海区教育发展中心教科所副所长、兼初中数学教研员、南海区初中数学名师工作室主持人董磊老师作"初中数学思想方法教学及其应用案例"专题讲座。2021 年 11 月 22 日，工作室成员参加了南京师范大学课程与教学研究所所长、博士生导师喻平教授于上午在广州大学开展的"发展学生数学核心素养的教学与评价设计"的专题讲座。2021 年 9 月 29 日，工作室邀请黄埔区教育研究院科研部曲天立主任进行"研究是一种境界——中小学教育科研的行动智慧"的专题讲座，该讲座讲了如何让课题研究不走弯路，提高研究效益。工作室成员在工作室建设期间主持或参与的各类课题 29

个，公开发表的论文超过 30 篇。

（三）教学研究

苏霍姆林斯基曾说："如果你想让教师的劳动能够给教师带来乐趣，使天天上课不至于变成一种单调乏味的义务，那你就应当引导每一位教师走上从事研究这条幸福的道路上来。"魏书生谈教学成功的秘诀："边教学边研究，从科研的角度来认识教学。"

课堂永远是教师的主阵地。因此，工作室紧紧抓住课堂教学，举行观摩课及骨干教师的示范课，搭建交流、展示平台，为教师成长提供条件。2019年 7 月 11 日，工作室邀请华南师范大学陈品德教授结合两节课例进行"如何听课、议课与评课"的专题讲座，陈教授向老师们介绍了课例研究的流程和方法，剖析了教师的职业追求与专业特征，详细讲解了关于智慧课堂听课、评课与议课的专项标准和模式。2019 年 12 月 8 — 10 日、2021 年 12 月 10 — 12 日，工作室成员参加了中国教育学会中学数学教学专业委员在福建省厦门市举办的"中国教育学会中学数学教学专业委员会初中青年数学教师优秀课展示与培训活动"（线上）。

为促进工作室之间的交流、提高工作室开展活动的质量，2020 年 9 月 25 日，霍锐泉名师工作室联合王杰航工作室在南沙东涌中学进行研修活动。活动邀请了广州市名教师王杰航老师及其工作室成员到校进行学术交流。霍锐泉工作室成员何梦圆老师执教"二次函数的图像性质"的示范课，霍锐泉名师工作室成员及王杰航名师工作室成员对何老师的课进行交流点评。为进一步加强课堂研究，全面提升名师工作室成员对课堂改革的认识，加强课堂教学中学生核心素养的培养，2020 年 11 月 6 日，广州市霍锐泉名教师工作室与广州市冯少勤名教师工作室来到广州市南沙榄核中学举行教学研讨活动，番禺区的部分骨干教师与两个工作室的成员参与了活动。2020 年 12 月 18 日，2020 学年第一学期南沙区八年级数学教研活动暨南沙区初中数学名师工作室联合教研活动在华南师范大学附属南沙中学成功开展。参加本次活动的人员有广州市天河外国语学校的李芸老师、冯少勤名师工作室成员、霍锐泉名师工作室成员以及南沙区八年级数学教师。

三年来，工作室安排了所有成员开设观摩或示范课，课前每位教师都认真备课，带着问题参加听课和评议。教学有法，教无定法，在工作室这个平台中，大家取长补短，不断成长成熟，提升了教学教研水平，同时也提高教育教学质量。工作室成员共开展了 41 次区级以上示范课、专题讲座，受到听课老师的一致好评，其中有 12 节课被评为市级以上优课。

二、共享——团结合作互惠共赢

2020 年上半年，受疫情的影响，教育教学从面授转为线上。工作室成员进行分工合作，部分成员收集整理在线教学所需要的教学资源，如微课、教学课件以及学生的导学案；部分擅长信息技术的老师研究如何进行在线教学，对比多种在线教学平台的功能，并分析对一线教学的利弊。当大家还都对在线教学比较陌生时，工作室就及时开展了如何进行网络教学的研修活动，共同学习、互相促进，通过研修活动，工作室成员的信息技术与学科整合的能力得到了较大的提升，为线上教学的顺利开展奠定了良好的基础。通过工作室成员的群策群力，2020 年 2 月 17 日初中在线教学开始时，各成员均较好地掌握了在线教学的相关技术，并收集、整理、制作了一批教学资源，放在工作室的研修群共享，供区内广大教师参考，为在线教育提供了有力的支撑。

2020 年，虽然教学受到疫情的影响，但工作室的培训并没减少，工作室利用网络进行相互研讨，实现了"停课不停学"。此外，工作室还充分利用网络教研的力量，参加高水平的研讨活动，增加了聆听"大咖"的机会。例如，2020 年 3 月 31—4 月 1 日，工作室成员参加了由新疆教育科学研究院组织、中国教师研究网支持的新疆 2020 年初中课程标准引领下的备、教、学、评一体化活动（数学）活动；2020 年 5 月 13 日，邀请人民教育出版社中学数学编辑室主任，人教版初中、高中数学教材副主编李海东老师，举行了主题为"基于课堂理解的中学数学教学"的网络直播专题讲座；2020 年 5 月 14 日，参加了由中国教师研修网举办的"深化课堂教学改革，提升数学育人水平行动研究——初中数学第二次线下线上混合"研修活动；2020 年 6 月 16 日，参加由生长数学教育团体举行的网络公益讲坛第二讲活动"简而不凡——如何上出高品位的数学课"的讲座；2020 年 7 月 18 日，参加由广东省中小学教师培训中心举办的工作室云论坛活动，通过专家指导，以及 2018 年全国、2019 年广东省教育教学成果奖获得者进行教育教学成果凝练的经验分享，提升工作室提炼成果的能力；2020 年 9 月 19 日，现任华东师范大学教育学教授，教育部人文社会科学重点研究基地华东师范大学基础教育改革与发展研究所所长，兼任华东师范大学繁荣计划学术委员会委员，《基础教育》（双月刊）主编，中国教育政策研究院兼职教授，中国教育学会教育实验分会副理事长、教育学分会教学论专业委员会副理事长杨小微教授举行了主题为"教师视角下科研成果的凝练与表达"的线上教研活动，通过网络研讨，拓宽了工作室成员的视野，提高了教学教研的水平。

三、辐射——提高影响力

2021年，南沙区承担市电视课堂录制任务，工作室有4位成员参与电视课堂的录制工作。老师们接到任务后，精心设计教学内容，由于5月广州突发疫情，团队只能通过网络进行研讨，几易其稿，反复打磨教学环节，在各自学校的备课组内进行试教。虽然时间紧任务重，但他们克服了种种困难。7月底，工作室主持人与专家组一起对课堂教学材料再次审核，并提出修改建议。8月初，区组织承担录制任务的老师进行录制前的试课准备，各人都精心准备、专心投入试录，大家把试录中发现的问题进行研讨，商讨解决的策略，力求完美。

2021年9月29日，工作室组织广州市第六批中小学校骨干教师（中学数学第4组）前往广东第二师范学院番禺附属中学进行教学交流活动。广州市第六批骨干教师一起观摩了容剑兰老师和工作室成员曾凡样老师的"用全等三角形研究筝形"同课异构，到场的教师均对这2节课例给予了很高的评价。2020年10月30日，2020年南沙区"深度学习"专项研讨暨第三期成果汇报活动（初中数学专场）在榄核二中成功举行。当天活动由南沙区初中数学教研员、霍锐泉名师工作室成员黄安锦老师主持，教育部基础教育课程教材发展中心赵丽霞博士、首都师范大学刘晓玫教授亲临南沙进行指导，南沙区各中学、霍锐泉名师工作室成员逾100位数学教师参加了活动。榄核二中学和东涌中学两个团队的教师围绕人教版八年级上册"轴对称"一章分别进行了单元设计及优秀案例展示。榄核二中团队由江汉标主任作"学习轴对称，感受数学美"汇报，东涌中学团队由工作室主持人霍锐泉老师作"从动手实验到逻辑证明——轴对称"汇报。两个团队从同一主题出发，以不同的角度给我们带来了不一样的精彩。两个案例从课程标准、教材、学情和学科素养四个维度对单元主题进行了深入解读，围绕单元学习主题，聚焦学科核心素养，结合课程标准、教材、学情等方面简要分析了单元目标的来源、所承载的学科核心素养、对内容的要求等，确定了单元学习目标，并根据单元的学习规划分解单元目标，通过不同的课时活动分解目标，通过三个维度的评价标准落实学习目标的达成。来自榄核二中的黄婉婷老师和东涌中学的陈栩彬老师则向出席活动的专家和老师们带来了两节基于"深度学习"理念下的精彩展示课"等腰三角形性质（2）"。教师通过情境设计引导学生经历"操作—观察—猜想—验证"，从运动变换的角度认识图形，并尝试从演绎变换的角度去探索图形的性质。学生的主体地位在课堂上得到充分的体现，学生从以往被动地接受知识转为知识发生与迁移的主动参与者，教学效果得到了大家的一致认可。首都师范大学刘晓玫教授对两个研究团队的单元设计及课例展示进行了专业点评，并从深度学习的内涵及实施路径阐述了深度学习与以往教学之间的本质区别。

2020 年 11 月 18 日，四川省都江堰市教研团队一行 20 多人来到东涌中学开展"深度学习"的教学交流。霍锐泉工作室成员吴锐波老师展示课例"圆周角"得到都江堰市教研团队很高的评价。课后，工作室主持人霍锐泉老师代表数学科组，作题为"在学中做，在做中学"的报告，介绍从初次接触"深度学习"概念到全科级参与项目研究的过程，并就东涌中学数学科组进行单元设计、课例打磨的心路历程进行汇报，结合"从实验操作到逻辑证明——轴对称"的单元教学设计进行详细的论述，使都江堰市教研团队加深了对"深度学习"整体单元教学的认识，通过互动交流，两地教研团队进行思维碰撞，双方都收获满满。为发挥工作室的引领和示范辐射作用，工作室积极开展"送教下乡"活动，对口帮扶乡村学校，定期进行教学帮扶，送课到校。工作室成员曾凡样、陈璐玲、李湛江、霍锐泉老师到贵州进行教育扶贫——"送课下乡"，开展示范课、专题讲座 10 次，工作室成员何梦圆老师通过网络对贵州的师生进行课堂直播，为促进西部地区教育教学质量发展贡献一份力量。

四、成长——成就他人成全自己

工作室发挥名师的带动和辐射作用，促进成员和其他教师之间的沟通互动，分享优质教育教学资源。工作室成立以来，工作室的成员迅速成长，有 4 位成员晋升为高级教师，2 位晋升为中学一级教师；郭桂珍、吴锐波老师成为南沙区兼职教研员；黄安锦、郭桂珍、麦凤珊、曾凡样、陈珅老师成为广州市骨干教师；陈栩彬、何梦圆、李湛老师成为南沙区骨干老师；曾凡样老师成为番禺区"步步高工程"初中数学带头人培训工作指导老师；2021 年，麦凤珊老师成为广州市基础教育系统新一轮"百千万人才培养工程"第四批名教师培养对象；2021 年，王智君老师成为广州市名教师工作室主持人。主持人霍锐泉老师成为广东省（第一批）中小学教师研训专家库成员，广州市第十八届特约教研员，广州市第四、第六批数学骨干教师实践导师，2021 年获得"南粤优秀教师"称号。工作室发挥共同体互助成长优势，促进成员之间的互相成长、互相促进，为每一位成员创造展示自我的机会，促进成员之间的教学、教研相长，实现共同成长。

　　三年来，在教育局及所在学校的领导关怀下，在专家的指导下，工作室认真开展活动，践行"共建　共研　共享　共长"的理念，构建教研共同体，为教师成长服务，发挥示范、引领、辐射作用做出了一定的贡献，积累了一定的经验。在今后的工作中，工作室将继续发挥主动积极性，继续为名师专业提升搭平台，为教师专业发展做引领，发挥工作室应有的作用，为数学教学质量的提升作出更大的贡献。

和乐共进　文化共融

黄文娟（华南师范大学附属南沙幼儿园）

　　教育部印发的《关于加强家庭教育工作的指导意见》指出："我国正处在全面建成小康社会的关键阶段，提升家长素质，提高育人水平，家庭教育工作承担着重要的责任和使命。"家庭教育已成为社会的焦点、家长关心的热点。2021 年 2 月 7 日，经广州市教育局组织专家评审，华南师范大学附属南沙幼儿园黄文娟园长被确定为广州市首批中小学校幼儿园家庭教育名师工作室主持人。肩负"发挥家庭教育领域的示范带动作用，传播先进的家庭教育理念和方法，打造广州市学校家庭教育工作品牌和特色"的重要使命，3 月 19 日，在广州市教育局、广州市南沙区教育局及上级领导的大力支持下，广州市黄文娟家庭教育名师工作室作为首批唯一一个学前教育领域的家庭教育名师工作室正式成立。2021 年 4 月 14 日，工作室挂牌仪式启动，家庭教育工作就此拉开帷幕。

一、破解"扎根"难题，树实党建引领理念

　　目前，家庭教育工作室的建设还处在初始探索阶段，广东省广州市内外还没有成熟的家庭教育工作室运行模式可借鉴。如何有效运行该工作室，让家庭教育在南沙"扎好根"，是我们建立工作室伊始急需解决的难题。

　　作为广州市首批中小学校幼儿园家庭教育名师工作室、南沙目前唯一的家庭教育名师工作室，既要立足南沙，办好"适合的教育"，又要探索形成广州市特色家庭教育工作新模式，在市、区起到辐射带动作用。为此，工作室主持人黄文娟及成员、学员代表先后召开多次会议，广泛征求意见，在把握国家、广州市家庭教育工作的相关要求及广州市家庭教育现状的情况下，围绕"立足广州，服务湾区，面向世界"的优质、均衡、创新国际化教育定位，在南沙先行先试，建立适合工作室可持续高效运行的一套机制，做好"顶层设计"，打通工作室的"任督二脉"，让工作室整体有序运转，激活家庭教育的生机活力。

（一）以党建为引领，助推工作有力

依托中共广州市南沙区直属幼儿园第二支部委员会，凭借"广州市中小学红色教育示范校"教育背景，建立红色教育机制，结合校园实际，将红色教育目标融入家庭教育整体规划，围绕建党100周年，推动党建和家庭教育深度融合、全面融合，在开展幼儿家庭红色教育上起示范引领作用，赋予家庭教育更丰富的内涵和生机活力。

（二）织密组织网络，机制运作高效

除了建章立制，工作室着手梳理各层级组织架构，以广州市黄文娟家庭教育名师工作室主持人为核心，以工作室为阵地，以15位成员为重点，以31位学员为脉络，初步形成家庭教育辐射网络体系，教育部门、专家、主持人、成员、学员紧密互动，发动成员跨省，在各区域的幼儿园、中小学内成立工作坊14个，覆盖广州南沙、番禺、白云，贵州安顺四大区域，共发展工作坊成员188个，横向到边，纵向到底，全方位覆盖，科学织密家庭教育工作辐射网络，形成一项内力驱动、由内向外深远、高效扩散辐射的工作模式，为发挥工作室示范辐射作用奠定组织基础。

（三）构建五位一体，实践教育有方

构建以工作室为核心，以工作坊为纽带，以学校为主体，以家庭为基础，以社会为依托——"五位一体"紧密联动互通的教育大环境，增强家庭教育合力。联动"五位一体"工作路径，以工作室为中心，示范带动工作坊，更深更广辐射影响学校、家庭、社区。多个社区链接又辐射到区、到市。

（四）结对示范模式，辐射引领深远

"1+1+1"结对模式，即以1个工作室带动1个工作坊，继而影响1个区域。例如，工作室在5月发动成员建立广州市黄文娟家庭教育名师工作室唐云工作坊，发挥帮扶桥梁纽带作用，促进华南师范大学附属南沙幼儿园携手安顺市第一幼儿园开展"1+1+1"的结对模式，起到汇资源、聚人心、强引领、深辐射的作用，促进两园区乃至两地域的结对教育工作更精准有效。

工作室主要从党建引领、组织架构、运行路径、工作模式四个方面建立了一套高效运行机制，将工作室各个要素联合为一体，各司其职，发挥最大效能，为工作室的发展奠定了良好的基础。

二、破解"专业"难题，做实名师培优项目

建立好运作机制后，工作室开始尝试在南沙开展家长对家庭教育的困惑的调查，统计调查结果，并对家长存在的家庭教育问题展开研讨，发现工作室成员、学员及班级教师较缺乏专业、系统的家庭教育知识，需进一步提升教师家庭教育专业指导能力。基于常态化疫情防控管理要求及地域空间限制及时间限制，如何凝心聚力，高效培养一支专业的师资队伍，是我们急需解决的第二难题。

对此，我们开展了针对教师（成员、学员、各级班主任教师）关于家庭教育学习需求的调查，以问卷及面谈的形式展开，对调查结果进行统计及总结。时间少，任务重，我们采取"见缝插针"的方式系统推进。

（一）全面构建师资培优体系

围绕"强化理论学习、深化交流实践、聚焦课题研究、搭建交流平台、辐射整合资源"五大目标任务，开展学习教育工作。系统组织工作室教师学习中外家庭教育先进理论，如在广州市教育局的支持下，购买200多本家庭教育相关书籍，为教师专业发展提供硬件支持。定期前往各特色园所交流研讨，到班级指导实践。每月开展主题鲜明的研修活动，依托工作室浸润式培养、园区联合式、组团式培养等，全方面提升教师家庭教育指导专业素养。邀请专家精准把脉，锻造精品指导，以课题科研引领，促进教师专业成长。

（二）全新打造"家教大讲堂"

成立家庭教育专家顾问团，邀请省、市、区家庭教育领域资深专家担任工作室专家顾问，对教师遇到的疑难问题进行专业解答。邀请专家开展线上线下家庭教育指导课程，如邀请广东省中小学德育研究会副秘书长王蕙教授、北大新世纪正华学校刘朝武校长、华南师范大学附属南沙小学文小武校长等，共开展7场家长培训直播课。其中，华南师范大学教育科学学院郑福明教授的专题讲座及"双减政策"宣传活动，惠及近700位教师，得到教师们的热烈好评。

（三）全员鼓励教师持证上岗

在我国，目前还没有家庭教育学方面的系统深度研究，工作室鼓励大家

持续学习，获得家庭教育指导证书，做到"持证上岗"。向外辐射带动各家庭教育工作坊，指导教师、家长成长。目前，"持证上岗"工作正在持续启动中，工作室主持人黄文娟在取得广东省家庭教育指导师证的基础上，发挥先锋模范作用，参加广东省中小学德育研究会组织的"第一期广东省家庭教育讲师培训"，成绩优秀，被评为"优秀学员"。工作室其他成员、学员也将"持证上岗"作为工作的重点任务推进。

（四）全程定期入坊交流指导

"入坊开展工作推进交流会"于2021年11月启动，主要由主持人到各工作坊开展研讨交流，工作坊的成员、学员教师针对开展家庭教育工作以来遇到的疑点难点问题作了交流，发挥辐射引领作用，再根据实际需求输送家庭教育资源，为各个工作坊工作开展提供新的指导。2021年11月18日，工作室主持人黄文娟携成员一行4人赴贵州省安顺市第一幼儿园，联同唐云工作坊开展了工作推进交流会。会上，与会人员就工作室、工作坊、幼儿园开展的家庭教育宣传和教育工作方式和内容作了交流和探讨，各园所分别介绍了家庭教育工作开展情况，分享了优秀的经验和做法，唐云工作坊主持人及各位成员、学员表示收获很大。

以上四项措施从体系的建立，到平台的打造，为教师的专业成长提供了足够的硬件支撑。同时，还着重激发教师的发展内驱力，鼓励教师"持证上岗"，利用考核机制，激发教师的成长动力。坚持实施"走出去"战略，为大家提供交流学习的机会。经过大半年的时间，大部分教师在家庭教育专业领域上有了很大的提升，面对家长进行家庭教育指导也更有信心。

三、破解"服务"难题，落实全面保障举措

在师资队伍建设难题逐步解决的同时，工作室在教育平台建设上一直探索——打造"家庭教育指导服务站"。如何整合教师、家长需求，联动工作坊、家庭、学校、社区提供针对性的服务，是我们需要系统解决的问题。在详细规划开展项目的过程中，有些工作坊提出了开展"家庭婚姻指导"方面的工作构想，以及关于隔代抚养方面的疏导。最初，工作室在"学校、家长双方应该承担的责任"上没有很明确的边界性。以上是我们开展实践活动前必须要解决的第三个难题。

在开展内部研讨的同时，在广州市教育局组织的家庭教育名师工作室展示交流暨研讨活动交流会上，我们紧抓契机，向南京师范大学教育科学学院

儿童发展与家庭教育研究中心殷飞博士及广州市教育研究院副研究员黄利等专家请教相关问题，获得了有益指导。结合工作室实际，我们针对该难题做出了以下探索。

（一）理清学校家长家庭教育边界

家庭教育是培养人的教育，目标是为国家、社会培养优秀的公民，是公民的教育；个人的家庭教育考虑得更多的是培养家族、家庭或者父母心中优秀的人才。学校在开展家庭教育指导工作过程中，需要注意边界性的问题，在学校的能力范围内开展家庭教育指导工作。如"家庭婚姻指导"方面的工作，是区域妇联的工作范畴，学校不需要介入。2021年10月23日，全国人大常委会表决通过了《家庭教育促进法》，工作室因此以《家庭教育促进法》为评价标准文件，在学校针对家长、老师开展《家庭教育促进法》宣传活动、宣讲会共计4场次，从内而外进一步理清学校、家长的家庭教育边界，对家庭教育工作进行规范安排，聚焦"家长"和"孩子"，提升家庭教育的专业性。

（二）着力做好家庭教育指导服务

工作室持续完善组织架构和探索高效运行机制，搭建"家庭教育指导服务站"，特别在微信公众号平台，创新开发"教育学院""专业建设""活动简讯""新知速递""教育在线""欢迎投稿"——集学习、交流、咨询为一体的六大服务功能，对标工作坊、家庭、学校、社区家庭教育指导需求，全面覆盖教师、家长各方面的家庭教育学习需求，线上线下构建"真学习，解难题"一站式服务平台。"家庭教育指导服务站"主要整合和开发优质家庭教育指导资源，收集优秀案例成果，速递最新家教理论知识，建立系统的资源库，完善队伍建设，开展个案研究，形成有效指导菜单，以网络形式进行辐射和推广，实现资源共享，逐步形成立体、多元服务平台，促进教师有成长、家长有提升，为孩子的健康、全面成长奠定理论与实践基础。

（三）整合用活各方优质教育资源

聚焦"3＋3＋1资源"，整合3大专家资源，围绕家庭教育的不同内容，向广州市教育局、广州市南沙区教育局、华南师范大学"华附联盟"申请专家资源支持。盘活3类社会资源——社区、学校、家长三方资源。联合1类跨界资源，即创新思维，拓展跨界合作。坚持公益优先，如和图书馆、文化馆等合作，和妇联、青联等单位、社会团体合作，创新落实家庭教育指导工作。同时，共享媒体资源，盘活共享权威媒体资源，增强辐射影响力。

"家庭教育指导的内容是什么？通过什么途径"，这是我们在规划实践内容时经常讨论的问题。以上三大措施，是我们根据实际需要和工作室未来的发展与布局而实施的。目前，家庭教育工作内容明晰，服务站已初步建立，各资源也再次被盘活，形成资源清单，为工作室的高效运作提供精准内容、阵地、资源支持。

四、破解"实践"难题，充实家庭教育内涵

工作室在推进各项家庭教育指导活动中，主要将家长作为研究、指导的主体，忽略了家庭教育中孩子的主体作用。例如，在开展家庭教育指导工作过程中，大多工作仅针对家长的教育，虽然有对孩子进行"学校教育"，但还未有"孩子也需要进行家庭教育"的意识，活动存在片面性，缺乏更系统科学的统筹。

在开展家庭教育工作研讨活动的过程中，有老师反映华师附幼中班上有一个孩子，虽然他们对家长进行了家庭教育指导，在一定程度上也提高了家长的家庭教育水平，但由于受工作限制，家长忙碌不能陪伴孩子时，孩子会认为"妈妈总是想着工作，都不陪我"，孩子的家长和老师说出了他们的困惑。这位老师在此次研讨会上提出了"是否也要有意识地对孩子进行家庭教育"，加强学生对父母的理解等。就此，工作室将指导工作做了适宜的调整。

（一）以"双减"工作，强化家庭教育主体

10月14日，广州市黄文娟家庭教育名师工作室以"双减"政策为核心，启动"双减"1＋N行动，在南沙区率先发起"直面双减·探寻幼小衔接双向新路径"活动，以华南师范大学附属南沙小学、华南师范大学附属南沙幼儿园、南沙区第三幼儿园为三大活动阵地，以"幼小衔接"为切入点，以"广泛开展调研、发布指导推文、深入宣传讲解、咨询聆听答疑"四大服务促进"双减"政策落地，共同探寻幼小衔接双向新路径，缓解家长的"教育焦虑"，以家园共育，呵护孩子健康成长。活动服务了千余名家长。在开展"幼小衔接"工作过程中，工作室鼓励幼儿园将"幼小衔接"工作融入大班的班本活动，如组织幼儿参观附近的小学，了解小学生活，在班级环创中强化"幼升小"的元素和知识，针对家长、孩子进行双向指导，助力大班孩子为顺利升入小学做足准备。

（二）以亲子实践课程，优化家庭教育内容

通过开展亲子实践课程，促进家庭教育实现"双向指导"。紧抓节日契机，指导工作坊在幼儿园开展感恩父亲节、传承好家风等主题教育活动。引导孩子通过手工绘画、绘本阅读、书写"我亲爱的爸爸"亲子调查单等形式，增强孩子对家长的了解，丰富对父母表达爱的方式，深化感恩教育。通过开展亲子共读红色故事、亲子红色研学活动、亲子运动会等家园共育活动，引导孩子崇尚真善美，感恩、理解父母的养育之情。工作室组织红色亲子实践教育活动共 15 场次，服务南沙区、番禺区、白云区等千余名家长、孩子，增进了父母与孩子的良好亲子关系，对孩子、家长进行了双向、积极的家庭教育指导，为孩子的健康成长营造了良好的教育生态，得到家长的热烈好评。

（三）以联动社区资源，内化家庭教育效能

联合社区开展线上"讲家风故事，传播正能量"故事会、小主播等特色活动共 7 场次。"传承红色家风，永远跟党走"为主题的弘扬好家风亲子视频拍摄评比活动，共收到各个家庭精心制作的优质家风视频 50 份。联动家、园、社区三位一体、协同共育，通过传承好家风、好家教，培育文明家庭新风尚，引导师幼、家长、社会更加注重言传身教、注重家教、注重家风，为幼儿健康成长、成才营造良好家风环境。

在主持人黄文娟的带领下，我们齐心协力，发挥团体智慧，以滚石上山的韧劲爬坡过坎、迎难而上，将之一一击破，交出了一份满意的答卷。未来，工作室将坚持"超前引导、关注成效"，赋予家庭教育更多新的意义，落实更多有实效的举措，创建更加关注幼儿身心健康、科学育人、引领幼儿健康成长的良好环境，勇担使命，破解家庭教育难题，给予孩子温暖优质的教育；探索形成广州市特色家庭教育工作模式，为开创广州市、南沙区家庭教育新局面，为培养具有时代精神的创新人才不懈努力。

学术交流　教艺切磋　互动提高

李娟（广东第二师范学院附属南沙实验小学）

一、工作室概况

广州市李娟名教师工作室于 2018 年成立，该工作室积极组织并开展各项教研活动，共吸纳了广州市 10 名优秀英语教师的加入，其中既有经验丰富的骨干老师，也有初涉教坛的青年教师，有的老师教高年级，也有的老师教中、低年级，但都有着一个共同的教育情怀：以生为本，与生共成长。工作室以课堂教学为阵地，以协同教研为抓手，以课题研究为载体，以团队学习、同伴互助、独立实践为方略，以学术交流、教艺切磋、互动提高为宗旨，以实现教师专业发展为目标，在市、区教育局，区教育发展中心的领导下，工作室成了"研究的平台、成长的阶梯、辐射的中心、教师发展的契机"。广州市李娟名教师工作室的所有成员均已成为学科骨干教师并担任学校的教研组长，其中，郭银波老师目前是南沙区名教师工作室主持人，何佩钰老师是番禺区学科中心组成员。主持人李娟和成员郭银波、何佩钰合著出版了专著《小学英语深度学习活动策略》，全体成员共同编制了两本教学成果集《共研共悟》《基于深度学习的小学英语作业设计》。

二、工作室运行

（一）以传统文化熏染师德师风

以经典阅读丰厚知识、浸润情怀，以专业书籍提升教育教学理论水平。读书是教师提高教育素养的主要途径，为建设一支爱阅读、高素质的工作室成员团队，要全面提升教师的思想境界和教育教学水平，三年中，我们坚持阅读，与好书为伴。通过诵读经典著作，我们越来越明白古圣先贤的教育智慧不仅能够润养身心、提高师德师风，还能够用来指导我们的生活、工作和学习。在圣贤经典里，既有价值观，又有方法论。

工作室全体人员积极利用假期开展阅读，时常利用线上研讨、线下分享等方式举行读书交流会。成员高贞凤老师在一次交流中分享了里奇·考伯的《好老师激励后进生的 21 个课堂技巧》。结合自己 20 多年的教学生涯，高老师指出，教师要学会用心和智慧等待，不要盲目地拔掉一棵草，不要草率地否定一个人，给每一朵花绽放的时间，给每一个后进生证明自己价值的机会。成员郭银波老师分享的书籍为《好妈妈胜过好老师》，这本书就孩子成长中的种种问题写了很多细节，也给出了很多方法和教育理念，这些理念就像一把钥匙，可以打开通向孩子的心门，让你明白孩子需要的是什么、在面对孩子时应该怎么做。读书交流会展示了各个成员的读书成果，使成员们开阔视野，启迪智慧。此外，为了让成员学会阅读，广州市名教师李娟工作室有幸邀请到广州市教育研究院赵淑红老师为工作室成员以及成员所在学校的英语教师作关于早期阅读、教学的专题讲座，进一步提升了教师们的阅读、教学能力。

（二）以学习培训开阔眼界、提升境界

以名家论坛更新观念、重塑精神。通过各种课堂观摩和主题讲座培训，提高学员的教育教学理论水平，提升职业素养。三年间，工作室组织学员课堂观摩、上研讨课、听评课，通过交流、反思，成员们对提升小学生创造力、自主课堂等教育理论、理念有了全新的认识和提高。通过各种主题讲座和外出交流培训，工作室的学习氛围浓厚，不断激发学员站在终生教育的角度思考教育教学问题，争取向高效课堂迈进，努力提高教学水平。工作室共开展专题培训和交流分享活动 15 次，外出学习 2 次。

共享教育资源，促进老师们教学经验的交流，引导提升教师信息技术应用能力。工作室成员黄晓婉老师向成员们展示了一节有趣的智慧课堂教学公开课——"It smells delicious"。成员们观摩了黄晓婉老师的公开课，并从教学设计、教学内容等各方面进行点评，共同分享如何在核心素养观下培养学生的语言表达能力，如何在语言教学过程中充分调动英语为第二语言的学生在阅读和写作方面的主观能动性，通过培养学生的学习欲望、使用互动性强的课堂活动、营造鼓励学生的学校和家庭环境等策略去激发学生英语学习的兴趣。

三年间，工作室成员承担了区级及以上的教研课 6 次，并多次承担教研活动。工作室吸纳了南沙区多位优秀英语教师的加入，特别是在线上学习期间，工作室主持人李娟利用线上会议的方式进行了多次研修活动。工作室成员针对各个学校年级的特点，确定线上教育的形式和内容，制作优秀教学资

源，采用推送微课、在线录播等多种形式进行网上教育。例如，南沙小学黄晓婉老师制作的五年级下册 Unit 3　We're going to have an English test 词汇教学微课，首先利用口诀帮助学生记住词汇规律，然后针对每个词语都给出例句以及相关的常用短语，这对学生温故知新、扩大知识面非常有帮助。又如，南沙小学郭钰云老师制作了三年级下册 a－e 微课。郭老师在本节 phonic 教学中，注意音素教学，让学生尝试发音，在潜移默化中领悟发音规律。临近期末，如何进行高效的复习成了一线老师最为关注的问题。为帮助工作室成员教师提高复习课效率，李娟名教师工作室在腾讯会议进行期末复习培训讲座，开展了"如何提高复习效果"的专题学习，给工作室成员作有效的复习指导，帮助老师们快速查找到学生的知识漏洞和知识盲区，在有限的时间里直达问题要害，提高复习效率。工作室的成员们也积极分享了自身教学经验，为教师们搭建了一个很好的交流平台，促进了工作室各成员不断学习，不断反思，不断成长。经过反复构思、论证与实践，我们提出"备课—上课—思课"三部曲。通过一人执教、大家集备的方式，打磨教学活动细节上的一磨、二磨、三磨，经过反复练习和课后反思，促进教师扎实课堂教学，改进教学。教师们将各自的亮点进一步提炼，形成论文、案例和精品教学设计，最终印制成《共研共悟》教学成果集。

（三）读书写作，寻得源头活水

教师在读书学习的过程中，使自己的内心变得宁静，目光变得坚定，作为一个教育者、引领者，应该坚守的是不断学习，应该追逐的是不断超越自我。在阅读的过程中结合实践教学经验，总结英语教学经验，工作室主持人李娟和两位成员合著了一本与英语教学相关的专著《小学英语深度学习活动策略》，为教师们提供英语教学指导，并鼓励引导工作室成员们都发表了至少一篇论文。

在名师工作室这个平台，引领教师们前行要从发掘内驱力入手，因此我们以课题和论文为抓手，从日常的教学和管理的问题出发，进行科学研究。这些年，由工作室主持人李娟牵头做过国家级、省级、市级、区级多项课题，通过课题研究，成员们一步步成长起来。在进行课题研究的过程中，成员们逐渐明白研究课题主要来自教学实践，从中提炼问题，结合文献研究，构建解决问题的理论体系，才能形成自己的新观点。可以说，课题研究的全过程，就是工作室成员们一起学习理论、运用理论、形成理论的过程。这些课题都是从教学实践中发现问题，通过课题研究来解决英语教学的实际问题，找到解决问题的突破口而形成的科研成果，让教师们在研究中受益。研究形成理论和成果，又反过来重新指导实践。通过课题的推广和应用来达到辐射引领各成员所在的学校乃至其他学校英语老师的目的，这些都具有很强的现实意义。

逐梦前行　铸造品牌

麦树荣（广州市南沙东涌中学）

广州市麦树荣名教师工作室成立于 2018 年 5 月，以"共建　共享　共长"为理念，打造教育教学共同体，落实新课程理念，推动课堂教学改革。主持人麦树荣是广东省优秀科技辅导员，广州市新一轮名教师工作室主持人。工作室特聘专家顾问 2 人，分别是广州大学物理与电子工程学院皮飞鹏教授和广州市荔湾区教研员正高级教师张晓虹。

一、制度保障，目标驱动

工作室制定了完善的管理制度、详细的工作计划和周期发展规划，每个成员都制定了三年个人发展规划，明确提出了"7 个一工程"目标任务，即录制公开课一节、撰写教学论文一篇、辅导学生活动一项、参加技能竞赛一次、开展专题讲座一个、申报科研课题一项、申报教学成果一项，对工作室成员进行规范化管理。通过专家讲座、说课评课、课题研究、跟岗学习、网络研修、微课等形式对学员开展培训，形成了线上与线下共同研修的培训模式，做好网上资源整理、研修平台的建设和管理工作。此外，工作室还邀请了"国培计划"专家张晓红教授来我校指导高三物理备考工作；开展了"二元五次教研模式"研讨，通过"听、说、评、讲、议"五个阶段帮助教师加强对课堂的把握与研究，快速提高教师的教学能力，学员们受益匪浅。

二、铸造品牌，彰显特色

工作室成立以来共承担项目 6 项。2019 年 4 月 11 日，麦树荣主持的市"十二五"课题"新高考方案下物理实验课程资源开发的策略研究"顺利结题；主持的科技项目"以'发明创造和专利申报'促进学生科技素质发展策略研究"获市教育局优秀评价；2019 年 6 月，沈立平主持的项目"以鸡蛋撞地球 STEAM 教育活动探索学生核心素养发展"获市教育局优秀评价；

2019 年 6 月，吕丹丹主持的区级课题"基于核心素养导向的高考物理计算题有效教学研究"获良好等级；2019 年 12 月，姚仁华主持的区级课题"基于 pad 教学的物理个性化作业策略研究"获得立项，他本人参加省、市实验教学说课竞赛活动均获一等奖；2019 年 6 月，黎泳华主持的项目"以电子制作课程为载体培养拔尖科技创新人才"获市教育局优秀评价。麦树荣老师的成果"扎根水乡文化，以'润泽教育'育创新人才"获广州市第六届中小学德育创新成果三等奖，"演示实验提升中学生物理学科核心素养的实践与研究"获 2021 年广州市教学成果培育项目。

三、春华秋实，硕果累累

工作室成员指导学生的作品屡获大奖，如姚仁华老师辅导学生获第 16 届全国中学生物理竞赛三等奖；学生作品"课室灯光照明自动控制系统"获市科技创新大赛二等奖；学生作品"匀变速直线运动数字实验平台设计"获第十六届省少年儿童发明展银奖；学生作品"水管爆裂居家自动监控系统"获省科技创新大赛铜奖、市一等奖；"一种模型飞机测试风洞动力装置"等 8 个项目获得国家实用新型专利，在央视移动新闻网、广州电视花城频道报道。

疫情期间，工作室成员群策群力，利用腾讯课堂等软件开展线上研讨活动，收集、整理、制作一大批教学资源，供广大教师参考。工作室在 2019 年度考核中获优秀评价，工作室成员们以梦为马，不负韶华，在前进的路上更加坚定，为了心中的教育理想不断努力！

引导理论学习　推广实践提升

聂燕（广州市南沙小学）

广州市聂燕名教师工作室于 2018 年 12 月挂牌组建，共有 11 位成员，分别是南沙小学的刘日妍、朱桂嫦、何丽华、陈艳媚、李旭红、李桂红，黄埔区九龙二小的方燕璇，金洲小学的罗敏妮，鹿颈小学的朱艳霞，九比小学的卢沛容和黄丽明；以及 43 位学员。虽然大家的地理距离很远，但是工作室将大家的心联结在一起。

工作室自挂牌之后就完成了工作室的设计和布置，讨论完善了工作室的各项制度。为了让成员们快速熟悉彼此，了解工作室的要求、目标、具体做法等，工作室在组建初期首先开展了交流简介、制订规划等"破冰行动"来为大家解除疑虑、消除隔膜。之后，工作室便开始运用"2 + 2 培养模式"对成员和教师们进行培养。前一个"2"指的是两个方面，即"引导理论学习"和"推广实践提升"；后一个"2"指的是两种方法，即"我向别人学"和"我教别人学"，让成员们在有规律、有效果的理论学习中充实自我、提升自身素养，锻炼综合能力，进而逐步形成自己的教学风格、凝练自己的教学思想，从而在实践推广中起到示范引领作用。三年里，工作室主要从以下四个方面开展培养工作。

一、帮助提升成员学员的语文能力

教师的语文能力会在潜移默化中影响班级的学生。因此，工作室有意识地训练成员和学员们听、说、读、写的能力，通过组织朗诵比赛、钢笔字比赛、粉笔字比赛、演讲比赛、写作比赛等来促进大家练习基本功，并采用"培训—练习—考核—比赛"四步法来促进基本功的提升。

此外，为了加强老师们的写作能力，工作室采取了制度推动的方式，要求老师们每学年最少阅读 2 本专著、撰写 1 篇案例、1 篇读后感和 1 篇教学论文。为了提高实效性，让大家能够真正从这些活动中得到提高，主持人聂燕在每次活动前都会先进行具体细致的说明和方法指导。

二、训练成员和学员的教学技能

为了提升成员、学员们的备课、说课、评课、命题等专业教学技能，工作室采取了三步法——集中培训、组织比赛、自主练习。例如，为了让大家能够准确把握教学方向和教学重点，领会各学科、各学段所需掌握的知识点和技能，增强自主命题检测学生素养水平的能力。工作室组织了命题技能主题培训，邀请了荔湾区富有经验的教研员骆观金老师来为大家举办讲座。同样，为了让大家能够真正了解如何进行文本解读和说课，工作室组织开展了说课系列活动，主要分为"说课培训—写说课稿—视频说课—现场说课"四个步骤。首先，工作室邀请工作室指导老师傅荣教授给大家开展了"如何说课"的主题讲座，让大家初步了解说课的主要内容和基本步骤，并且教给大家应该从哪些方面去进行思考和阐述，说出自己的特色。其次，工作室采用集中和分散相结合的研修方式，主持人聂燕收集整理出一套如何进行说课的系列材料让大家进行阅读和自学，并在此基础上进行实践——组织视频说课比赛。大家根据自己每个学期的教研课进行说课并录制成视频上交，工作室再组织骨干教师进行评选和反馈，这样学练结合，效果是比较明显的。最后，工作室组织开展现场说课比赛。工作室不仅邀请了各学校的多位骨干教师，还邀请了王亚芸老师当评委，王老师以更高的视野和更专业的眼光给予了参赛教师们最大的收获。除此以外，工作室还开展了评课、教学设计等主题培训活动。

为逐步提高老师们的课堂教学水平，工作室组织开展了一系列的课例研讨和展示，有低年段的识字阅读教学、中年段古诗教学、高年段智慧课堂教学、绘本阅读教学、整本书阅读教学等。工作室先根据教师们的任教年段组成备课小组，然后开始研读教材、进行教学设计，并在教学设计定稿之后就开始试教和磨课，尽可能多地吸收建议，进行整改，尽最大努力给教师们展示一节值得学习和借鉴的课例，也让执教老师在这个过程中锻炼自己的胆识，不断反思和提炼方法，最大限度地提升自己。在2019年"一师一优课，一课一名师"的晒课活动中，工作室获得了1节省级优课、4节市级优课的成绩。

另外，为了有效提升老师们的实践能力，工作室还经常采用角色转换和承担培训的方式来开展活动，每一位成员既是学习者也是培训者。每一位成员都可以选择一个自己比较擅长的主题来给大家开设讲座和培训，这样既给每一位成员提供展示自己经验和长处的一个平台，把成果推广出去，又能自身得到锻炼。

三、增强老师的科研意识

工作室主持人聂燕老师结合自身工作中遇到的困难和广州市智慧阅读项目组的有关工作，带领大家一起申报了智慧阅读专项重点课题"家校合作提升小学生阅读素养的策略研究"。在这个过程中，工作室成员一共发表了论文7篇，有4篇论文分别获得区级一、二、三等奖，有3个阅读活动设计方案获得市级三等奖，每一位成员都上了一节校级或区级的公开课。除了用任务驱动的方法来督促老师们参与科研以外，工作室还借助不同的平台为教师们提供更多的学习机会，如去深圳参加名师课例观摩、到各个成员学校进行课例研讨、承接区内、校内培训活动等。

四、引导老师提升眼界

"学高为师，德高为范"，社会总是以最高标准来衡量教师这个特殊的群体。因此，工作室尤为重视师德建设，总是引导教师们在树立良好师德的基础上，还要开阔眼界、增强信念。主持人聂燕老师从高从严要求自己，为大家树立榜样，不断提醒教师们多关注社会上和师德有关的一些热点事件，还要结合自身进行反思，扬长避短。工作室也会在条件允许的情况下定期组织成员外出观摩学习，让教师们能够近距离接触名师，感受名师的风采，学习先进的理念，达到见贤思齐的效果。

三年的时间过去了，工作室一共开展了内部活动25次和外部交流活动22次，其中包括赴贵州、香港的交流学习，开阔了成员、学员们的眼界，锻炼了成员、学员们的各项能力。工作室成员、学员共发表论文16篇，执教校级及以上级别公开课70多节，开设讲座20多个，刘日妍、朱桂嫦、陈艳媚、方燕璇等获得市级以上荣誉。在期满考核中，工作室获得优秀等级。三年里，成员及学员在潜移默化中将工作室的理念传播开去，在区内形成较大影响，帮助和促进了一大批年轻教师的成长。

工作室一个周期的工作结束了，相信受到过聂燕工作室理念影响的教师们一定会将教育作为终生的事业，时时刻刻把学生的一切放在心上，为南沙甚至广州的语文教学尽一份绵薄之力；一定会努力提升自己的教学技能、打造自己的特色课堂，成为"眼中有光、心中有爱、脸上有笑、肩上有责"的优秀语文老师。

共研　齐思　并进

潘小斌（广东第二师范学院附属南沙实验小学）

"我需要最狂的风，和最静的海"，这是顾城的著名诗句，将这句诗修改成"我们有最狂的风，和最静的海"，便成了广州市潘小斌名教师工作室的形象写照。空明一片，湛然朗朗，博古通今，实践创新，见微知著、洞悉教育之规律。坚守对教育本源规律求索的初心，保持笃定，修行教育之道。潘小斌名教师工作室从 2018 年成立至今，一直在共研、齐思、并进的路上努力，并和各位成员教师及学员一起共同进步，在追寻优质教学的过程中不断遇见更美的教育风景。

一、思想有狂风

教育是有时代性的。当前，新课程标准的颁布、部编版新课本的全新改版及课文的大量更换都给每位一线教师带来一定难度的挑战。

学生也是有时代性的。现在的学生思想活跃，眼界开阔，个性活泼，他们渴望表现自己，勇于表现自己。学生是课堂的"主人"，"主人"变了，课堂自然要变，这同样也是教学的一个难题和挑战。

教学设备也是有时代性的。现在各种新技术、新设备层出不穷，不只是智学网，还有思维导图制作、动画制作、微课、编程等，都与教学关系紧密。掌握新技术、运用新技术，使之与教学内容有机结合，也是教学的一个难题和调整。

以上三点都意味着教师必须要尽快转变教学观念，形成新的教学思想，这样才能跟上时代要求，讲出符合时代要求的好课，培养出符合时代要求的学生。要立新，首先要破旧，这就要激荡起一阵思想狂风。而名教师工作室的任务就是引路。基于此，潘小斌名教师工作室就把帮助工作室成员快速实现思想观念的转变作为工作室的首要任务。

（一）通过讲座知新观

对学生语感的培养是教师们平日容易忽视的内容，主持人及时作了"语感与语感培养"专题讲座，从语感的意义、语感的本质、语感的培养方法三个方面展开，既让教师们了解到语感培养的重要意义、语感培养的迫切性，又让教师们懂得如何运用朗读感染法、切己体察法、比较揣摩法、语境创设法等培养学生的语感。讲座既有理论的阐发，又有生动的名师教学案例，教师们从中启发很大。

工作室骨干教师陈锦凤主任则结合自己的教学心得作"小学低年段探究性学习语文课堂"的专题发言，从探究内容的选取点、课堂的开发度、重探究品质三方面，对教师们如何在小学低年段的语文课堂开展探究性学习活动做了方向性的指引，不仅让教师们真切了解什么是探究性学习，而且懂得如何在教学实践中切实做好探究性学习，真正发挥学生的学习主动性，体现新课标精神。

此外，工作室还举行合作学习、阅读力量等多个涉及热点问题的讲座。这些讲座或抓住教学中的根本问题进行深入讲解，或就新颖的教法实施进行具体生动的展示，真正做到给教师们打开一扇新的窗口，让教师们看到新的世界，促使他们的教学思想实现质的转变，并且鼓舞和启发、指引教师们勇敢去碰触、去尝试、去挑战。

（二）通过名家开眼界

工作室还带领教师们走出去，向名家学习。例如，参加清华大学附属小学校长窦桂梅的专题讲座"阅读的力量"使教师们深刻认识了阅读在学生心灵成长、语文能力发展、阅读水平提升等各方面的积极影响，更新了阅读教学观念，获得了提升学生阅读能力与语文核心素养的有效途径，从而理解苏霍姆林斯基所说的话："让学生变聪明的方法不是补课，不是增加作业量，而是阅读，阅读，再阅读。"在教育内卷的当下，教师们认识到阅读的深远意义，从而在平日的教学中重视阅读、强调阅读、鼓舞阅读，做好学生阅读的动员，做好学生阅读的明灯，是教育的幸事、学生的幸事。

工作室组织教师们参加了在中山市实验小学举行的小学语文"精研统编教材，彰显文道一体；变革学习方式，实现高阶思维"名师课堂教学观摩研讨会，以及在东莞市第一小学举行的小学语文"学法变革文道彰显，思维高阶立德树人"名师课堂教学观摩研讨会暨第十二届儿童阅读高峰论坛名师课堂教学观摩研讨会。大家观摩了崔恋、王崧舟、蒋军晶、王一梅、鱼利明、王铁青、何夏寿、何捷、郑梨花、赵志祥、白晶、罗才军等教育名师、名家们的好课和讲座，感受他们的风采。名家的课各有优点、各有特色，他们在处理教材、文本细读、教法选取、课堂调控、学生互动等方面都给了老师们多方面启发。他们的引领，为工作室的老师们点亮了前行的明灯，从而知道自己努力的方向。

（三）通过研讨激风暴

课例研讨是工作室活动的常态。主持人潘小斌非常看重课后的讨论交流，因为有质量的交流才有思维碰撞的火花，才有思维风暴的激荡，才有进步的空间，才有提升的希望。所以，他非常重视营造讨论环境，以激发工作室成员的发言热情。刚开始担心大家不敢说、没话说，就要求大家以"我最欣赏的是""我想问的是""我引起的思考是"的内容顺序组织发言。当各抒己见成为常态，每位教师大胆发表自己的看法、感想，或者是自己在教学中碰到的不解和疑惑。每次讨论的氛围都轻松愉悦，发言都积极踊跃。

譬如，观摩了陈锦凤主任执教的"夜色"一课后，教师们进行了热烈的讨论与交流，从多方面肯定了这节课的精彩之处，有的指出陈老师教态优雅从容，师生配合默契，课件制作精雕细琢，十分注重细节；有的指出陈老师以南沙的夜色图引领学生体验身边的夜色美，让学生有亲切感，还让学生意识到要关注生活；有的老师指出陈老师在培养学生预习习惯上注重学生对生字结构、偏旁部首、音序的掌握，注重学生语文基本功的培养；有的老师从规范学生的读书姿势和朗读习惯方面，注意到陈老师重视并善于培养学生的读书习惯。研讨的最后，教师们还分享了学习的收获和心得，并针对低年级学生如何进行情感朗读的问题交换了意见。

这样的讨论交流是酣畅淋漓的，真正激发了大家的教育思想风暴，由一个支点虽说实现辐射影响，进而深刻推动教学实践，帮助教师们成长，这就是名教师工作室的意义。

二、实践如静海

虽说有了先进的教学思想，但如果教师们不能将之落实到教学实践中，很容易出现"眼高手低"的情况。因此思想改变之后，如何将新的教学理念落实到教学实践中就成为至关重要的一个环节。

为最大限度地帮助成员们进步，工作室主持人很重视工作室开展的课例研讨，对整个课例研讨活动有周全的考虑和细致、周到的安排。

（一）文体覆盖面广

工作室的研讨课涉及精读课文、略读课文、说明文、古文、古诗、书法课、口语交际课、习作课等，不仅有一贯重视的精读课文的研讨，还有书法、口语交际的研讨，体现了工作室对新课标精神的贯彻落实到位。例如，对书法课的研讨体现了工作室对学生书写的重视，对新课标中"传承传统文化"的身体力行；而口语交际课则将学生语文综合能力放在重要地位。这样的处理既体现了工作室的先进性，也体现了工作室对教师们的先进引领。

（二）教法覆盖面广

为充分给教师们锻炼及教学指引，研讨课例教法多样，有朗读品悟情感的《夜色》，有对比阅读的《掌声》，有讲练结合的《我的心儿怦怦跳》，有文本细读的《伯牙鼓琴》，有创设情境的口语交际课《请教》，有小组探究式学习的《寒号鸟》。通过课例研讨，教师们了解了不同教法的效果以及如何根据教学内容及教学目的选取教法，使教法、教学内容及教学目的水乳交融，共建精彩课堂。

（三）年段覆盖面广

工作室开展的研讨课涵盖一到六各个年级，这样安排的目的是使每位教师都能成长为优秀的"大轮回"老师。此外，工作室学员年轻老师多，年段覆盖广，更有助于她们的全面成长，有助于她们在培养学生时有长远的考虑，注意培养学生好的习惯，给学生打好基础。

（四）成员、学员覆盖面广

工作室要求每位成员都要上研讨课，学员则可以申请上研讨课。工作室每位成员、学员都用心思考、精心准备，给大家奉上不止一次的精彩课堂。这个过程既体现了工作室对成员、学员们的成长和对自我超越的促进，也使互相学习更有意义。

教学实践是踏踏实实地行动、反思、调整，来不得半点敷衍、随意，而且教学实践没有最好，只有更好，这就要不断尝试，不断改进，再不断尝试，不断改进，这个过程就像深海，表面看着平静，其实内里波澜涌动。工作室这一系列行之有效的教学研讨活动，也如深海，一次次地带领成员们研究、探讨，在看似平静的表面之下，不断激荡起突破的波澜、创新的浪花，帮助成员们不断夯实教学能力，提升教学水平，锤炼教学技能，成为更优秀的语文老师。

三、课题研究做基石

工作室目前在研究的课题是广州市教育科学规划课题"基于核心素养下的小学生语感培养方法研究"，专家组对这个课题给予了高度肯定与赞扬，一致认为小学生语感课题研究紧跟新时代教育的发展趋势，是培养学生语文学科核心素养的实践研究，虽然不易做，但意义很深远，不仅体现了小学语文教师的担当，更充分展现了名师工作室在引领教师专业成长上的重要作用。

工作室不仅在理论上展开研究，而且通过研讨课例将研究成果具体化。苗落田老师执教的"荷叶圆圆"让学生采用分角色朗读的方法，学生读出了感情、读出了个性。黄晓玲老师执教的"大象的耳朵"主要以"语气词""疑问词"和提示语为抓手，引导学生读好问句，读出小动物们对大象耳朵的好奇疑惑，读出大象的心理变化。陈锦凤主任的"夜色"强调通过节奏、感情读出诗歌的韵律和味道。这些课例从多方面探讨朗读对语感的作用，接下来还会在词语品读、想象联想、鉴赏体悟等方面进一步展开研讨，使课题研究真正助推教学实践。

课堂教学是一条让人激动的大道，我们要让它通往温暖的心房，那些从活水的源泉喷涌出的甜美思想，那些洒落久旱之地的甘霖，仿佛一粒种子落在心灵的原野，在阳光下结出丰硕的语感果实。一切的努力，就都有了价值和意义。我们的课堂，就是我们生命的意义！

未来已来，将至已至，面对新时代新教育，潘小斌名教师工作室既仰望星空，又脚踏实地，"有最狂的风，和最静的海"，始终伴随不改。

聚焦教育本质 构建"有温度、有深度"的数学课堂

盛 敏

一、工作室概况

广州市盛敏名教师工作室成立于 2018 年 12 月。工作室主持人盛敏老师毕业于华南师范大学,是广州市优秀教师,首批广州市名教师工作室主持人,广东省骨干教师培养对象,广州市小数教研会理事、特约教研员。从教至今,倡导"以智慧启迪智慧 用童心呵护童心"的教育理念,致力于营建"有温暖、有深度"的数学课堂。

三年来,盛老师带领团队聚焦教育本质,着力于构建"有温度、有深度"的数学课堂。根据不同的教学内容,探讨不同的教学模式,如"创设情境—激趣生疑—尝试探索—合作交流—反馈归纳—内化提高"的计算课教学模式,"提出学习任务—组织学生自学—合作交流—巩固运用—自我评价"的练习课教学模式。为解决成员比较分散、学校间距离远、交通不便等问题,工作室积极尝试开展线上教研,并逐渐摸索形成"呈现—反思—吸收—展示"线上线下相融合的教研新模式。

在建设周期内,工作室承担区级及以上教学研讨展示活动 16 次,完成区级及以上课题立项 19 个,培养年轻教师 30 余人,共计 3000 多名师生参与活动。有 6 位成员职称晋升为副高级,成员均在各级各类教学竞赛中获奖。有 4 人在教育部举办的"精品课"评比中荣获市级优课,2 人获省级优课。7 人承担广州市共享课堂的录制工作,7 人成为市、区级骨干教师,1 人成为新一届"百千万工程培养对象",3 人在南沙区青年教师基本功大赛中获单项一等奖,1 人获综合一等奖并代表南沙区参加广州市比赛。

主持人盛老师承担并完成市级、省级课题各一个并全部顺利结题,研究成果曾获市级教学成果奖。其执教的"倍的认识""五年级数字编码"获广州市二等奖,执教课例"掷一掷"荣获基础教育精品课省级优课,校本教研

案例"从一节统计练习课想到的"获广州市一等奖，论文《用灵动的童心构建活的课堂》、教学设计"数字编码"、现场教学设计六年级课例"节约用水"获区级一等奖。五年内在省级刊物发表论文 8 篇，在区级及以上各类教学竞赛、学术论文比赛获奖 30 余次。工作室成员主持"省级规划课题青年专项"1 项，市级课题 2 项，区级课题 3 项；发表论文 17 篇，在省区市及以上各类教学竞赛中共计获奖 60 余次。

二、工作室教研活动案例

工作室建立之初，为解决各成员地理位置分布较广、学校间距离远、交通不便等问题，工作室经常开展线上教研活动，并逐渐形成"呈现—反思—吸收—展示"线上线下相融合的教研新模式。

（一）呈现

初入职场的青年教师往往就像一张白纸，不了解自己组织教学有何优点，亦不知哪里存在不足。课堂教学策略单一，教学目标设计空泛、不会分析学情，也较难把控重难点，常常顾此失彼、事倍功半。针对这些问题，我们想：既然有缺点，那就痛痛快快地让它呈现出来吧，只有暴露缺点、才能改正缺点。每学期初，成员们会在线上讨论确定一个教研主题，在此主题之下，筛选出一个大家都认为比较"难啃"的课例开展研讨。研讨的顺序是：先由一位年轻成员独立备课，完成一节"呈现课"。"呈现课"对全部成员开放，大家通过现场或线上直播的方式，按照"教师行为观察""学生活动观察""师生互动观察""课堂文化观察"四个维度观察。观课之后，每位成员按照各自的观课维度对"呈现课"中展现出来的优缺点进行分析点评，在数据支撑的前提下对"呈现课"进行"解剖"分析。让工作室成员之间通过这种方式互相了解，互相分析，从而实现互相提升。以四年级几何教学"垂直与平行"为例，教研活动是这样进行的：

【呈现课教学片段】

导入：前面我们已经学习哪些线？（直线、射线、线段）直线有什么特征呢？今天咱们继续学习直线的有关知识。

（一）学生想象两条直线的位置关系

1. 师：闭上眼睛想象一下，你的前面有一张白纸，出现了一条直线，然后又出现一条直线在白纸上。想象出来了吗？

有的学生说想出来了，有的说没有。

2. 师：你想象到的两条直线，它们的位置是怎样的？

学生回答：横的、竖的、斜的……（此环节用时 6 分钟）

【集体备课后提出修改意见】

（1）让学生在头脑里想象两条直线，不如直接让学生在白纸上画直线更直观。

（2）为了减少干扰，快速切入主题，教师可以事先在纸上确定两个点，让学生通过两点，各画一条直线。

（3）教师在学生回答的过程中用 PPT 演示直线、射线、线段的特点，特别是重温直线的特点，对学生的后续学习非常有用。

（4）教师的语言要精练，设问要准确，避免浪费课堂教学时间。

根据这几点意见，成员集体整理教案，进行二次备课，第二周再请一位成员二次上课。

【第二位成员试讲】

导入：我们已经学习了哪些线？（直线、射线、线段）它们都有什么特征呢？

学生互相交流后回答，教师根据学生的回答，在 PPT 上分别演示出它们的特征，并在黑板上板书：直线可以无限延长。

师：请同学们在白纸上经过给定的点，各画一条直线。

（生画，师巡视，发现不同画法。）

师：画好了吗？请同桌互相交流一下自己画的两条直线，看看有什么异同。

师：请不同画法的同学上来展示一下。

（小组展示，将画好的图投影出来）……

第二次试讲后发现：这节课，学生操作时间多了，但反馈时间少了。整节课各环节时间分配不合理。

（二）反思

通过两次"呈现课"，工作室成员们经历独立备课、相互点评分析两个教研环节后，此时会有较多感想，这样也就自然进入了反思环节。在反思期间，每位成员都要针对这节"呈现课"反思自己的课堂教学行为，"如果是自己上这节课，应该怎样继续优化？""哪些环节能做得更好？""哪个设问需要修改？怎样修改"等。

　　一位成员完成"呈现课"后的反思环节这样写道：这是一节几何概念课，重点是让学生掌握线段、射线和直线的区别与联系，由于比较抽象，我在教学过程中，感受到很多次的"不顺畅"，试讲几次后依然很困惑。经过这次呈现课之后，在工作室成员们的理性分析之下，我终于发现自己总是"不顺畅"的原因：①备课时缺少自己的想法。我先把教材和教师用书看一遍，再把自己的想法写下来。备课后担心自己想得不够全面，就上网找些优课视频看。然后把优课中的"好"设计直接套到自己的教学中，原来的设计思路被切割从而碎片化。当自己用视频里面老师的问题提问时，总想着孩子们也会像视频中的学生那样回答，事实却是截然不同。孩子们根本不按照自己的预设去回答问题，自己一紧张，后面就有点乱套了。②学情分析不到位。我了解到学生已经认识了线段、角，这堂课是要进一步学习直线、射线和角。本以为这堂课的知识点不复杂，学生比较容易掌握。可是在教学时才发现我并不了解学生，没有正确判断他们对"线段""角"的具体认知，没有把新知的生长点落实好，只追求结果，导致整节课的教学难以引起学生的认知共鸣。没有共识，很多环节就会出现"卡壳"，师生之间难以开展真正的互动，课堂气氛很沉闷，学生参与度不高。③知识点难落实，上课走形式不走心。这堂课给人的感觉是匆匆忙忙的，一个环节接着一个环节，好像是演出前的走场，连彩排都算不上。为什么会这样？在大家的提点之下，我终于明白，公开课不是仅仅停留在展示环节完整的流程。原来，无论是上公开课还是常态课，最基本也是最重要的目的是让学生"学会思考"，不仅要学会，更重要的是"会学"。这节课上不好，原来是我自己的"动机"不纯啊！

　　（三）吸收

　　接下来的一周，成员们开始进入"吸收"环节。这段时间里，每位成员都要观看至少一节和"呈现课"相同课例的优质课。大家阅读相关资料，查找文献，对这节课进行再分解。最后，各位成员各自选择一个呈现课中遇到的难题作为突破点进行再设计，并用微课的形式把自己认为最精彩的一段录下来，在线上会议中用于成员们观摩研讨。成员们每看完一个微课，都要与设计者交流探讨，汲取经验，分享成果。

　　（四）展示

　　经过前三个环节的研课，最后一个展示课环节，要求成员进行最后的集体备课，再推选一人进行研课成果展示，成员自由评课，最后由工作室主持人对本学期教研成果进行总结评价。这样一来，就形成了研课"闭环"，成员们在这个展示平台上把前几个教研环节中获得的经验和教训进行交流分享、总结提炼，一个学期的教研成果得以巩固提升，从而达到最佳的教研效果。

【展示课片段】

导入：教师动态演示"直线""射线""线段"，问："还记得它们各自的名称吗？"

根据学生的回答，继续追问："它们都有什么特征呢？"

静等学生讨论片刻，再请学生个答。

教师用 PPT 静态展示"直线""射线""线段"之间的区别。

师：你能在纸上画两条不同方向的直线吗？

（生画，师巡视。）

师：画完了吗？小组互相交流一下自己画的两条直线。

师：我选了几个比较特别的作品，大家一起来欣赏一下。

教师把巡视中发现的不同画法分别放到投影下展示……

授课教师用 PPT 直接演示三种线型的特点，更生动直观。一句设问"还记得它们的名字吗？"巧妙地引出了本课重点复习内容，且让学生对后续学习充满好奇。考虑到该班学生基础较好，思维比较活跃，授课教师没有按建议先定两个点，而是直接让学生在白纸上画两个位置不同的直线，使学生有更多自由发挥的空间。学生画直线后，教师把不同位置关系的直线作品放到投影下展示，让学生能更充分地感受两条直线不同的位置关系，进而引出课题。这样既节省了教学时间，又为小组互相交流创造了丰富的条件，使后续学习环节更加流畅自然。

经过这样一轮四个环节的教研，工作室成员们都获取了大量的直接教学经验。通过集体研讨，大家对某一类型的难点课例更加操控自如。几年下来，成员们的专业能力提升很快，教学质量得到质的飞跃，工作室的研修活动也更加有趣、有效。这种常态化、交互式的研课活动，使成员们在不知不觉中经验得到了总结，观念得到了更新，实践得到了反思，设计得到了优化。成员们在研究别人的同时，也在学习别人、反思自己、提高自己，进而提高了教师整体的专业素质。

把名师工作室建成名师成长共同体

郑南辉（南沙榄核第二中学）

广州市郑南辉名教师工作室在 2019 年 1 月 9 日举行了成立和挂牌仪式。参加仪式的专家和领导有广州市教育研究院原副院长、研究员、广州市人民政府督学、广州应用心理学会会长傅荣教授，南沙区教育局副局长李彤，南沙区教育发展中心领导，以及工作室成员及学员。"广州市名教师工作室"是以名师姓名及其专业特色命名、以促进学科教师专业发展为目标、由同一学科领域的骨干教师共同组成、集教学教研和培训等职能于一体的教师教学教研合作共同体。工作室以名师为引领，以学科为纽带，以先进的教育教学思想为指导，旨在搭建促进中青年教师专业成长以及名师自我提升的发展平台，打造一支在全市学科教学教研中有成就、有影响的高层次教师团队。

工作室自 2018 年 6 月开始酝酿架构和成员，从顶层设计、愿景蓝图等进行规划，成就卓越团队，建立独具特色且有一定区域影响力、澎湃发展动力、胜任转型期教育改革浪潮的专业教师团队。一是梳理教学逻辑，尤其是要理解当下教学热点背后的逻辑；二是构架好教学理念和教学逻辑之后，展开的教育研究才能更准确和更有方向性，这样既能提升校本课程，又能教学创新；三是抓住学科与信息技术融合的发展趋势；四是工作室以项目推动为抓手；五是工作室积极推动课题申报和研究；六是工作室课题研究要有真正的实质成果，且成果要求具有辐射性和可复制性；七是工作室旨在让每个成员、学员都成为区教学骨干、科研骨干，达到个人成长和团队成长的目的。要实现这样的目标，单靠一个人的力量是不够的，必须通过一个团队，进而扩大到一个学校，一个区域，要周边的人一起参与、一起协作，拧成一股绳，朝着共同的目标而努力。工作室要起到交流、帮扶、支教的作用，不断扩大辐射面、扩大影响力和发挥责任担当。

工作室有 13 名成员和 28 名学员，覆盖了南沙、番禺、天河、花都、越秀、荔湾、黄埔、白云、海珠等区域。工作室积极组织大家参加教研活动和各项竞赛，不断提升教学水平和自身专业能力。主持人是市、区教学骨干和学科带头人，是两个省级教师发展中心专家委员、区高层次教育人才，是省、市、区、镇多个学术团体成员，广东技术师范大学兼职硕士导师，韩山师范学院、广州大学兼职教授，并长期参与研究生培养；长期扎根农村教学，积极参与教研科研，是市、区教学骨干和学科带头人；参与4次省教师发展中心组织的专题讲座，指导青年教师成长、参与建设继续教育网络课程推广。成员中，肖丽蓉、严婉华、凌顺莲3位老师已成长为新一批名师工作室主持人，傅莹获广州市青年教师技能大赛一等奖，杨先获广州市青年教师技能大赛三等奖，吴智敏成长为第四批市骨干教师，黄碧霞和周娇为第五批市骨干教师，刘美燊为第六批市骨干教师，张燕、李雅静、叶春兰、杨先、黄菱菱、陈肖丹、周佑莲、张银珍、叶春兰、陈盈颖成为南沙区学科骨干教师。主持人在担任广州市第四批骨干教师理论导师期间，曾指导了第五组李振华、洪世黄、吴智敏、赖志平、肖杏梅、陈棉花6位市骨干教师。

工作室强调成果意识，在研究中形成成果。主持人在此期间主持3项市级以上规划课题和1项省教育学会"十三五"规划课题：①主持广东教育学会"十三五"规划课题"基于微课的初中生英语教学质量提升的策略研究"并顺利结题；②主持广州市中小学德育研究"十三五"规划课题"多元智能视角下开展社团活动培养初中学生优势智能"以良好等级结题；③主持广东省"十三五"规划2020年度（强师工程）项目课题，并完成中期检查，"基于窄式阅读理论的主题阅读模式及内容开发"在第五届中国教育创新成果公益博览会（教博会）参展；④作为负责人申报的广东省教育厅2019年教育信息化教学应用创新实践共同体项目"南沙区泛在化教学环境小学英语教学共同体"，全程负责完成并提交结题材料，并已公示通过。与工作室成员刘美燊共同建设广州市中小学教师继续教育网络课程"思维导图在培养初中生英语核心素养的应用与提升"，公开出版专著《新时代中学英语教师新视野——思维导图培养学生英语核心素养的应用与提升》；主编出版4部中学英语等教学用书，如《领航英语中考总复习——思维导图与话题突破》《完美读法》八年级及九年级全册等。在重庆、贵州、海南，广东省内外如粤东三市、广东省三区（粤东、粤西、粤北）、湛江雷州市、汕头濠江区、惠州仲恺区、茂名高州区、韶关乐昌、新丰、翁源、从化等多地开展了10余场主题为课堂教学、命题评价、教师专业成长等的讲座、培训、研讨课等。工作室积极探索信息化与学科融合，开发了100个"情境语法微课"以及九年级英语同步微课102个，目前正在形成专著；辅助英语学习及教学、探索窄式阅读应用于初中英语教学，已形成资源素材，并准备结集出版。

工作室积极开展各类型培训研修活动，通过区域研讨到跨区域送教交流，扩大影响力和发挥辐射作用；积极探索外语教学研究热点在常规教学中的应用，通过公开课研讨、论文写作、课题立项、组织策划等多层次活动，落实学科核心素养、实践英语学习活动观；在研讨课、创新课堂中运用各类研究成果；扩大影响面和提升成果的质量，做到了从科研到教学实践应用再到理论总结，进一步做到教师培养等各个环节的覆盖。

协同发展　成己达人

陈锦凤（南沙区南沙小学）

一、百尺竿头须进步，十方世界是全身

2021 年 3 月 23 日，广州市南沙区陈锦凤名教师工作室正式成立。

"百尺竿头须进步，十方世界是全身"，为了在教育的路上走得更远，一群挚爱教育、心怀梦想的教育人，在一个春暖花开的日子聚到了一起，组建成一个互相学习、协同发展的共同体。

这是一个潜心教学、勤于钻研、积极进取的团队。工作室主持人陈锦凤是广东省骨干教师，广州市新一轮"百千万人才培养工程"第四批小学名教师培养对象，广州市中小学名班主任，广州市小学语文优秀青年教师，广州共享课堂授课教师，现任广州市南沙区南沙小学科研处主任。工作室成员共10 人，来自 6 所学校的骨干教师，她们分别是广州市南沙区南沙小学的安康文，广州大学附属中学南沙实验学校的金露，广州市南沙区湾区实验学校的陈晓雨，广州外国语学校附属学校的苗落田、黄晓玲、欧阳蕾蕾、吴颖瑜、黎雨倩，广州市南沙区港龙中英文实验学校的陈培桃，广州市南沙区新同丰小学的周宜珊。工作室学员 2 人：广州市南沙区南沙小学的孙漫琳、王菲。工作室团队中，研究生学历 5 人，本科学历 8 人。

工作室揭牌后，全体成员齐聚工作室，开展了第一次研修活动。工作室主持人向全体成员介绍工作室宗旨，解读了工作室室徽的设计及其寓意。大家一同认真学习工作室未来三年的发展规划，交流个人工作规划与设想，以明确目标定位及后续各项教学研究工作方向。

工作室室徽设计解读如下。

（一）设计理念

工作室室徽由圆环、书本、星星、幼苗四个元素构成，整体设计指向工作室的教育对象"儿童"，指向义务教育阶段教育教学。

工作室室徽色调为稳重大气的蓝，象征着沉稳睿智、求真务实、博大

包容。

（二）构成诠释

融合为"圆"：室徽整体以圆形呈现，圆环内是工作室名称。"圆"是"圆满"的象征，是团结合作精神的体现。从"小圆"到"大圆"，寓意工作室"从小到大，从平凡到不平凡"的良好发展过程，亦象征着全体工作室成员在主持人的带领下，同研究、共成长，齐心协力实现共同进步。

博览群"书"："书本"是知识的象征，"书本"置底，象征"支撑"与"根本"，寓意工作室的专业发展要以知识为基础，工作室全体成员将以书为伴，用理论知识指导教学实践，不断修炼教学技艺，提升育人本领。

"星"光熠熠："星星"是光明的象征，"星星"置中，象征"中心"与"目标"，寓意工作室将以"点亮学生，点亮教师"为目标，让学生与教师都得以展现自己的独特光芒，在属于自己的舞台上发光、闪耀，成为一颗颗熠熠生辉的"明星"。

蓬勃幼"苗"："幼苗"是生命的象征，"幼苗"置顶，象征"希望"与"发展"，寓意以儿童为首，尊重儿童，爱护儿童，教师用专业知识与满腔热爱浇灌幼苗，使其蓬勃生长，逐渐成长为出类拔萃的"参天大树"。

为了让工作室能够高效运转，工作室建立了微信公众号，主持人对活动组织、方案撰写、资料归整、活动报道、公众号运营等方面进行了人员分工，大家各司其职。

二、纸上得来终觉浅，绝知此事要躬行

我们深知，空有教育理论，没有教学实践，则无法获得教育之真谛。

开展课题研究是将教育理论运用于教学实际的一个有效方式，也是促进教师专业成长的重要途径。通过开展课题研究，可以帮助我们在分析、研究、总结中真正地解决教学实际问题。为此，工作室结合教学中遇到的困惑与问题，申报了2项南沙区教育科学规划课题"小学语文朗读情感教学的策略研究""基于信息技术的小学语文低段识字教学策略研究"，2项课题分别于2021年1月、2021年6月顺利通过立项。

2021年3月31日，工作室承担的南沙区教育科学规划课题"小学语文朗读情感教学的策略研究"在广州市南沙区南沙小学召开开题报告会，报告会邀请了5位正高级教授、专家到场指导，课题主持人、工作室主持人陈锦凤老师作课题开题报告。

开题后，工作室主持人组织、带领课题组及工作室全体成员以"小学语文朗读情感教学的策略研究""基于信息技术的小学语文低段识字教学策略研究"为抓手，结合老师们的任教年段，立足课堂教学，理论联系实践，不断推动课题研究的开展。

为让课题研究更加深入到教学实践中去，课题组和工作室成员开展了大量的文本研究和课例讨论。每个课题组成员都将课题研究与自身教学结合起来，研究如何形成课题研究精品课。大家在一次次的试教、研讨中分析课堂教学数据；在一次次的研究、打磨中提炼研究过程材料。这样，课题研究在教学实践中找到了稳定的立脚点，推动了教师们转变教学思路和教学方式，促使教师们改进与完善课堂教学。

工作室主持人、课题主持人陈锦凤老师率先进行课题研究展示课"夜色"。陈老师结合课题研究方向，根据单元学习重点"读好长句子"开展了以"朗读指导"为核心的课例教学研究。课堂上，陈老师以优雅从容的教态带领着孩子们驰骋在儿童诗《夜色》的诵读天地里，从读正确、读流利，再到有感情地朗读，层层深入、有梯度地带着学生们学习有节奏、有感情地朗读诗歌，读出诗歌的韵律；运用"朗读星级评价"和"挑战读课文儿童诗"这两个儿童喜闻乐见的激励方式，极大地调动了学生们的朗读积极性，学生们的朗读热情高涨；陈老师引导学生在理解课文内容的基础上，把握诗歌的朗读情感基调，通过悦耳动听的声音声情并茂地范读诗歌，让学生们在倾听中抓住朗读的要领。同时，通过调动学生的生活经历，激发学生的情感体验，让学生能入情入境地读出"我"的胆小与勇敢，读出勇敢后所发现的夜色的美好，既理解了诗歌，又培养了语感。

苗落田老师的课题研究展示课"雾在哪里"洋溢着浓浓的童真童趣，苗老师的语言贴近一年级学生思维，生动而活泼。拓展说话环节，苗老师做了充分铺垫，使用的课件精美，对教学起到了很好的辅助作用。苗老师特别重视对学生朗读能力的训练与培养，读的方式很多样，朗读指导体现了层次性，效果明显。此外，苗老师还善于使用激励性评价语言，在课堂上很好地调动了学生的学习积极性，学习氛围和谐融洽。

黄晓玲老师的课题研究展示课"大象的耳朵"如行云流水，思路清晰，环环相扣，其语言很有魅力。黄老师直切要点，引导学生抓住疑问词读好问句，抓住人物心理变化读好对话，与学生一起经历大象"自信—怀疑—坚信"的改变过程，使学生在进入角色的朗读中读出或怀疑、或肯定、或迟疑、或坚定的语气；借助关键词句理清故事前因后果，结合生活经验交流对重点句的理解，使学生在老师颇见用心的情境创设中，一步步地理解课文，体会道理。

孙漫琳老师的课题研究展示课"荷叶圆圆"教学目标设置精准，对学生的朗读指导循序渐进，同时关注到朗读指导与说话训练，让学生在充分的学习活动中得到朗读力与口语表达力的提升。孙老师从低年段的学生心理特点出发，巧妙地抓住课文中的关键词语，借助文中生动有趣的插图，让学生在边做动作边朗读中理解了"躺""展""停机坪""歌台"等词语的意思，在情感朗读中感受到了小动物们对荷叶的喜爱及夏日的美好。

教而不研则浅，研而不教则空，教学与研究是相辅相成、互相促进的。于工作室全体人员而言，做课题研究的最大魅力，便是教师们在观摩精品课例、交流研究心得中碰撞出的思维火花，以及因此被唤醒的内心深处的探究热情。

为让课题研究更扎实地开展，工作室、课题组主持人定期组织全体成员召开课题研究会，大家及时汇报课题研究进展情况，主持人会根据各自负责的研究任务做进一步细化与分工，制订下阶段的课题研究计划，在有序、有效的课题研究会中，提升了课题研究的效率与质量。

随着课题研究的有序推进，教师们一边整理课题研究材料，一边梳理教学实操经验，不知不觉间课题"小学语文朗读情感教学的策略研究"迎来了中期检查。2021年11月23日，工作室全体成员、课题组全体成员集中在广州市南沙区南沙小学参加了南沙区教育科学规划课题研究中期检查报告会。本次课题中期检查报告会邀请了4位专家到场指导。

工作室成员、课题组主要成员苗落田老师采用图文并茂的方式，用详尽的数据和具体的案例汇报了近一年课题研究工作的进展情况，总结了已经取得的阶段性成果，分析了课题研究过程中存在的问题和不足，并介绍了下阶段的课题研究计划。专家组对课题组能够按计划、高质量地完成课题中期研究任务表示高度的肯定。4位专家依次发表看法，直击问题，问诊把脉，为下阶段的课题研究提出了专业指导建议，同时鼓励课题组将日常教育问题与课题研究紧密地结合起来，争取课题结题时能获得更丰富的课题研究成果。

课题研究中期检查报告会的顺利召开，为工作室和课题组下阶段的课题研究工作的顺利开展提供了有力保障，起到了积极推动的作用。工作室及课题组全体成员将继续发挥团队力量，汲取专家意见，总结前期经验，蓄力再前行，在教学实践中将课题研究工作落到更深、更实处。

当前，课题"基于信息技术的小学语文低段识字教学策略研究"已完成所有研究任务，通过了专家结题验收，顺利结题。课题"小学语文朗读情感教学的策略研究"进入总结阶段，已完成了课题研究材料汇编，年底即将迎来课题结题验收。表 1 是课题主要研究成果。

表 1　工作室课题组成员的主要研究成果

课题组成员（作者）	课题成果名称	课题成果形式	发表/获奖/推广情况
陈锦凤	小学语文情感朗读教学策略——以诗歌、童话为例	论文	公开发表于《广东教学报》2022 年 4 月 8 日第 3893 期第 38 版
潘小斌	理解·发现·感受——真正的朗读涉及的三要素	论文	公开发表于《广东教学报》2022 年 5 月 3 日第 3910 期第 44 版
黄晓玲	"审美创造"下小学语文现代抒情诗的"三读"教学策略——以《童年的水墨画》和《彩色的梦》为例	论文	公开发表于 CN44－0702/F《广东教学报》2022 年 8 月 12 日第 3983 期第 16 版
苗落田	小学语文低年级情感朗读的策略研究	论文	公开发表于《广东教学报》2022 年 3 月 24 日第 3882 期第 21 版
孙漫琳	基于信息技术的小学语文低年段识字教学策略	论文	公开发表于《广东教学报》2022 年 7 月 8 日第 3958 期第 34－35 版
刘春红	紧抓语文要素，进行有梯度的朗读训练	论文	获得 2021 年广州市小学语文优秀教学论文评比二等奖
孙漫琳	小学语文低年段朗读教学策略	论文	获得 2022 年广州市南沙区南沙小学教师教学论文评比一等奖
课题组	精品课例集	音像材料	校内广泛传播、展示，教师与学生反响好
课题组	学生作品册	音像材料	

　　回顾近两年的科研路，工作室成员们不禁感慨万千：研究的过程就是提升的过程，更是解决教学问题的过程。如今，课题研究结出了丰硕的成果：撰写了 7 篇论文，其中 5 篇公开发表在省级刊物上，1 篇获得市级一等奖，1 篇获得校级一等奖；形成了 10 节精品课例，涵盖高中低年段不同风格的文

本；集成了学生作品册，见证了孩子们的进步。

三、问渠那得清如许，为有源头活水来

时代在进步，社会在发展，人民群众对教育的期望也日益升高。身为教育人，只有不断学习新的知识、更新教育观念，才能让自己始终保持先进的教育思想和符合学生发展的教育观。"双减"政策实施后，关于如何提高课堂效率，让学生在校内高效完成学习任务，掌握相应知识与技能，是义务教育阶段的语文老师，特别是小学低年段语文老师最关注的问题。对于小学低年段的语文教师而言，当前急需解决的问题就是如何让学生高效识字、写字。

为践行"双减"，聚焦"双减"背景下的识字单元教学，探索教学新生态，工作室与南沙区教育发展中心语文科教研联动，于 2021 年 12 月 2 日下午在华南师范大学附属南沙小学开展了一场面向全区的小学第一学段识字单元教学研讨活动。工作室主持人陈锦凤老师面向全区作"'双减'背景下的识字教学"专题讲座。讲座主要围绕"了解'双减'背景""聚焦'幼小衔接'""识字教学建议"三个方面展开，通过大量的案例为老师们提供了识字教学建议。陈老师带着大家一起研读《关于进一步减轻义务教育阶段学生作业负担和校外培训负担的意见》，了解"双减"背景对传统的低年段识字教学活动安排的影响；一起学习《关于大力推进幼儿园与小学科学衔接的指导意见》，了解文件明确提出的"小学实施入学适应教育"的相关要求，提醒教师们关注教学进度上的整体调整及教育教学方式上的必要转变。最后，陈老师通过大量的教学实践案例，分享如何通过设计猜字谜、编儿歌等游戏化的识字方式来激发学生的识字兴趣，如何通过设计识字交流平台、展示识字成果等生活化的识字方式来帮助学生巩固识字效果，如何通过设计大阅读、故事会、思维导图、字典能手等综合化的识字学习活动来提升学生的独立识字能力。讲座在掌声中圆满结束，大家纷纷表示此次活动为识字教学提出了新思路、新方法，相信教师们一定能将所思、所学融入自身教学实践，不断提高教学效率。

工作室除了积极与区教研联动开展培训学习活动外，还乐于承担区语文学科教学资源建设任务，为老师们提供学科练习资源。同时，工作室积极承担区级语文学科教研任务，应南沙区教育发展中心邀请，主持承担了 2020 学年第二学期南沙区小学语文教师教学设计评比作品评审工作。评审工作结束后，工作室成员们异口同声地表示，评审作品的过程，也是自身学习、提

升的过程，一份作品就是一种教育思想，在无数份优秀作品中来回"穿梭"，如同与多种思维产生碰撞，在思维碰撞的过程中审视自我、反思自我，这个过程很奇妙。

四、不经一番寒彻骨，怎得梅花扑鼻香

名教师工作室是一个引领教师成长、发展的平台。为发挥工作室的示范、辐射、引领作用，工作室主持人陈锦凤与工作室成员金露、欧阳蕾蕾三位老师承担了广州共享课堂课程录制任务，成为广州共享课堂授课教师，分别执教《大禹治水》《狐狸分奶酪》《坐井观天》三个课例，助力广州市教育课程资源建设。

为扩大名师工作室的区域影响力，展现工作室团队的成长与进步过程，工作室结合南沙区小学语文教研重点"第一学段识字教学"主题，派出工作室成员金露老师执教识字教学主题展示课"画"，活动以线上与线下结合的方式面向全区开展。金露老师的课堂诗意盎然，范读抑扬顿挫，充满诗韵；课堂以读导学，引导学生在形式多样的朗读中学习诗歌；发挥信息技术助力，利用音、图、像的直观性与形象性，激发学生的识字欲望；写字教学中聚焦关键笔画、师生共评，做到重难点突出，学生在轻松的课堂氛围中习得方法、获得能力。展示课赢得了听课老师们的高度赞赏，在一片祝贺金露老师顺利完成教学任务的祝福声中，金露老师对工作室表达了发自内心的感谢。

不经一番寒彻骨，怎得梅花扑鼻香？

"艰难困苦，玉汝于成"，一节精品课往往需要来回修改、反复推敲、多番打磨。为了让工作室成员教师展现更精彩的课堂，工作室主持人陈锦凤老师组织全体工作室成员开展了多次研讨活动，带领着金露老师经历了试教、磨课、再试教、再磨课的过程。其间，每位工作室成员教师认真记录试教过程，磨课时从不同角度、不同层面交流意见，将自己的想法和建议毫不保留地与同伴们分享，在一次次思想交换中更进一步地优化了教学设计，在一次次思维碰撞中更实在地提升了教学能力。

千人同心，则得千人之力；万人异心，则无一人之用。在这次活动的反复试教、磨课中，大家深切地感受到了团队的力量、协作的力量，更深刻地认识到工作室就是一个学习共同体，也更加坚定地相信：如此专业的平台必能快速提升，如此研讨氛围必能成己达人。

五、等闲识得东风面，万紫千红总是春

引领教师向更高层次发展、走精英化发展道路，努力打造新一代名师，是名师工作室的本质属性，而名师工作室的有效运作也主要以成员教师的发展水平为检验标准。因此，工作室成员教师的专业发展成了名师工作室的内在驱动力，"学习""研究""发展"是关键词，教学研究、课堂展示、专家资源等平台成了提高成员教师教育教学素养的有力途径。

自名师工作室成立至今，共开展了 16 次活动，工作室主持人作了 2 次专题讲座，工作室成员与学员积极承担送课到校任务，执教课题研究展示课、主题研究公开课共 14 节，如表 2 所示。

表 2　2021 年以来工作室开展的活动

工作室成员	执教课题/讲座主题	承担任务/类型	活动时间
陈锦凤	夜色	课题研究展示课	2021 年 4 月 20 日
陈锦凤	小学低年段朗读教学策略	专题讲座	2021 年 4 月 20 日
孙漫琳	荷叶圆圆	课题研究展示课	2021 年 5 月 11 日
苗落田	荷叶圆圆	课题研究展示课	2021 年 5 月 18 日
黄晓玲	大象的耳朵	课题研究展示课	2021 年 5 月 18 日
安康文	我来编童话	习作主题教学展示课	2021 年 10 月 20 日
金露	画	识字主题教学展示课	2021 年 12 月 2 日
陈锦凤	"双减"背景下的识字教学	专题讲座	2021 年 12 月 2 日
欧阳蕾蕾	慈母情深	送课到校、阅读主题教学研讨课	2021 年 12 月 3 日
黄晓玲	搭船的鸟	送课到校、习作主题教学研讨课	2021 年 12 月 3 日
吴颖瑜	比尾巴	识字主题教学展示课	2021 年 12 月 10 日
孙漫琳	我要的是葫芦	送课到校、课题研究展示课	2021 年 12 月 10 日
黎雨倩	狐假虎威	课题研究展示课	2021 年 12 月 15 日
苗落田	雾在哪里	课题研究展示课	2021 年 12 月 15 日
孙漫琳	我是一只小虫子	课题研究展示课	2022 年 4 月 13 日
安康文	小"动物园"	习作主题教学展示课	2022 年 9 月 28 日

对于工作室的每一位成员而言，每一次学习研讨都是一场思想交流，在观摩与研修中明白所谓"山重水复疑无路，柳暗花明又一村"不过是经历了各种困惑、迷茫，甚至焦虑，逐渐懂得如何把一节课上得更精彩。

精彩纷呈的课堂瞬间，风格迥异的教师风采，犹如一朵朵千姿百态的鲜花，捧出了一个属于教育的万紫千红的春天！

六、大鹏一日同风起，扶摇直上九万里

一场场不同主题的工作室活动，记录着工作室建设、成长的步子；一节节异彩纷呈的研讨展示课，碰撞出思维升华的火花，闪耀着集体智慧的光芒。14节公开课，就像14面镜子，它能映衬出炫目光彩，也会折射出黯淡无光。大家在课堂中欣赏着、赞叹着，也审视着、反思着，在观摩中学习、借鉴，在反思中完善、提升。

以下是工作室部分成员2021年度的工作室学习反思与心得体会。

时间飞逝，在繁忙和有序中一学期悄然而过。回顾在陈锦凤名教师工作室的学习经历，我感受到这个集体给我带来的欢乐与收获，我在这个团队中不断地成长，同时也看到了自身的不足。我对工作室成员苗落田老师执教的《雾在哪里》一课印象深刻。苗老师采用了多种识字方法教学，有趣又高效，让人耳目一新。"暗""岸"同音，放在一起识字，"暗"通过对比反义词"明"识记，"岸"则通过图片直观感受，再组词以拓展本义，唤起学生旧知，联系古诗中"两岸"诗句来识记。对于一、二年级的孩子来说，识字是重点也是难点，应该从音、形、意三部分一一落实。本学期，我在上《比尾巴》公开课中，我只让孩子在多种形式的识字环节中记住了字音，学生当时呈现的是会读、会认，但这个字的内在联系应该未能在他们的脑海中形成记忆，不利于孩子在生活中进行运用，我想在课程设计中可以向苗老师学习，关注生字之间的相同点或相通点，注重多种形式的识字方法从而帮助孩子记住生字，象形识字、加一加、生活识字等方法都可以整合地运用到课堂中。另外一点就是要从儿童的视角来设计识字环节，如我利用以前学习过的生字搭配本课要学习的生字，就能做到既复习旧知，又让孩子从词语中学习生字，形成知识的迁移。

通过观摩同伴的课堂和相互间的学习，我深深地体会到"学然后知不足"，通过反思，我发现想成为一名专业化的优秀教师还有不短的路

要走。"让学习成为自己的习惯"是我下阶段的目标，只有坚持做学习型的教师，才能不断超越自我。

——吴颖瑜

　　群策群力磨课，一心一意教研。进入工作室这大半年以来，我在与工作室的伙伴们磨课和观课中受益匪浅。尤其是大家参与工作室成员金露老师的磨课，让我看到了团队的凝聚力。一人不成众，独木不成林，确认过眼神，我们是一起奋斗的人。冬日冷，人心却温暖，我们团队是如此可爱！对于我们青年教师而言，每一次磨课都是艰辛的历程，但也是幸福的历程。金老师的课例打磨过程，让我深有感触。要做学生前测，以了解学生的基础；了解学生的学习起点，以及时弥补缺漏；了解学生的现有水平，以调整教学策略；了解学生的知识类型，以设计合理的学习任务；了解学生的思维状态，以选择合适的学习方式；了解学生学习的难点，以确立恰当的学习目标。取人之长，补己之短，但汲取他人之长不一定全盘照搬，取其一点，变为自我，和自己的教学设计融为一体，有时会起到画龙点睛的作用。

　　在工作室里的每一次磨课，都有不同的收获，都让我感受到了成长的快乐。在这个过程中，我们真正体验到磨课的过程是一个自我发展、专业成长的过程，磨课才能赋予课堂第二次生命。教师要备出一节真正意义上的"好"课，其实是一个反复打磨、反思，是一个不断否定、不断超越的过程。通过磨课，老师们的专业水平有了飞跃，对教学研究有了浓厚的兴趣，摆正了师与生的关系，课堂有滋有味，不再有职业倦怠，自己幸福了，学生也幸福了。

——周宜珊

　　今年，我有幸加入了陈锦凤名师工作室，我得到了很多观摩优秀课例的机会。其中，令我印象比较深刻的是工作室成员黄晓玲老师执教的公开课"搭船的鸟"。

　　黄老师这节课的重点是引导学生观察课文的行文结构，找出作者是如何把翠鸟的外表和捕鱼的动作写详细的。整节课的脉络非常清晰，学生在老师的引导下体会到作者对翠鸟外貌的观察顺序是从整体到局部，先写整体印象，再细写局部特点，接着立刻进行仿写。研读完描写外貌的部分后，接着研读描写翠鸟捕鱼的部分。令我眼前一亮的是黄老师在这一部分提到了"动作分解"的概念，她给学生指出作者是用"冲、飞、衔、站、吞"这五个动作词语，把"捕鱼"这个动作分解了，让翠鸟的捕鱼变得清晰可感。在接下来的看猫抓苍蝇的视频里面，学生就大致明白了要把猫的每一个动作变化都表达出来。

我开始反思当年我教学生写人物动作时的做法。我会跟学生强调要把"怎么做"写出来，会给学生看范文，告诉他们写出来的文字要有画面感，要别人一看就能想出来整个过程，要像拍摄一样把动作记录下来，会一遍遍地帮学生修改，但是最后的结果都不能令我满意。学生很难理解怎么样写才是把"怎么做"写具体，怎么样写才算把过程写明白。而黄老师提出的"动作分解"的概念，会让学生一下子了解老师的要求，他们会明白"捕鱼"这个过程是由多个动作、多个步骤组成的，就会留意观察对象的动作变化，所以课堂上学生写猫捉苍蝇的过程就写得很到位。

我在当前任教的二年级语文课堂上开始有意识地渗透"动作分解"，如在《雪孩子》这篇课文中，我向学生提问："雪孩子救出了小白兔，他是怎么做到的？"在学生找到动词之后，我和学生指出其实"救"本身就是一个动词，如果不分解成"冲、找、抱"等动作，不仅不够清晰，故事也失去了可读性。在后来的仿写中，学生呈现的效果比我想象中要好。

——黎雨倩

大鹏一日同风起，扶摇直上九万里。如此氛围，假以时日，工作室的成员们定能随着"协同发展，成己达人"的"和风"而"扶摇直上"，成长为新一代名师。

课堂＋课题　驱动工作室的前后轮

陈建雄（广州市南沙区莲塘小学）

2021 年 3 月，在南沙区教育发展中心的支持与指引下，我成立了名教师工作室。成立工作室之时，我的内心既激动又忐忑。2013 年 1 月，在北京师范大学为期三个月的"卓越校长"培训结业后，我就开始走上了管理岗位的工作。2015—2018 年间去协助筹备开办华南师范大学附属南沙小学，2018 年又开始独力筹办南沙区莲塘小学，一晃六个年头就过去了。自走上校长管理岗位以后，在学科教学方面的研究毕竟是有所缺失的。没研究就没有发言权，更谈不上引领了。因此，在成立工作室时，我一直在思考工作室的定位、目标以及成员的选择等一系列问题。

带着问题，我查阅了大量名教师工作室建设的案例和做法。名师工作室的意义还不只是"名师引领"，更多的是"同伴互助"。一群富有教育理想主义情怀的教育人，通过"名师工作室"聚在一起，成为"学习共同体"，情怀互相感染、思想互相碰撞、智慧共同享用、灵魂彼此照亮等。理解之下，我开始慢慢释怀了。我想，成立名师工作室，与更多有教育情怀、教育追求的同仁一起去探讨教育教学管理方面的问题，是一件非常有意义的事情，我将和工作室成员共同学习、互助成长。

2021 年 3 月底，根据南沙区教育发展中心制定的《三名工作室实施方案》规定的申报办法，按照"双向选择"的方式组建起了互助团队，10 名成员中，既有本校人员，也有外校教师；既有公办教师，又有民办教师；既有中年骨干，又兼顾了有发展前途的青年教师。这个多元的团队组建起来了，就着手工作室建设并开始运作。

为有效地发挥名师工作室的示范和引领作用，自觉担负起培养更多的优秀教师参与学科建设的重任，2021 年 4 月，工作室全体人员集中在一起研究工作室的定位和内涵发展的路径。经过大家的讨论，我们以"同伴互助，共长共美"为宗旨，以"自觉成长、实践创新"为原则，以课堂教学为主阵地，以课题研究为抓手，坚持自主学习与名师指导相结合，通过"课堂＋课题"双轮驱动的活动形式，促进工作室成员的专业快速成长。按照此成长模式，我们研讨制订了"课堂＋课题"的成长机制。每个学员每学期至少上1节公开研讨课，三年内有1个自己的研究项目，至少撰写或公开发表1篇以上专业教育教学论文。与此同时，工作室聘请专家指点、主持人指导、团队合作，从提高教师的课堂教学能力、教学行为入手，切切实实地推动教师的发展。

科研是教学的"源头活水"，课堂是教师专业成长的主阵地。开展课题实验是深化课程改革、促进教师专业化发展的有效途径。把课堂当成研究实践的平台，不断反思总结课堂教学成功的经验，逐步认识自我个性特长，对教学方法、手段进行完善与创新，并通过课堂实践检验，这是一个教师教研能力与教学能力循环上升的过程，两者的驱动显著促进教师的专业发展。以下以成员张宝菱老师上的"一只窝囊的大老虎"研讨课为例来说说她的成长经历。

2021学年第一学期，工作室成员张宝菱老师承担了黄阁片区的语文阅读策略研讨课。开始，她有点迷茫，因为她入职才刚刚第四年，教学经验不足，对教材的把握和知识内容体系的"度"的控制拿捏不准。在这个时候，工作室"学习共同体"就是强大的后盾力量。工作室成员与张老师一起研读教材，制订科学合理的教学目标，研讨有效的教学方法……在团队的全力帮助下，经过她个人的努力钻研，张老师很好地完成了这次研讨任务，也为片区的语文阅读策略研究提供了可供实施的策略和路径。以下是她在课后的教学反思，很好地表达了同伴互助、课堂锻炼让她快速成长。

起初，设计教案的时候，我混淆了两个语文要素，经过工作室和中心组团队调整后，我发现阅读策略单元和普通单元是有很大的区别的。阅读策略单元中的单元目标是单线——了解阅读策略，学会用阅读策略。而本单元则不仅仅要求学生能够写批注，更加重要的是教会学生通过人物的语言、动作、神态体会人物的心情，并学会以此作为批注。因此，在备课的最后一个晚上，工作室成员和中心组的老师又带领着我重新修改了我的教案。从教案中的导入到最后的结尾，都与我一起句句斟酌。在教案修改到最后时，我也终于明白，在设计一稿的时候，我把教学重心落在了写批注上，但是批注作为旧知识，更多的是需要巩固，而不是重新讲解。除了混淆语文要素外，我发现自己在过往的教学当中并没有很好地分析课后习题，在平时的教学中，总是把课后习题与语文要素割裂开来。但经过这次工作室成员和中心组老师的指导和调整，我了解到课文后的课后习题，不仅仅反映了本课的教学目标，更搭建单元的语文要素的桥梁，而课后习题是用来达成、巩固语文要素的。例如，终稿中，我让学生填写心情、原因表格，随后带着学生回归文本，了解作者是通过什么角度的描写让我们感受到心情，实际上通过本课课后习题第二题就可达成本单元的第二个语文要素。这是我过往一直都忽略的一件事情。这次的片级公开课不仅让我的教学有所提升，而且还极大地提升了我个人的抗压能力。课堂结束后，我很是欣喜。大多数人看到我开心，只会知道我是因为完成了一项重任而开心，但是我的快乐却不止于此。我能够在短时间内大改教案，完成片级公开课，别说让所有的老师都非常惊讶，连我自己都不敢相信自己能够做到。第四年的工作，相较于第一年，我的心智成熟了太多，面对困境，我不再退缩，也不再掺杂过多的个人情绪。这让我即使在最辛苦的时刻，也能够保持理智，保持高效。当然，这对于真正身负重任的人来说，我的小小公开课可以说是微不足道，但对于我个人的成长而言，这次非同一般的经历却是我 2021 年的最大的幸运。

从张宝菱老师的课后反思中，进一步确定了我们工作室的目标方向以及策略是正确有效的。2021 年 11 月，工作室也以同样的方式让成员梁越老师到贵州安顺紫云县进行课堂教学交流，让张宝菱老师进行评课锻炼。课程得到了贵州同仁们的一致好评，感叹两个刚入职四年的年轻人已经像有十几年经验的骨干教师了。

名师工作室是发挥集体凝聚力和推动作用的桥梁，大家从线上、线下一体化集体备课活动中汲取养分，立足课堂获得宝贵的实践经验。接下来，工作室会进一步优化"课堂＋课题"双轮驱动的活动形式，使工作室成为优秀教师的汇聚之地、精英教师的发源地、未来名师的孵化地，不断促进工作室成员的专业发展。

音有你　乐精彩

陈晓丹（广州市南沙区金隆小学）

　　作为南沙区基础教育系统第二批名教师、南沙区首个音乐学科的工作室主持人，我深知责任重大。自 2021 年 3 月工作室招募成员以来，得到很多同行的支持，顺利招到了 14 名成员。14 名成员均有本科以上学历，研究生 5 人，涵盖多个专业，包括声乐、钢琴、萨克斯、竹笛、小提琴、舞蹈。其中，教龄 20 年以上 1 人，10 ～ 20 年 4 人，5 ～ 10 年 3 人，5 年以下 6 人。不仅专业互补，经验及创新性也能相互影响，是一支充满活力的队伍。

　　如何打造一支优秀的队伍？不得不聚焦教师专业成长困境——音乐教师队伍面临的巨大挑战。14 名成员共同思考：你的成长困境是什么？你的学科困境是什么？她们纷纷给出答案：长久以来，因为音乐不用统考，成为学校、学生、家长心中的"次科""小三门"，因而导致学校、家庭、学生对音乐教育的不重视，音乐教师队伍也逐渐变得懒散和倦怠，这支队伍就慢慢地成了学校的"鸡肋"；加上音乐教师们的文化底蕴比较薄弱，因此，音乐教师的评优评先、职称晋升、专业成长等方面都处于劣势。

一、播种思想，收获行动

　　首先，懂得使命担当，懂得为师的责任义务，有了这种精神层面的引领，才可能走得远。教育情怀是教师成长职务驱动最核心的动力。其次，规划目标任务。从终身发展的视角、前瞻的意识来设定自身成长的目标与追求（如学历提升、职称晋升等）。通过任务驱动，明确地开展各项工作，让自己去发现、思考、解决问题。当你觉得自己倦怠了、力不从心了、无所事事了，想办法"折腾"点事儿干。突破瓶颈期最好的方法就是任务驱动！

　　工作室第一次线下研修活动以"小学美育工作经验介绍交流"为题展开，将美育工作的重要性深深扎根于各位成员的心坎里。活动以交流学校艺术活动组织心得为主线，以各校的艺术展演活动为载体，给各成员教师提供了展示和学习的平台。通过交流，真正实现了资源共享、优势互补，给成员教师带来了"如何开展全员美育活动"的新思路。第一次线下研修活动，成员们带着任务离开会场。

成员们制订了三年规划：立足于课堂，专研教材，渗透新理念、新思想，提升自己的教学水平；努力提高自身的专业素养，储备丰富的音乐专业知识与技能；继续保持热情与激情，带领学生参加各项美育比赛；加强学校特色项目培训与创建，进一步提升本校美育教育水平；通过课题的研究提升自己科研能力……主持人也制订了工作室的三年规划：促进工作室成员在培养周期内获得专业发展的加速度，培养区级学科骨干 6 人，区级骨干教师 3 人，市级骨干教师 5 人；力争在区级及以上的教师教学技能大赛中获佳绩（二等奖以上）；至少主持 1 个区级以上的课题，每人发表研究专题论文 1 篇或者在区及以上的学术会议上宣读自己的论文；努力形成个人的教学风格。

二、专业引领，赋能成长

（一）淬炼教学功底，实现专业引领

每一名普通教师都会有成长瓶颈期、倦怠期。因此，教师应该立足课堂，教研结合。教相同内容，研不同诠释。在教、研的过程中，缩短自身成长的瓶颈期、倦怠期，教出厚实的学科功底，研出严谨的科研之风，实现教师课堂教学的完美展现。"书到用时方恨少，事非经过不知难。"很多教师只注重课堂教学，却不热衷理论学习、教学改革，教学质量不可能提高。因此，教师需要专业研修，笔耕不辍，终身学习，实现升华。

（二）示范引领，青蓝结对

一名优秀的教师，首先要能带动专业团体，能培养优秀骨干教师，能引领区域学科课程改革，为学科的可持续发展和未来教育竞争培养出更多优秀的后备人才。

（三）把握机会，自主蜕变

"玉不琢不成器"，实现学习提升是教师们成长的重要方式，也是最迫切的需求。认识不同的人，就像打开一扇窗，能听到不一样的声音。在比赛、演出中成长，尤其在 35 岁之前（比赛黄金期）学会主动争取机会参加专业方面的比赛，在比赛中获得成长。在竞赛中修练内功，尽早在自己的教学领域占有一席之地。

根据音乐学科的特点，主持人为成员们量身定制了"三台"目标——案台、讲台、舞台。

1. 案台

（1）从备课抓起，细致到备课的各环节。利用寒暑假提前备课，熟悉教材，如写简案、制作简单 PPT，且备课不局限于自己任教的年级。每学期，入职 5 年内的老师要在 1—6 年级各挑选 1～2 课撰写教学设计，尽快熟悉教材。

（2）理论学习。认真学习"新课标"及"课标解读"，将"课标"精神体现在教学实践中并加以理解运用。

（3）设立目标。每学期写 1 篇优秀教案，写 1 篇优秀的教学论文、教学反思或教学随笔。

2. 讲台

（1）注重实施教学的能力，紧紧围绕教学目标设计教学形式，课前必自问：我们要教给学生什么？学生学到了什么？我们要带学生到哪儿去？

（2）设立目标：每人每学期上 1 节优质课（工作室研讨课、区教研课），并且做好影像资料，准备上交。

2021 年 7 月，工作室选送课例"哈哩噜"在全国基础教育音乐名师工作室联盟课堂教学录像评选中获二等奖。

2021 年 11 月，我参加广州市第四批小学名教师培养对象——赴广东省江玉澜名师工作室跟岗活动，上了一节公开课，展现了南沙区教师的风采。为打破异地教学的局限性，我从自己的生活经历出发，联系实际，以介绍翠鸟这一生物导入新课。我将难点节奏的学习放在了学习新曲之前，为后面的教学奠定了好的基础。我还将竖笛巧妙地引入课堂。诙谐幽默的教风，吸引着所有的听众。

2021 年 11 月 9—11 日，工作室成员黄柏薰老师先后到安顺市经济开发区三所学校开展了同课异构教学交流活动。黄老师分别在龙旗小学、宋旗学校、小屯小学执教三年级课例"太阳出来喜洋洋"。课堂开始前，黄老师用身体打击乐与同学们互动，在声势律动中与同学们拉近彼此之间的距离。通过广州与重庆美食对比，引出"辣"这一关键词。学生通过观看独唱版《太阳出来喜洋洋》视频，提出关于这首歌曲想了解的问题，黄老师将同学们想了解的问题进行板书，并在本节课与同学们一起探讨和解决。由于是异地教学，黄老师对三所学校三个班级的学生完全不熟悉，但不管是学习衬词、讲解波音，还是方言的演唱，黄老师都始终遵循音乐教育教学的基本规律以及三年级学生的身心发展规律，用幽默风趣的语言引导学生思考与表达。通过聆听、思考、讨论、体验、欣赏、对比等方法，带领同学们感受重庆民歌《太阳出来喜洋洋》的"辣"，并在本节课的最后引导同学们热爱民族音乐、热爱民族文化。

另外，还有刚入职一年半的陈彦彤老师代表工作室赴贵州省安顺市经济开发区双阳小学进行为期三个月的短期帮扶活动。陈老师与当地教师分享了音乐教育的新体系以及世界三大教学法，想办法让课堂变得更有趣，让孩子的节奏不再含糊读不清、让孩子的音高不再飘忽不定。在这期间，陈老师也准备了一节公开课，得到了同行们的认可。

此次南沙区陈晓丹名教师工作室赴贵州送课、支教交流活动，不仅展现了两位老师扎实的教学能力和专业基本功，还为当地教师带来了新思路、新火花，促进了粤黔两地教师美育课堂的共同提升，为两地的教育协作奠定了扎实的基础。

3. 舞台

一个教师的专业成长一定需要专业的支撑。想成为名师，必须通过专业引领，重拾基本功，克服惰性，突出个性，体现专业性。因此，成员们互相提醒练习即兴伴奏、教材歌曲弹唱、合唱指挥、小乐器等，创造机会互相观摩。

2021年7月，广州市美育教师教学基本功比赛在即，我在广州市第六届中小学音乐教师基本功比赛的心得。

（1）声乐——选择适合自己的歌曲。多听，找多版本进行对比聆听，分析不同的处理方式；听自己的录音，调整自己的歌唱状态，尤其是呼吸、断句、咬字等。

（2）钢琴——避开大热曲目，选择古曲《苏武牧羊》。针对曲目的技术点多练习琶音、和弦连接；分段练习，慢练是最基本又最有效的方法，可以关注到音色及触键；多请同科组的老师聆听，或者弹给学生听，加深舞台感。

（3）理论笔试——理论部分多数是音乐欣赏方面的知识，因此，积累曲目尤为重要。各个学段的音乐课本就是庞大的曲目库，要创设条件去聆听及赏析，如下载教学光盘里的所有曲目，利用碎片化时间聆听，遇到陌生的知识点及时做好标记并记录下来。另外，将新课标带在身边，有空的时候翻阅，同时关注各级各类关于音乐教学的文件，用理论武装自己，用理论指导教学。

（4）器乐或舞蹈——备赛的时间很短，虽然当时也考虑过用竖笛来参赛，但因竖笛的局限性所以就放弃了。最后，选择尤克里里弹唱了一首简单的歌曲。可能那时尤克里里还不像现在这么普及，在一堆吹奏乐器里面还是比较亮眼的。由此可见，乐器的选择尤为关键。

（5）合唱指挥——比赛时播放合唱录音，选手面对评委，想象眼前有个童声合唱团来指挥。抽完曲目仅有两首歌的备考时间（提前两人候考）。拿到乐谱，首先是尽快浏览并尽可能熟悉，做案头工作，看拍号、简单分析乐曲，将声部的进出、左右手分工标示清楚。候考时，可以边听音乐边看乐谱，对乐曲的速度要做到心中有数，预示很重要，不仅挥拍上有预示，呼吸也要有预示。平时可以多做基本拍挥拍练习，做到轻松自然。

（6）弹唱——即兴弹唱对参赛者的基本功及临场反应要求很高。备考时间只有短短几分钟，要求参赛者迅速熟悉乐曲，并运用合适的和弦与织体伴奏，且要边弹边唱，所以要合理分配好时间。有效的做法：一是快速浏览乐谱，识读乐谱，确定调式调性（大小调），用字母标记法做好和弦编配及标记；二是尝试弹唱，选择合适的织体。如果乐曲是分节歌，尽可能每一段采用不同的织体，如柱式和弦、分解和弦或琶音。另外，要特别保持乐曲的完整性，无论遇到什么情况也不要断开，哪怕是弹奏没跟上，演唱也不能断。即兴弹唱更看重的是平时积累，除了在24个调上练习常用的和弦连接，弹奏正谱伴奏也是很实用的方法。平时可以经常进行歌曲的正谱伴奏，分析作曲家运用的和声、织体等。随着练习的曲目量多了，逐渐也会融会贯通，将多种和声语汇及织体运用到即兴弹唱中。

主持人勉励各成员，备赛的过程虽很辛苦，但真的很锻炼人，并且一定能在磨炼中更快成长，机会是给有准备的人，有准备才能抓得住。抓住机会还需要懂得珍惜机会才可能成功，实现自主蜕变。

针对各位成员较为薄弱的即兴弹唱项目，我在2021年10月举办了"以学促教，即兴弹唱"网络研修活动。成员们在课前提交了个人的弹唱谱例及视频，我以如何弹、如何唱、拿到一首曲子该做什么进行导入，从判断调式调性与风格、合理编配和声与织体、熟悉键盘三个方面进行系统化、专业化教学。一是判断调式调性与风格。选取三首不同风格的歌曲进行在线讨论，全员积极参与分析这三首曲目的调式调性与风格。二是合理编配和声与织体。除了常用的和弦外，我还分享了自己日常进行快速谱例标记小技巧。三是熟悉键盘。在日常生活中以简单曲目为范例，进行24个大小调的和声连接练习。

音乐教师的基本功不仅仅是专业技能，还包括课堂教学技能以及教育技术的掌握和运用能力等，只要潜心钻研、不断努力，定能够成为更好的自己。

三、成就引领，凯歌高奏

2022 年 7 月，我的教学成果"以全员艺术展演能力培养为导向的小学歌唱教学策略研究"通过遴选，进入广州市基础教育教学成果培育项目库。通过培育教学成果，实现成就引领，推动工作室成员的成长。2022 年 9 月，工作室课题"多学科融合的情境教学在小学低年级歌唱课堂的实践研究"开题，通过课题引领，助力工作室成员专业素养的提升。

教师在课堂教学中提高全体学生的学科素养，是教师的主要任务，教师必须履行课堂主动育人的任务。课外带领学生专业团队促进学生个性特长可持续发展是教学工作的一部分。通过各种比赛，促进每一位学生成长及教师自身成长，也是教师在学生中奠定"专业地位"的重要平台。因此，教师一定要充分发挥自己的长处，带领学生社团、兴趣班等，促进学生个性化发展。

今年是工作室成立以来的第一年，它还很稚嫩，孵化能力还有待提高。在未来的培养周期里，工作室将会加强成员们在科研、理论方面的学习与探索，创设机会把专家请进来，让成员们走出去，努力让成员们成为专业上有能力、职业上有成长、事业上有发展的人。

独行快，众行远。在工作室，就意味着主持人及成员们是学习共同体、研究共同体、成长共同体、教师发展共同体，和一群志同道合的人一起走在理想的路上，本就蕴藏着极大的主动性和创造性。通过搭建平台，借助更多团队的力量形成合力，既有激励又有引导，使成员教师的行动力、学习力、基本功得以提升。

造就适应中高职衔接项目的师资队伍

陈浩亮（广州市南沙区岭东职业技术学校）

2018 年 1 月 11 日，依据《关于公布南沙区基础教育系统新一期名校（园）长、名教师和名班主任工作室成员的通知》（穗南教〔2018〕8 号），我和学校 8 个学科的 12 名骨干教师正式组建了工作室。此后三年，我们开始探索中职学校名教师工作室建设路径，并在宗旨定位、创造价值和精神凝聚三个方面有了一点体会与心得，借此撰写案例的机缘与同行分享。

一、工作室建设的时代背景

广东省教育厅从 2010 年启动"中高职三二分段"试点工作，并逐年扩大试点范围，由 2010 年的 10 所高职、49 所中职、招生计划数 2985 人，上升至 2017 年的 49 所高职、197 所中职、招生计划数约为 4.5 万人，中高职衔接的工作已成为高等职业技术学院和中职学校的重要任务。

此外，根据《关于 2018 年深入推进普通高等学校考试招生改革的通知》（粤教考函〔2017〕5 号）、《关于开展 2018 年高职院校招生培养改革申报工作的通知》（粤教职函〔2017〕198 号）等有关文件的规定和要求，构建与现代产业体系相适应，体现终身教育理念、中高职教育协调发展的广东特色现代职业教育体系，成为广东省中职学校谋求长远发展的重大战略。

在此背景下，如何助力学生的升学需求，把更多学生送进高一级学府，成为中职学校所有专业发展应考虑的重大问题，这也成为工作室重点探索的问题。

二、工作室建设的有效途径

工作室如何助力中高职衔接背景下的专业建设，将工作室的建设与学校的专业发展有机结合，成为工作室建设的首要任务。我主要从宗旨定位、创造价值和精神凝聚三个方面进行探索。

（一）基于中高职衔接的定位探索

首先，分析本工作室特点。①学员均在本校。原因是区属中职学校只有一所，难以开展多所学校联动。②大部分成员担任教研科组长岗位，都是优秀教学团队带头人，主持人为教研科负责人。③多学科、多专业的跨界团队。12 位成员来自 8 个科组，跨界 11 个专业领域，难以用同一学科传统的师徒帮带办法提升教师专业能力。④成员日常的工作有共同交叉的部分。这主要集中在学校的中高职衔接任务上。

其次，大量查阅工作室建设文献，寻找工作室建设与专业建设、学校发展的有效结合点。

再次，我还参观调研了广州市工贸技师学院陈立准工作室的情况，对职业院校的工作室建设情况有了更直观的认识，对多学科、跨专业的中等职业学校工作室建设，逐步有了自己的见解，并与工作室成员进行多次交流，听取他们的建议。

最后，我这样定位工作室宗旨：以解决学校中高职衔接难题为立室基石，以造就一批适应中高职衔接项目的师资队伍为立室关键，从而为工作室建设奠定了基调。

（二）基于中高职衔接的价值创造探索

如何创造工作室价值？我采取的策略有两个。一是发挥成员能力优势。工作室有高级教师 4 名，研究生学历教师 4 名，班主任 8 名，各学科组长 6 名，一级教师 5 名，二级教师 3 名。根据这种情况，我将工作室分成 4 个研究小组，高级教师学员带领一级、二级教师学员，为打造学习型团队提供了组织保证。二是发挥岗位优势。以各成员在岗位工作上遇到的中高职衔接困难为研究点，逐步突破，形成各自的核心研究项目。经过三年实践，我们在设计项目、价值创造和解决难题等三个方面积累了一些经验。

1. 立足自我启蒙，设计研究项目

工作室的目标之一是造就一批具备中高职衔接能力的师资团队。我设计了三个项目。

项目之一是风格训练营，重点培养青年教师曾彦萍、何燕萍、肖月桂、黄松、郭学妹和严伟，让他们的教学实践从合格、升格到形成风格。在 2018 年集中力量解决中高职衔接过程中的基本概念问题，把工作室基础建设做扎实；2019 年做教学实践；2018—2020 年做中高职衔接人才培养方案。

项目之二是学术沙龙，包括课堂实践、课题研究方法与职业课程建设分

享主题，解决中高职衔接背景下中职生的学习习惯、学习思维如何适应高职院校学习的问题。为避免成员的教学与研究、行政工作等事务与工作室活动冲突，我设计的工作室活动紧紧依靠学校的正常组织运作，如每学期开展的中高衔接对接会、中高衔接校际访谈活动、高校听课调研、中高职衔接项目培训等活动，利用教研室的组织功能，做好前期筹备与安排，鼓励各个学员全身心投入中高职衔接工作中。事实证明，这种做法大大减轻了成员日常工作与工作室任务冲突的压力。

项目之三是艺术之家，持续开展岭东诗社建设活动。在这个过程中，我考虑最多的是持续调动成员的积极性，提高成员的综合素养的问题。

2. 紧扣中高职衔接，创造中职价值

在建设过程中，我做得最多的是搭建一个研究框架，促成一个学习氛围。

我们先后开展了固本培元的基本概念分享会 8 次，分享主题 11 个；改变思维的课堂实践活动 19 节；灵活丰富的专题讲座 8 次；专业特色的课题开题会 4 次，中期汇报会 2 次，结题会 2 次。到其他高职院校访谈 10 次，洽谈会每年每个专业 1 次，共 7 个专业三年内共 19 次。每一次的聚会都是思想碰撞、创造价值的交流，我们在点滴中提高了中高职衔接的能力和专业素养。

我们逐渐摸索出一套办法。其一，持续积累学习资源。如经常浏览广州市教研网、国家重点职业学校网站；多研读钟启泉、石伟平、徐国庆、赵志群等职业教育专家的书籍；鼓励成员报考研究生；立足教学实践，积极开发中高衔接问题诊断项目等。其二，多到高职院校交流。中高职衔接是大势所趋，我们组织成员到广东理工职业技术学院听课学习，发现很多有意义的课题尚待研究。其三，必须保持独立思考精神。例如，工作室的核心成员祝燕平老师、赵雅丽老师、肖月桂老师、叶素琴老师、黄松老师和詹彩霞老师，她们不仅在自己的岗位上努力开拓，还带领其他成员出色完成各项工作任务。教育工作者最珍贵的就是具有独立思考的精神和独立工作的能力，拥有这种素养就会开创属于自己的一番天地。

3. 解决疑难问题，助力学校发展

三年来，工作室完成了系列中高职衔接任务。对外联系方面，初步建立了与广州市教研室、广东省教育研究院、广州市教育科学研究所及各高职院校的联系，为研究项目建立学习基地。对内建设方面，先后完成中高职衔接人才培养方案 7 套，中高衔接转段考核方案 5 套，核心课程标准 1 套。2016 —2018 年，我校中高职衔接实现了从单专业突破到多专业贯通，也完成了中高

衔接的 1 + X 证书的实训试点建设任务。2016 级到 2018 级开展衔接的专业顺利完成学生转段任务，有 300 多人次通过考核对接进入高职院校学习。对我校完成升学率达到 50% 以上有重要保障。

（三）基于中高职衔接的团队精神建设探索

凝聚精神是立室之魂，魂在则精神长青。经过三年积累，我逐渐有了自己的思考：关键在于工作室为教师、为学生创造了多少价值，对每一个成员心灵是否产生过为学从教的触动与拷问，并转化为身体力行的实践。在此基础上，我们逐步形成了工作室的立室精神：立足乡村职业教育，"三牛精神"长青。其主要内涵是：我们不断推进的中高职衔接项目，已成为国家公共教育资源向广大农村学子倾斜的政策成果之一。乡村职业教育甚至可以说是一场教育界的革命。大部分中等职业学校 90% 的生源来自农村，综合素质偏低，但他们是社会主义新农村建设、建成美丽乡村梦想的生力军。承载这群生力军的职业教育，尤为需要"三牛精神"。"三牛精神"指的是创新发展的拓荒牛、为师生服务的孺子牛和艰苦奋斗的老黄牛精神。立室的精神种子一旦播种，即成为激励我们前进的无限动力，我们的建设工作呈现如下风貌。

第一，创新发展的拓荒牛自强不息。三年来，全体成员不仅创造了个人的价值，还为学校赢得了荣誉。这包括：先后立项市级课题 4 个、区级课题 2 个；17 篇论文获得广州市或南沙区论文评比一、二、三等奖；参编教材 5 本；参加教师技能竞赛获得省级荣誉 1 项、市级荣誉 2 项、校级荣誉 4 项；培养骨干教师市级 2 名、区级 2 名，校级专业带头人 5 名、骨干教师 2 名。向广大师生呈现了一个学习型工作室的形象。

第二，为师生服务的孺子牛深入人心。工作室建设过程中恰遇中国共产党百年华诞，我们抓住有利时机，与学校党支部组织了"庆祝中国共产党百年华诞青年教师红色故事主题演讲"节目，我撰文《三牛精神》并进行演讲，再次阐述了孺子牛、拓荒牛和老黄牛的立室精神，得到全体成员的肯定。何燕萍成员演讲的《成为永远受人敬爱的人》，深受大家好评。黄艳清、郭学妹两位成员分别朗诵了代表作《照进大山深处的光——张桂梅的故事》《践行科学发展观，谱写职教新篇章》，获得全体师生热烈掌声。通过舞台塑造成员的艺术形象，团队精神面貌持续提升。

第三，艰苦奋斗的老黄牛岁月留痕。以学校刊物《我是老师》为载体，我把工作室三年来在中高职各领域的探索进行汇编，把工作室的点滴进步凝聚成文字，经过多次的打磨和艺术升华，再次触动每一位成员的心灵。我们身上那股奋发向上、奉献不止的老黄牛精神，印在工作室的团队记忆中。

三、工作室建设的自我反思

三年来，工作室从多角度推进中高职衔接项目，致力于解决教学、实践、管理等难题，拓展了目前以单一学科或者单一技能为主流的工作室研究形式，为中职学校建设工作室提供一个跨学科成员开展研究的范例。然而，伴随我们更多的是困难与挫折。

首先，工作室所在学校的专业建设相对滞后，中高衔接的院校对接工作基础薄弱。我们希望选择优秀的高职合作，而生源质量跟不上，有些专业多次对接遭遇瓶颈，工作室发挥的引领作用就会受其牵制。

其次，工作室的相关制度建设滞后，也缺乏专门的工作室场地。我们最大限度利用成员工作岗位的便利进行交流学习，但不利于工作室的长远发展。

最后，工作室还没能与各地中职学校的工作室建立稳定的联系机制，还没有建成优质的网络交流平台，这是制约工作室整体水平提升的软肋。

希望中职学校工作室的建设能在学校与上级行政部门的统一领导下，在有限的资源配置中找到应有的地位，持续发挥工作室的辐射效应。

建立学研共同体 培养园本教研骨干

陈维妃（广州市南沙区湾区实验幼儿园）

杨廉廉（南沙区龙穴街幼儿园）

一、工作室概况

南沙区陈维妃名教师工作室由南沙区教育局 2021 年 9 月批准成立。工作室以名教师工作室为依托，以建立学研共同体为宗旨，一方面通过传、帮、带，搭建名师建设梯队，带动和促进工作室成员及区域内外教师队伍素质的全面提升；另一方面，通过定期组织高层次、高水平的教学、科研专场活动，探索打造示范窗口，开展工作室联盟的教培新途径与新方法，促进区域教育教学整体水平的提升。工作室坚持多元融合、优势合作，通过资源整合、优势互补、合作交流，解决学员在专业发展中的痛点和难点，形成学习型团队，促进工作室成员的共同发展。

工作室主持人陈维妃为广州市南沙区湾区实验幼儿园副园长，2008 年毕业于华南师范大学学前教育系，在幼儿园工作了 13 年，有丰富的理论基础与实践经验；主持并参与多项国家级、省级、市级课题，有多篇论文发表于期刊。

工作室入室成员 15 名，有一定的团队优势。一方面成员覆盖面广，代表性强，有来自 3 街 4 镇及区属园的不同学段的教师；另一方面，成员业务能力强，既有一线经验丰富的带班老师，也有研究生学历的教学助理，人员结构优良，研究与实践互补，能够支撑工作室的良好运作和研究的开展。

二、活动开展情况

工作室贯彻《3～6 岁儿童学习与发展指南》和《幼儿园教师专业标准》，充分发挥学员自身特点，坚持科研先导，通过专题讲座、观摩交流、课题研讨为主要的研修形式，辅以主题教研工作坊、园本教研活动设计、参与式培训等手段，自主研习和集中研修相结合，切实提高工作室成员的个人修养和专业素质，培养师德高尚、业务精良、实践能力扎实的园本教研引领骨干队伍。

（一）专题讲座

结合成员教师在工作中的痛点、难点、共性点选择相关专题讲座。通过聆听专题报告，学习理论，结合班级工作特点进行实践应用。学习培训不仅提升了成员对教育教学工作的认知，而且潜移默化影响着成员学习的心态和儿童观、教育观，努力促进工作室成员向知名教师行列迈进。

（二）观摩交流

工作室组织成员、区内教师进入园所进行观摩考察，通过实地走访、深入观察、现场聆听等方式，进一步了解优秀园所在一日生活上的组织和安排。在观摩过程中，成员们能够发现每个幼儿园在办园特色、教育理念上的优点，从而在自己工作中进行实践运用并形成日常实践的园本范例。

（三）课题研讨

工作室围绕教科研课题开展研究工作，实现课题引领，成员共研的学习氛围。工作室成立以来，成员先后参加了自主游戏、学习环境等课题报告的学习研讨活动，通过对课题文献整理、研究思路、成果意识的学习，提升了成员的教科研水平。

工作室以线上、线下组织了讲座、交流研讨、课题报告等教研活动十余项，成员们积极参与、互相研讨，教研热情高、氛围浓、收获丰。

三、取得的成绩和形成的影响

工作室主持人和全体成员积极践行名师工作室职能，努力建立学研共同体，携手同进共发展，在制度管理、促进成长、引领示范、成果输出等方面做了大量工作，取得了显著成绩。

（一）加强制度管理，建立学研共同体

工作室通过建立会议制度、学习制度、培训制度、考核制度、档案管理制度等搭建工作室管理的框架，工作室主持人在团队建设中严于律己，率先垂范，努力以自己的人格魅力感召和影响全体成员，并建立起工作室成员、学研共同体的考核体系，促进教师的专业发展。工作室成员能根据自己的实

际情况，确定个人发展目标，制订切实可行的个人发展计划。一年以来，工作室在追求卓越、求真务实、积极向上、勇于进取的学研共同体路上逐步奋进。

（二）拓展培训学习，促进教师成长

依托名师工作室和市、区的教研、特色活动，搭建研究、交流、展示平台，通过理论学习、专题研讨、请进来、走出去等形式多样、丰富多彩的活动，不断提升教师的专业理论水平，为他们的可持续发展奠定坚实基础，拓宽教师的视野。工作室成员和学研共同体教师在专业发展方面获益良多，有效地促进了教师教育教学水平的提升，促进了教师的专业成长。

（三）发挥示范引领，推进学科建设

工作室聚焦教学活动、游戏活动，开展讲座、分享经验，有效加速了骨干教师、青年教师的成长。工作室成员在课堂教学水平上有显著提升，1位工作室成员在第三届广东省中小学青年教师教学能力大赛学前教育组决赛中获得一等奖。在工作室指导与帮扶下，学研共同体中的一批青年教师脱颖而出，参加省、市自主游戏案例征集等比赛并取得了优异的成绩，在教师专业发展方面进迈出了可喜的一步，工作室的凝聚力和影响力得到进一步的彰显，在学科建设方面取得了良好的引领示范作用。

（四）深化教研意识，转化成果输出

"教而不研则浅，研而不教则空。"工作室通过多种形式开展教学研究，坚持在做中研、在研中做，努力为教师搭建学习、沟通、交流、研讨、合作的平台，分享与推广研究成果。工作室教师先后承担、参与了多项市级、区级课题，大多数课题研究取得了阶段性成果，产生了一定的辐射与影响作用，并在一定范围推广，数篇论文在期刊发表，在省、市评选中获奖。（见表1）

总之，陈维妃名教师工作室成立以来，按照预定目标和工作计划，有步骤地开展活动，取得了实实在在的效果。通过建设学研共同体的方式，同伴共生互助，互有共鸣，激发教师成长的内生动力，不仅有助于教师自身成长，而且有利于带动不同园所有益经验的共享交流，对实现区域学前教育高质量发展起到一定的推动作用。相信在工作室主持人带领下，在工作室学研共同体成员的努力下，今后工作室活动会更充实，工作室团队成员专业成长的步伐会更快更稳健！

表 1　陈维妃名教师工作室成员获奖情况一览

序号	获奖名称/发表文章/主持课题	作者/获奖者	时间	颁奖单位/发表平台
1	《教育信息化 2.0 背景下幼儿园信息技术的实施应用策略》	陈维妃	2022.11	《广州教学研究》
2	主持课题"幼儿园集团化办学下文溪雅荷场景化课程建设研究"	陈维妃	2021.12	广州市教育研究院
3	南沙区信息技术与学科融合优质课评选活动优秀指导教师	陈维妃	2021.12	广州市南沙区教育发展中心
4	2021 年南沙区中小学骨干教师	陈维妃	2022.5	广州市南沙区教育发展中心
5	南沙区名教师陈维妃工作室建设案例获名校（园）长、名教师、名班主任工作室建设案例征集和评选活动二等奖	陈维妃	2022.1	广州市南沙区教育发展中心
6	2022 年南沙区幼儿园自主游戏活动案例和幼小衔接活动方案评选二等奖	陈维妃	2022.9	广州市南沙区教育发展中心
7	被聘为华南师范大学实习指导教师	陈维妃	2021.6	华南师范大学
8	《南沙牌坊》获广州市优秀游戏案例评选一等奖	何艳	2021.7	广州教育学会幼儿教育教学研究专业委员会
9	被聘为南沙区教学研究中心组成员	何艳	2021.9	广州市南沙区教育发展中心
10	在东西部协作幼儿园教育交流活动中组织教研活动，效果良好	何艳	2021.12	贵州省陈全慧名园长工作室
11	《教师观察与指导能力提升的园本实践探索》在 2021 年南沙区教学论文评比活动中获一等奖	何艳	2022.3	广州市南沙区教育发展中心

续表1

序号	获奖名称/发表文章/主持课题	作者/获奖者	时间	颁奖单位/发表平台
12	《指向教师观察与指导能力提升的园本实践探索——以"文溪雅荷"幼儿园美术区场景为例》	何艳	2022.3	《广州教学研究》
13	被遴选为2022年南沙区中小学骨干教师培养对象，并考核为优秀学员	何艳	2022.4	广州市南沙区教育局
14	"场景化课程理念下幼儿园班级美术区3＋N研训活动设计与实践"专项课题立项	何艳	2022.7	广州市教育研究院
15	"'文溪雅荷'幼儿园美术区活动观察与指导研究"专项课题结题	何艳	2022.11	广州市南沙区教育发展中心
16	《趣玩大山坡》在南沙区岭南幼儿园自主游戏案例被评选为一等奖，并面向全区幼儿园公开分享	何艳、黄梓豪、夏雨琦	2022.6	广州市南沙区教育局
17	《衔接有度 与幼同行》幼小衔接案例获得南沙区一等奖	谢惠珀、凌海霞、何艳	2022.6	广州市南沙区教育局
18	《我的幼儿园》获广州市优秀游戏案例评选一等奖	杨静、杨廉廉、苏少英	2021.7	广州教育学会幼儿教育教学研究专业委员会
19	被聘为南沙区教学研究中心组成员	杨廉廉	2021.9	广州市南沙区教育发展中心
20	《由"厕所狂欢"引发的班级革命》名校（园）长、名师、名班主任工作室个人成长案例征集活动一等奖	杨廉廉	2022.1	广州市南沙区教育发展中心
21	被遴选为2022年南沙区中小学骨干教师培养对象，并考核为优秀学员	杨廉廉	2022.11	广州市南沙区教育局

续表1

序号	获奖名称/发表文章/主持课题	作者/获奖者	时间	颁奖单位/发表平台
22	"场景化课程理念下幼儿自主游戏中的师幼互动研究——以探索性场景为例"专项课题立项	杨廉廉	2022.1	广州市教育研究院
23	《在幼儿园自主游戏分享环节开展有效师幼对话的策略探究》	杨廉廉	2022.8	《启迪》
24	《好玩的圆柱山》南沙区幼儿园推进岭南幼儿自主游戏案例二等奖	苏振毅	2022.1	广州市南沙区教育发展中心
25	被遴选为2022年南沙区中小学骨干教师培养对象	苏振毅	2022.11	广州市南沙区教育局
26	"给予幼儿园自主游戏的园本教研研究"课题立项	苏振毅	2022.6	广州市南沙区教育发展中心
27	《成长小火车》幼儿园优秀活动案例评选活动二等奖	王舒君	2021.7	广州教育学会幼儿教育教学研究专业委员会
28	《坦克》幼儿园优秀活动案例评选活动二等奖	王舒君	2022.7	广州教育学会幼儿教育教学研究专业委员会
29	《专业引领，助推成长》名校（园）长、名师、名班主任工作室案例征集活动二等奖	王舒君	2022.1	广州市南沙区教育发展中心
30	《我心中的小学》幼儿园优秀活动案例评选活动二等奖	李燕琴	2021.7	广州教育学会幼儿教育教学研究专业委员会
31	《传承红色基因，培育红色传人》广州市中小学幼儿园深化红色教育经典案例三等奖	李燕琴	2021.11	广州教育学会幼儿教育教学研究专业委员会
32	《秧船乐》南沙区幼儿园推进岭南幼儿自主游戏案例三等奖	方娟、李枝红、李燕琴	2022.1	广州市南沙区教育发展中心

续表1

序号	获奖名称/发表文章/主持课题	作者/获奖者	时间	颁奖单位/发表平台
33	《幼儿园小篮球游戏课程》南沙区中小学幼儿园课程思政教学案例三等奖	李燕琴、吴月萍、方娟、姚雷、李彩、黎翠婷	2022.1	广州市南沙区教育发展中心
34	《好玩的平衡木》南沙区体育课例初赛二等奖	李燕琴、邓秀梅	2021.9	广州市南沙区教育发展中心
35	被遴选为2022年南沙区中小学骨干教师培养对象	周杏钻	2022.3	广州市南沙区教育发展中心
36	"党旗永飘扬·筑梦新时代"全国征文优秀奖	周杏钻	2021.8	广州市南沙区作家协会
37	《小小菜青虫》幼儿园优秀游戏活动案例一等奖	周杏钻	2021.7	广州教育学会幼儿教育教学研究专业委员会
38	《小小菜青虫》	周杏钻	2022.6	广州幼教教研公众号
39	《探秘非洲大蜗牛》幼儿园优秀游戏活动案例二等奖	周杏钻、吴冬梅	2021.7	广州教育学会幼儿教育教学研究专业委员会
40	《九九八十一》幼儿园优秀游戏活动案例二等奖	魏雨薇	2021.7	广州教育学会
41	2022年南沙区先进教师	吴冬梅	2022.10	广州市南沙区教育基金会
42	"'文溪雅荷'幼儿园一日生活活动安全教育实践研究"规划课题结题	吴冬梅	2022.11	广州市南沙区教育局
43	被遴选为2022年南沙区中小学骨干教师培养对象	吴冬梅	2022.3	广州市南沙区教育发展中心
44	《探秘非洲大蜗牛》幼儿园优秀游戏活动案例二等奖	周杏钻、吴冬梅	2021.7	广州教育学会
45	《关于场景化课程与培养幼儿科学素养的实践探究》教学论文评比三等奖	何宝君	2021.3	广州市南沙区教育发展中心

续表1

序号	获奖名称/发表文章/主持课题	作者/获奖者	时间	颁奖单位/发表平台
46	广州市幼儿园优秀自制玩教具展评活动三等奖	何宝君	2022.11	广州市教育局
47	《个人成长案例》名校（园）长、名师、名班主任工作室个人成长案例征集活动二等奖	何宝君	2022.1	广州市南沙区教育发展中心
48	《我是小军人》2021年度（第九届）全国幼儿教师论文大赛荣获一等奖	梁慧宜	2021.6	中国幼儿教育学会
49	《关注留守儿童教育问题及对策》2020年南沙区教学论文三等奖	梁慧宜	2021.3	广州市南沙区教育发展中心
50	《浅谈幼儿教学中游戏教育的应用》2021年度（第九届）全国幼儿教师论文大赛荣获二等奖	梁慧宜	2021.6	中国幼儿教育学会
51	《让孩子播下种子收获希望》2022年度第八届全国幼儿教师优秀论文一等奖	梁慧宜	2022.4	当代学期教育网
52	《此时无声胜有声区域环创创设"留白"重要性》2022年度第八届全国幼儿教师优秀论文一等奖	梁慧宜	2022.4	当代学期教育网
53	"文溪雅荷"幼儿园课题优秀成果暨场景化课程案例分享公开	郑潇毅	2021.6	广州教育学会幼儿教育教学研究专业委员会
54	《"摔倒"了的甘蔗》获幼儿园优秀游戏活动案例一等奖	郑潇毅、蔡雪枝、梁文进	2021.7	广州教育学会幼儿教育教学研究专业委员会
55	第二届广州市中小学青年教师教学能力大赛幼儿教育一等奖	郑潇毅	2021.12	广州市教育局

续表1

序号	获奖名称/发表文章/主持课题	作者/获奖者	时间	颁奖单位/发表平台
56	第三届广东省中小学青年教师教学能力大赛学前教育组一等奖	郑潇毅	2022.3	广东省总工会、广东省教育厅
57	"自主游戏中支持幼儿深度学习的实践研究——以大班沙水区游戏为例"区级专项课题立项并开题	郑潇毅	2022.5	广州市南沙区教育发展中心
58	获2021年度广东省职工职业技能大赛优胜选手称号	郑潇毅	2022.9	广东省总工会、广东省人力资源和社会保障厅、广东省工业和信息化厅、广东省科学技术厅
59	获2022年南沙区"优秀教师奖"	郑潇毅	2022.9	广州市南沙区教育基金会
60	《数独游戏初探究》优秀游戏案例项目评审三等奖	李斯仪	2021.7	广州教育学会幼儿教育教学专业委员会
61	南沙区2021年岭南幼儿园自主游戏案例评选活动《灯塔变形记》二等奖	李斯仪	2022.1	广州市南沙区教育发展中心
62	2022年南沙区骨干教师培养对象	李斯仪	2022.4	广州市南沙区教育发展中心
63	南沙区第一届教育科研中心组成员	陈慧	2022.5	广州市南沙区教育发展中心
64	2022年度立项课题《自主游戏中幼儿学习品质培养策略研究——以中班沙水游戏为例》	陈慧	2022.5	广州市南沙区教育发展中心
65	2021年南沙区中小学骨干教师	陈慧	2022.5	广州市南沙区教育发展中心

与名师同行　让努力成为一种习惯

杨雨婵（华南师范大学附属南沙幼儿园）

2018 年 5 月，我成了广州市南沙区甘洁榆名教师工作室的成员，那时的我大学毕业还不到三年，对于自己的成长规划是懵懵懂懂的，并不明确自己加入名师工作室意味着什么。但在领导的鼓励下，接过那本红彤彤的"成员证书"时，自己是兴奋的，觉得这是荣耀，也是值得骄傲的一件事。从那以后，我与名师一路同行，成为名教师工作室成员的我，一直以这个身份要求自己要不断努力，向名师靠拢！

一、不忘初心，牢记"成为一名好教师"的职业理想

大学选择学前教育专业并非我的本意，但经过大学四年的学习，我逐渐认同这一专业的重要性，并且十分明确自己毕业后要成为一名幼儿教师。从我成为班主任兼小级级长的时候起，我便将职业目标定为：成为一名"名班主任"，我也始终将这个目标作为自身工作行为的指导方向。

（一）面对幼儿，我始终坚持"爱无条件、教有原则、导以规则"的教育观念

真心对待每一位幼儿；用心、用专业组织幼儿的一日生活，使幼儿在科学合理的一日活动中获得个人经验的增长；放手让幼儿游戏，使幼儿能在自主宽松的氛围中感受喜悦、成就与满足；注重幼儿的自理能力，注意培养幼儿社会交往、社会适应能力，班级的幼儿都具备较好的自理能力，整体呈现的是阳光向上的状态。

（二）面对家长，我始终坚信人与人之间的交往是"人心换人心"

我及时与家长展开真诚的沟通，积极向家长反馈幼儿在园的活动状况，并与家长分享教育技巧。由于沟通到位，除了教师与家长的氛围融洽之外，

家长之间的关系也轻松愉快，我担任班主任的班级群呈现的是友好和谐的状态。家庭之间因为有我们这个班级的联系，即使有些学生现在已经上小学四年级，甚至已经分散在广州市的各个区，但他们之间还保持着联系，从幼儿园产生的情谊仍然在延续。

（三）面对同事，我们互帮互助，携手成长

在班级工作中，我们不计较个人得失，全心全意协作，只为班级日常工作能够顺利开展。作为级长、班主任，我提前谋划年级、班级各项事务，并且及时收集其他老师的意见反馈，妥善分工。

对于自己的专业，我积极自学或者跟随单位、上级领导部门的步伐参加各级各类的培训，使自己在日常的带班中能够自如应对幼儿抛出的各种问题，能够给幼儿必要的支持。

成为优秀的班主任、成为优秀的老师，一直是我工作的行为导向。

二、勇于担当，把握个人专业成长中的"关键事件"

"关键事件"是指围绕发生在教师生涯中的重要事件做的关键性决策。杭州师范大学童富勇教授在他的研究中指出：对关键事件的处理是影响教师专业发展的重要因素之一。对此，我深以为然。就我个人的成长经历而言，我更加愿意理解为"我的教师生涯"中所经历的大事件。当然，在经历的当下，我可能并没有意识到这是"大事件"，但回过头来看会发现，一些使我经历磨难、获得历练、获得成长的事件却是我专业成长的"关键事件"。这些"关键事件"组成我成长路上的路标，虽然时隔不久，但回想起来我仍心怀感恩——感恩领导信任、感恩自己担当、感恩付出过的努力！

（一）关键事件一：在广州市首届"文溪雅荷杯"幼儿园场景化课程设计比赛中崭露头角

2018年7月，南沙区教育发展中心下发了"关于举办广州市'文溪雅荷杯'幼儿园场景化课程设计竞赛南沙区初赛的通知"。当时的保教主任将这个任务安排给了我。

那时，我正处于从班主任过渡到教学助理的阶段，觉得这对于我来说是一个巨大的挑战。对于这个比赛比什么、怎么比，我完全没有概念；对新鲜事物的未知，使我有点恐惧。但我还是咬牙承担下来，与另外两位老师一起合作，组队参赛。

参赛案例一步步呈现——初稿、修改稿、最终稿，在这个过程中我查阅了大量的文献资料、跟区里的教研员讨论、与组员不断研讨修改、创设环境让幼儿实践……最开始，我们认为"场景"等于"区域"，按区域的设置来设计场景；到后面我们开始尝试去分析"场景的价值经验"，开始思考从场景蕴含的价值和经验的角度去思考如何创设环境、如何投放材料；从初稿的"幼儿在场景中的单次活动"到修改稿的"幼儿在场景中自由探索生发的一系列探究活动"，最终完成了去参加广州市决赛的"文溪雅荷自然探索区场景设计方案"。

然而，我去市里的决赛之路也并不是一帆风顺的，虽然决赛前，方案得到了市里组织的讲座指导和区里教研员的入园指导，但是要去市里进行方案的阐述并答辩，作为一个工作还不到三年的新老师来说，我确实是感到了压力。为了能很好地应对可能遇到的答辩问题，我查阅更多的理论来丰富自己的知识储备、提升自信，使自己能更好地应对"问题"。在团队的共同努力下，最终，我们的案例获得广州市一等奖的成绩。

现在看来，我在其中收获的不仅是自身专业知识的成长，还使我深切体会到了，只要肯下功夫，没有什么事情是做不好的，这给了我满满的成就感，大大提高了我的自我效能感。这次比赛是我自身在专业成长路上的一个新起点。

（二）关键事件二：成功入选学习环境质量提升示范园项目带头人

2020 年，我园成功入选南沙区首批学习环境质量提升项目示范园，区里将在示范园当中遴选出一批教师作为项目的带头人，在区内开展这个项目的研训工作。我有幸成为幼儿园推荐的 10 名教师之一去参加区里的遴选。

面试遴选主要是围绕"园本教研"这个主题来展开讨论。我在众多面试的教师当中并不突出，内心也很忐忑。但是我想，既然来了，那就要尽最大的努力去试试，把这次面试当成是一次难得可以跟专家面对面交流的机会。于是在面试中发表自己的观点时，我从本园实际出发，用许多实践过的例子来分享自己的思考以及困惑。在面试现场，我的困惑也得到了专家的指导，当时专家的指导直到现在我还记忆犹新：做任何一件事，不知道能不能行之前，先去实践，去做了才知道哪里不行、哪里需要修正；如果一直停留在思考的层面而不去付诸实践，那么永远不会有进步。

最终，我成功通过面试，成了项目带头人之一。

（三）关键事件三：获南沙区幼儿园青年教师技能大赛区决赛第一名

2020 年 6 月，我园收到南沙区教育发展中心的文件，区里即将举行幼儿园青年教师技能大赛。我积极主动报名参加，希望在比赛中实现自己的专业提升。10 月底的区决赛很快来临，我放平心态，只想着为自己的专业成长积累宝贵的竞赛经验，按着自己的节奏、努力准备！

决赛包含 5 个项目：教学活动展示、游戏点评、综合素养答辩、学习环境创设、才艺展示。我对这 5 个项目的评分标准进行解读，认真领会其中的关键；向有经验的老师请教集体教学活动应该如何设计；琢磨领会文件精神，这对游戏点评、教学活动、综合答辩等都有很大的价值和意义；借班实操，创设学习环境；向区教研员请教，把备赛过程中遇到的困难拿出来一同探讨……备赛的那段日子，我全力以赴，利用班后时间、周末、节假日进行紧张的准备。

这次比赛一共进行了 4 天，我的努力也在这次比赛中有了实质性的成果：5 项总分第一、集体教学活动第一、游戏点评第一、综合素养答辩第三、学习环境创设第十六、才艺展示第二十五。自己，包括身边的人都完全没有预想过我能获得这样的成绩。我十分庆幸当时认真准备、全力以赴，既锻炼了能力、增长了比赛经验，也增强了我的自信心。这对我往后的成长和发展起了很好的促进作用。

三、终生学习，领导专家同伴指引专业成长之路

在专业成长的路上，离不开同行的专家、名师和同伴，加入名教师工作室三年多以来，结伴而行的温暖与动力源源不绝，她们都是值得我学习的榜样。

（一）动力来源一：园级领导的信任与支持

都说遇上一位好领导是职业生涯中的一大幸事。值得庆幸的是，我入职以来，领导们对我精心指导与培养，让我跟随优秀教师历练、给我机会提高、信任我的专业能力、在我迷茫时为我指路……除了给予我专业成长的平台，也使我的综合能力取得长足进步。帮扶结对的支教活动、粤港澳姊妹园的文化交流活动、同行来园参观学习的接待活动等大大小小的事务也在促使我的综合能力得到提高。正是因为有了这些锻炼，我成了南沙区骨干教师的

培养对象，也成了南沙区名教师工作室的主持人。

（二）动力来源二：专家的鼓励与引路

一位青年教师如果没有遇到认可他、帮助他的"导师"，那他的专业成长之路会相对漫长。我很幸运，一路走来遇到了不止一位优秀导师，区里的教研员朱老师是我在工作中的"偶像"之一，她在我前行的路上给了我许多力量。她为区里的幼儿教师搭建各种学习的平台，组织专题培训、讲座、教研，积极促进全区幼儿教师的专业发展；她十分细心耐心，愿意为我们每个人的疑问花费时间，与我们进行讨论，指导我的公开发言、区级公开课、备赛……她常说："不要说忙，再忙也要读书、要提高自己，（在座的各位一线教师）没有谁比我还忙，但我还是坚持每晚阅读。"

（三）动力来源三：同伴的互助与协作

同伴就是一群与自己同是教师的、志同道合的伙伴，专家领导是引路人，同伴更多的是携手互助、实现共赢。我的身边一直不乏优秀的老师，在与他们的交往中，我能从中感悟、思考很多问题。与幼儿园的项目组、课题组的同伴一起研讨项目课题，各抒己见，拓展自己的思考面；参加区里的项目组研修，跳出自己幼儿园的视角，去学习他园的长处，看见同样的事情但不一样的做法。

让我印象最深刻的同伴就是在 2021 年 5 月一起准备广州市青年教师技能大赛的南沙区几位老师。那一个多月，我们凝心聚力，为南沙区的荣誉而战，相互间坦诚探讨，犀利地指出对方问题所在，同时真心提出自己的建议，一起分享各自精彩的思考。最终，我们这个同伴研修组也在市赛中取得了好成绩，但我更加怀念的是在一起开展同伴研修时带来的温暖、乐趣与力量。

加入工作室三年以来，我始终坚信"越努力，越幸运"这句话。作为一名青年教师，我一直热爱这份职业，同时也感受到人民教师肩上担负的重大责任。"成长"不是完成时，而是正在进行时，我愿意一直努力，向优秀的老师靠拢，在成长的路上不断前行！

凝练风格　教出新高度

郭银波（广州市南沙区东涌第一小学）

    南沙区郭银波名教师工作室成立于 2021 年 1 月，团队名称为"Lucky Star"。本工作室共汇集了 14 名（包括主持人在内）区内富有朝气、有想法、敢实践、勇创新的中青年教师，将小学英语课程理念与英语专业教学渗透到每个育人环节，以"互联网＋课堂教研"为主线，本着求真务实的精神，以高素质师资队伍专业化建设为目标，发挥团队优势，学思践行，切磋交流，提高技艺，使工作室成为名师引领、教师专业成长的"学习型、辐射型、合作型、研究型、风格型"的学术活动组织。

    工作室主持人郭银波老师现任南沙区东涌第一小学英语教研组组长，东涌镇小学英语科中心组成员、南沙区小学英语教研委员会成员；2014 年经过考核，成为广州市"百千万人才培养工程"小学名教师第二批培养对象；她多次被评为东涌镇"优秀教师"；2014 年 9 月被评为东涌镇"教育新星"，其事迹刊登在《东涌天地》，成为一名在东涌镇家喻户晓的教师；2015 年被南沙区人民政府评为"南沙好人"；2015 年被评为广州市"优秀教师"；2016 年被评为"广州好人"；2022 年获得区先进教育工作者称号。曾发表荣获国家级、省级、市级奖项的文章案例多篇；主持和参与多项省区市"提高小学生英语阅读能力的研究""提高小学生快速英语书写能力的研究""小学英语教学实施分层作业的有效性研究"等课题，取得显著成果，已顺利结题；曾承担市、区、镇的英语示范课、研究课、观摩课、一课一名师等多节，指导数十名教师上示范课并获一致好评。还成功组织市、区、镇教研活动多次；曾多次到南沙区旭升小学、南沙区沙尾一小学及梅县蕉岭小学、肇庆、台山及梅州等边远学校开展送教活动，2021 年 9 月至 2022 年 8 月到梅州市广福镇中心小学支教一年，受到帮扶学校的高度赞扬。

    工作室以"专业引领、打造风格、同伴互助、交流研讨、共同发展"为宗旨，以"立足创新素养、促进教师专业发展"为工作主题，以"互联网＋课堂教研"为主线。"坐而言，不如起而行！路虽远，行则将至；事虽难，做则必成。"

一、以教学风格打造工作室特色

经过前期的课堂观察发现，工作室的大部分成员都已经积累了一定的教学经验，而且有自己独特的教学方法，在课堂结构设置和课堂内容组织上，都有自己的处理方式。

由此，我不禁联想到了窦桂梅、李吉林，魏书生、于永正等教育名师。他们因为有着"与众不同"的教学风格，所以奠定了在教育教学中不可替代的地位。如全国著名特级教师窦桂梅老师喜欢从文字里抠感情，语文课上得有感染力、有魅力。她的课堂是充满激情的课堂。她说："没有激情的课堂就像一口枯井，没有激情的教师就像没有光泽的旧瓷器。"窦桂梅老师主张"三情共振"——课始激情情始生，课中悟情情更浓，课终暗情情未了。窦老师的课激情澎湃，令人情思激荡。而于永正老师则平和、真诚、幽默，总是蹲下身来和孩子们交流，等等。这些名师的教学风格已经成了他们的一张名片。

同时，也让我想起了我的小学英语老师，那时给我们上课的是一位年轻女老师，我们都亲切地叫她"Miss Lin"。她不光长得漂亮，而且每天课上都会和我们玩各种英语游戏，一会儿"扭扭看"，一会儿"红绿灯"，一会儿"连连看"，我们沉浸在游戏的快乐之中，不知不觉也掌握了英语知识。记得印象最深的一次，Miss Lin 刚教会我们读一首 *Little Goats* 的小诗，为了考查我们会不会读，就和我们玩了这么一个游戏：她选了三四个学生扮成小羊，张开双臂，跳过小桥。同时，按顺序说英语小诗的内容。如果其中的一名同学在规定的时间内接不上来，那么他就会掉入"水中"——放下手臂。这样的游戏极富童趣，连平时腼腆羞愧的学生都蠢蠢欲动。不一会儿，我们全班都把英语小诗背得滚瓜烂熟。多年过去了，我对 Miss Lin 的课堂还记忆犹新，原来英语课堂的教学是如此有魅力！也许是受到 Miss Lin 的启发，二十年的英语教学，我也逐渐形成了自己的英语教学特色"玩出来的英语课堂"——寓教于乐的英语教学风格。

由此，我在制订自己工作室建设目标的时候，其中一条就是：在教学实践的过程中，每位成员都能凝练自己的教学特色，形成自己的教学风格，并以每位教师的教学风格打造工作室的特色。

二、风格形成四部曲

（一）模仿阶段：学习观察，博采众长

鲁迅先生说过，如果单凭自己的经验，"一条暗胡同，一任自己去摸索，走得通与否，大家听天由命"。对于绝大多数教师而言，没有一个模仿学习的进程，独创几乎是不可能的。名教师之所以成名，名教师的课堂教学之所以值得借鉴，最重要的原因是他们都非常注重自身的积累和修炼，具备深厚的文化底蕴，而这种文化底蕴不是通过听其一两节课就可以做到的。因此，学习和借鉴名教师的课堂教学艺术，不能只是模仿一些简单的套路，不能只是想学一些纯技术性的操作策略，也不仅只学一些模式的技巧。学习名教师的根本，要学习支配他们教学行为的思想、理念、教育观。所以，要想成为名教师，就要广泛地阅读，潜心钻研，不断提升自己的鉴别能力，不断拓宽自己的知识视野，在加强自己的文化底蕴上下功夫。只有这样，才能有真正的学习和借鉴，有真正的创新和突破，才能凝练出自己的教学风格。

许多名教师的课都是经过千锤百炼的，也就是说他们的课融汇了他们的思想和许多人的智慧。而读书是成长的必备途径。为了让成员更好地走进名教师的课堂，我鼓励工作室成员多看名教师的教学著作和教学实录，从而使自己的课堂教学更加科学和流畅，同时也利用区工作室的专用资金精选并购买了一批书籍，如外语教学与研究出版社的《小学英语教学设计》、湖南教育出版社的《小学英语特级教案》、华东师范大学出版社的《怎样成为一名优秀英语教师》等。以上名师著作撇开了纯技术层面的指导，以生动的语言和丰富的案例来阐述成为名教师最为精髓的要素，包括如何理解英语课堂教学、如何理解高效课堂、如何建立良好的师生关系等。细细地研读着这些书籍，学员们如获至宝，感受着名教师们精湛的教学艺术和各具特色的教学风格，也激励和唤醒了学员们努力去寻找自己的教学风格的热情。

为了促进工作室教师的读书热情，提升学员的英语专业素养，凝练自己的教学风格，2021 年 10 月 22 日下午，我给工作室全体成员开展了一次线上读书分享、交流活动。其中，来自南沙区金洲小学的郑晓玲老师给大家分享了《研读经典，聚焦课堂管理》一书，让所有学员收获满满。郑老师感慨地说："教师的真功夫在课堂上。这种功夫是体现在课堂上的教学实践的智慧。因为课堂不仅是检验教师专业技能的场所，也是教师不断丰富和提升发展其专业技能的场所。而新一轮课程改革的核心理念是为了每一位学生的发展，

培养个性鲜明的人才，所以，它呼唤着个性化的教育，呼唤着具有个性化的教师，也就是有风格的教师。"学员们通过结合自己实际的分享，都能对自己的课堂教学特色进行剖析，初步找出了自己教学风格的轮廓。

庄子曾说："水之积也不厚，则其负大舟也无力。……风之积也不厚，则其负大翼也无力。"可见，教师的专业成长需要持之以恒地阅读。名教师的成长历程告诉我们：没有持之以恒的付出，没有用心钻研和刻苦实践的循环反复，就不会形成独特的教学风格，更不会创造出骄人的成绩，也不会成为一位名教师。

（二）探索阶段：熟练教学，争取升格

清代教育思想启蒙学者颜元曾经说过："心中醒，口中说，纸上作，不从身上习过，皆无用也。"教学风格就是一个老师对课堂构建、学科教学深入研究、摸索实践基础上的独到见解的具体表现。当模拟达到熟练的程度之后，经过自己的思考和探索，就可按自己的教学思路、表达方式进行教学，进入形成某些教学特色的提升阶段。通过摸索和实践找到一种适合学生的方法，就逐渐形成了自己的风格。

2020年12月，来自东涌第一小学的工作室成员陈晓雯老师给全体工作室成员展示了她的一堂研讨课——三年级下册（教科版小学英语）Unit 11 They are lovely 第一课时。这一节课主要是对本单元动物单词及歌曲进行教学，并对后面课时的教学，为对话、文章等教学做好铺垫。本堂课教学流程是这样设计的：首先是进行热身准备和复习工作，通过表演上节课所学的英语歌曲来热身，同时还创设一个轻松有趣的英语学习氛围，并通过改变歌曲中动物单词来自编歌词以复习上节课所学的关于动物的单词；以歌曲中所唱的 Old Mcdonal's Farm 的简介为切入点，导入本节课对话内容中的 Jiamin's Pet Shop，并适时设问及请学生听教学内容的音频后回答相关问题（训练学生的听的能力）来呈现及解说对话内容。其次是在对教学内容进行了基本的教学后，请学生进行跟读、摸读（训练学生模仿朗读英语盲文能力）等练习。接下来则是游戏闯关环节，让学生在游戏中使用本节课所学句型进行两人或小组操练（训练学生说和运用的能力），并突破重难点知识：some 和 any 的运用及区别。最后是课后作业的设计，开放性的作业设计让学生对所学知识得到巩固，同时也增添了学习乐趣。整节课基本达到了预设教学目标的要求，学生熟练地掌握了对话中的句型。

学员们对陈老师的课给予了高度评价。陈老师教学风格体现在十二个字：放飞激情，张扬个性，展示魅力。本节课是遵循小学英语的教学原则，

并结合小学英语课程标准的要求而设计的。课堂教学以"Pet Shop"为主题，以与每位学生密切相关的"我最喜欢的宠物"为主线贯穿始终。陈老师在课堂上为学生营造了一个轻松有趣的学习氛围，如自编英语歌曲和小诗、设计多种游戏等辅助教学，促使学生积极主动地学习英语，并将所学的知识自然有效地运用于游戏，或是生活实际当中，收到了"现学现用、学用结合"的成效。

2019年5月6日下午，东涌第一小学举行了"我在快乐中学英语"的小学英语研讨活动，全区三、四年级的英语教师参与了本次活动。来自东涌第一小学的郭银波老师展示了一节精彩的英语研讨课，执教内容是四年级下册的新授课——Unit 12 Christmas is coming。郭老师在教学设计理念、教学目标、教学过程、教学方法的选择上，都体现了培养学生"合作学习"和让学生"在快乐中学习英语"的理念。教学过程中，师生互动精彩，学生积极参与教学全过程。最后的教学效果充分展示了郭老师课堂教学能力和寓教于乐的教学风格。

（三）凝练阶段：升华艺术，形成风格

闫德明教授在《如何形成自己的教学风格》一书中说过："将一些个性化的教学特色有机地结合起来，并且在教学实践中逐渐稳定下来，使之成为一种在一贯的教学活动中表现出来的式样格调，这就是教学风格形成的标志。"教师的课只有形成自己独到的风格，才能给课堂注入鲜活的生命力；而稳定的教学风格则是一位教师成熟的标志。

2021年11月10日，工作室开展了一次"同课异构展风采，教研活动促成长"的教学比武活动。分别由来自东涌第一小学的郭银波老师和来自金州小学的许敏兰老师同时执教教科版五年级上册 Module 4 Foods and drinks Unit 7 Do you want coffee or tea? 的内容，让学员们感受两位老师不同的教学风格。两位老师展示了不同的教学特色：课堂上，郭老师真正把学生当作主体，在形式多样的任务型活动中，学生参与度高，探究欲望强烈，情绪饱满，把自主探究与合作学习融为一体，从一堂课就可以看出郭老师在平时的教学中训练到位，学生口头表达能力、动手能力强。而许老师则以 The Flea Market 作为话题，使同学们贴近实际生活，在情境中收获知识。课堂节奏把握得恰到好处，课堂教学规则明确，带给学生极大的安全感。同学们在许老师的带领下，从单词到句子，再到问答句的练习，都得到极大的提升；在许老师的循循善诱、娓娓道来的讲授下，同学们吮吸着英语的甘露。

在同课异构教研活动中，学员们相互学习，相互探讨，分享不同的教学

经验和教学风格，异样的课堂，同样的精彩！

（四）创新阶段：不断完善，与众不同

教育最根本的目的在于促进人和社会的发展。人和社会的发展都是在不断创新中进行的，教育方法和教学风格也不是一成不变的。凝练出自己的教学风格后，教师在教学中仍需要根据教育形势的变化不断总结、完善自己的教学艺术，使自己的教学风格既有整体上的统一性，又在个体上拥有自己独特的创造，形成具有浓厚个性化色彩的教学风格。

来自南沙区细沥小学的张雪老师，是南沙区的骨干教师，她的课堂充分展现了一名年轻英语教师的教育理念和技巧。她从放松学生的情绪，到鼓励学生开口说英语，开放式的课堂，让气氛非常活跃；学生学习情绪高昂，纯正的英式英语，让学生和听课者都在享受整个课堂。张雪老师曾在"广州共享课堂"上了一节四年级下册英语 Unit 4 Let me show you our new school（第一课时）。

在教学的第一环节中，张老师通过有趣的快闪游戏帮助学生复习已学旧知，并与新知识巧妙地连接在一起，夸张的赞扬语言让学生树立了学习英语的自信心。在第二环节中，张老师运用激励机制调动学生的学习积极性，当学生积极发言时，能及时给予表扬，让学生乐于说，敢于说。张老师的走迷宫游戏环节是一大亮点，张老师还通过边朗读边拍掌、轻敲桌子、拍打铃鼓等方式打节奏，使得原本枯燥的跟读朗读变得有声有色，学生自然情绪高涨、积极投入。第三环节以小组合作完成任务的形式开展，张老师别具匠心，让原来毫无趣味的语言知识编成了有趣的动物故事，加深了学生对知识的掌握。同时，这个环节也渗透了要热爱学校、同学之间要建立友爱的价值观念。活动中，我看到孩子的脸上都挂着笑容，和同桌之间的互动积极，充分体现了孩子们愉快的学习心情以及同学之间的友爱之情，看似简单的环节，却发挥了双重作用。

"教人未见其趣，必不乐学。"来自东涌第一小学的蔡利丽老师，在教学中善于根据教材内容去了解学生的喜好，英语课堂中的游戏、竞赛、绘画、表演、唱歌等都是学生喜爱的，于是，她采用教学卡片、图片等直观教具以及学生喜欢的英文歌曲、chant，在教学中集知识和趣味为一体，以满足学生好动、好奇的心理，调动学生的积极性。在教学"季节"时，蔡老师先复习春天和秋天两季节的单词，再跟着音乐学唱 Seasons 这首歌，在学唱歌曲的同时学会其他两个季节单词，再用这首歌教学 I like winter best，接着利用多媒体制作的课件不断出现所学的季节，来巩固所学的英语单词，再以竞赛的形式开展看图猜季节的游戏。有趣的游戏激发了孩子们学习的热情，培养了孩子们的观察力和表达能力，变被动接受知识为主动求索知识。最后，蔡老师要求学生把自己心中的春天画下来，比一比看谁画的春天最美丽。蔡老师的话音刚一落，同学们就积极行动起来，他们拿起彩色笔，认真画了起来，不一会儿，孩子们手中的一张张白纸就变成了一个个美丽的春天，这大大出乎听课老师们的意料。多彩的"春天"博得学生的阵阵掌声，在掌声中，学生的兴致更高了，学习的积极性也提高了。

无风格，何以立教。教师有独特的教学风格是幸福的，因为上课对他们来说是一种享受；同时，学生也是幸福的，因为学习对他们来说同样也是一种享受。张老师和蔡老师对教学中不断积累的、丰富的教学经验进行不断总结归纳、抽象升华，最终形成了自己的英语教学风格。

三、结束语

随着素质教育的不断深入和发展，教师也不能再像以前一样，一支粉笔，一块黑板，我讲你听，口耳相传，传统的教育模式已不再适应现代教学的需要。在这教育改革的大氛围下，小学英语老师在教学过程中必须寻找新的路子、新的方法投入教学，形成具有个人特色的教学风格。有个人特色的教学方式是有价值的教学，是生机勃勃的教学，也是学校教育的价值所在。小学英语教师必须适应教育的变化提升自己，凝练风格，教出新高度。

立本·适性扬才　融合·惠人达己

何翠玲（广州市南沙区第一幼儿园）

南沙区何翠玲名教师工作室于 2021 年 3 月成立，吸收了南沙区 8 所幼儿园的 13 名教师。为了努力做好南沙区第一幼儿园何翠玲的名教师效应，利用可利用到的优化群体教师资源，进一步提升带动区域或者其他园所内师资水平，工作室以"立本·适性扬才　融合·惠人达己"为核心理念。以搭建平台、实践发展、个性提炼、共同提升为发展目标。以讨论式、研讨式、互动式为工作模式，形成四有结果：有个性、有成果、有心得、有笔记。

一、工作室核心理念

（一）立本·适性扬才

教师是工作室发展的主体，立足教师为本位的思想才能更好地促进工作室的发展。而每个教师的个性、专业素质迥异，为此，我们倡导工作室活动应适应每一名教师成员个性发展需求、适合每一名教师成员的发展、应提供对每一名教师成员适度引导，尊重个性、涵养灵性、培养社会性、唤醒诗性，最终以"适性"实现成员的不断自我超越性成长。

（二）融合·惠人达己

工作室的最终目标在于帮助教师成长，惠及教师与幼儿。而融合的目的在于各位教师成员在名教师何翠玲工作室的平台建设下能彰显个性，最终吸收经验、获得提升，融合形成更有利于自身成长的育人风格。工作室培养了一批敢于实践、勇于创新、具有良好课堂教学风格和主动学习品质的幼儿教师群体，从而推进南沙区幼儿教育教学的可持续发展，这也是工作室的价值所在。

二、工作室的推进过程

（一）强基础、搭平台、规范管理

南沙区何翠玲名教师工作室位于南沙区第一幼儿丰庭分园，设施完善，拥有专门的办公室、电脑、制度宣传等配置，可以满足工作室需要。工作室先后制定了《工作室发展目标》《工作室活动方案》《工作室管理制度》等。

（二）点带面、真研学、共同成长

2021年4月8日，工作室成员进行了第一次见面座谈会，同时也是第一次线下课题研讨会。工作室主持人何翠玲主持会议，她坚持"立本·适性扬才"的核心理念，向每一位成员咨询在工作室希望获得的成长，每位成员踊跃发言，畅想未来。考虑到工作室成员大多为一线带班教师，最终讨论决定采用"以点带面，开展研学"的步骤，第一年的工作重心以课例研讨为基础、课例比赛为提升，专业获成长为目的。

最终，经过一年的线上线下研讨，进行了多次的工作室活动之后，形成了以专门观摩研讨黄鸿辉的课例"保护森林"为基础，以黄鸿辉的课例"勇士大战僵尸"、高标雄的课例"救援行动"、高群娣的课例"勇敢的小战士"在南沙区体育课例决赛中分获二等奖、三等奖为提升，全体成员通过研讨分析体育课例结构、组成部分、语言运用等方面获得专业成长。在年终总结之际，各位成员纷纷提交了相关总结。

（三）用辐射、强示范、共研促改

南沙区名教师何翠玲工作室依托广州市南沙区第一幼儿园这个大平台，积极搭建多种类学习平台。为发挥工作室的示范辐射作用，何翠玲多次带领工作室成员们参与园内的课题研讨、园长实践培训、教师跟岗实践培训。

主持人何翠玲，成员邱美玲、黄鸿辉，于2021年11月分别为"第三期广州市卓越园长促进工程""2021年广州市基础教育系统新一轮'百千人才培养工程'第四批幼儿园名教师、名园长培养对象""2021年广东省乡村幼儿园教师访名园"进行了课程、游戏、课例的讲座和展示，参与人数共计50多人次。

三、工作室的成绩

经过一年多的努力，截至目前，南沙区名教师何翠玲工作室积累了不少的经验，成员们也在不同程度获得了成长。主要体现在以下四个方面。

（一）有个性

工作室成员们个性凸显，有 3 名优秀的体育专业老师（3 名教师在南沙区体育课例评选中均有获奖）、有 7 名教师为学前教育专业的一线教师（有 2 名教师在广州市教育学会游戏案例评审中获一等奖、二等奖）、有 3 名教师为音乐、美术专业教师、有 6 名教师参与了各自幼儿园的课题研究，其中有 1 名成员为课题负责人。其中，主持人何翠玲（课题排名第 3，负责课题实施、报告撰写）、成员邱美玲（课题排名前 4，负责课题实施、报告撰写）参与的区级课题"适合教育背景下自主游戏中幼儿自发活动研究"（课题编号：NSKY2019020）获评优秀课题。

（二）有成果

截至目前，工作室成员们在各自园区、各领域获得了不同程度的成长和发展。

（三）有笔记

大家在认真参与课例研讨、早操编排讲座、案例撰写讲座之后，善于总结，善于反思，形成了一批有效的心得笔记。

（四）有总结

工作室严格执行《工作室成员学习制度》，每年度及时组织成员对自己的工作进行总结梳理，及时审视自己，以思促改，以改促成长。

工作室致力于建立学习共同体，充分发挥名教师的引领作用和团队合作，同时又强调各成员选择适合自己的成长之路，适性扬才，在自己的园所发光发热，在未来的日子里，我们将继续努力。

为了小学生的身心健康成长

刘小强（广州市南沙区金洲小学）

南沙区刘小强名教师工作室成立的初衷是影响和带动一批积极主动、愿意成长的青年体育教师，为了小学生的身心健康成长而坚定目标、不断努力、共同进步。公开课是促进一名体育教师快速成长的重要途径。长期以来，主持人刘小强老师围绕成立工作室的初衷，严格要求，打好基础，抓住契机，整合资源，精心打磨，积极推荐工作室青年体育教师的优秀课例进行公开的交流、展示、研讨，从而促进其快速成长。

一、筑牢课例展示的基础

（一）依据课例展示的价值理清思路

公开课的展示有其特有价值，所以在工作室开展的学习和研讨中，应注重加强工作室成员对时事政治、教育政策的了解，注重加深工作室成员对教育改革、教育方式的认知，与时俱进，提醒工作室成员不能只是低头工作，还要了解新的教育政策和方向，及时更新教育教学观念，掌握和应用新的教育教学手段，有效提高课堂教学效率，从而对体育课堂教学起到参考、示范、引领作用。

（二）依据课例展示的要求练好内功

公开课的展示有其特有要求，所以在工作室开展的学习和研讨中，应注重加强工作室成员对体育与健康教学设计的学习，教学设计要规范，对各个环节的表述要简练、清晰，促使工作室成员掌握课程标准、深挖教材内涵、熟悉教学流程，对体育与健康课的整体结构有充分的了解和认识；加强工作室成员对体育与健康教学基本功的练习，专业能力过硬化，内容讲解清晰化、动作示范标准化、口令下达准确化、技术练习合理化、指导纠错有效化，促使工作室成员不能只吃老本，要不断学习、不断提高自身专业技术水平。

二、抓住教育政策的契机

（一）抓住增强体质的契机

近年来，小学生的体质健康一直是全社会关注的对象，其直接纳入政府部门的考核内容，且提升到相当重要的位置，各级行政部门均对小学生的体质健康水平提出要求。工作室抓住这一契机，于 2020 年 11 月 6 日联合区教育发展中心及时推出提升小学生体能水平的系列公开课例展示，一共 4 节，其中 3 节分别由工作室成员赖宙韬、袁伟、梁梓君老师执教，并且由工作室主持人适时进行了"提升小学生体能水平的策略研究"的专题讲座，既促进了工作室成员的成长，也给同仁们提供了提升小学生体能水平的参考和思路。

（二）抓住双减政策的契机

2021 年 7 月，中共中央办公厅、国务院办公厅发布《关于进一步减轻义务教育阶段学生作业负担和校外培训负担的意见》，小学生有了更多参与体育活动的时间和机会，家庭和社会皆对学校体育教学的发展寄予了更高的期望，学校的体育教学迅速成为社会关注的焦点。工作室抓住"双减"政策的契机，于 2021 年 11 月 26 日和 12 月 17 日联合区教育发展中心及时推出"双减"政策下提升小学生运动参与的 3 节公开课，分别由工作室成员韦尚霖、石伟宁、彭军国老师执教，并由工作室主持人适时举行了"抓住双减政策契机，提升学生体质健康"的专题讲座，既促进了工作室成员的成长，也给同仁们提供了提高小学生运动参与度的参考和思路。

（三）抓住交流帮扶的契机

为提高"三区"学科教学骨干教师的教学能力，深入推进新课程改革，工作室抓住交流帮扶的契机，工作室成员彭军国老师积极承担了 2021 年广东省"三区"中小学骨干教师专项示范培训项目的培训任务，并于 2021 年 11 月 16 日赴惠州市龙门县龙城第二小学进行课例展示，将篮球技能、篮球游戏、体能练习和情景教学融会贯通，既促进了工作室成员个人的成长，也给同仁们提供了篮球教学中发展体能的参考和思路。

根据国家新一轮东西部协作结对关系调整安排，广州增加了贵州省安顺市作为东西部协作对口帮扶城市，在教育方面通过签订对口帮扶协议，开展结对帮扶交流活动，实现教育优质资源互鉴共享、优良作风互学互进，推动教育高质量均衡发展。工作室抓住交流帮扶的契机，工作室主持人于2021年12月9日赴贵州省安顺市紫云县、西秀区、经开区进行了1节同课异构、1次成长分享和2个专题讲座，观念的碰撞、交流的深入、成果的辐射，共同为教育展情怀、为学生谋健康，有效地促进了工作室的辐射和发展。

（四）抓住新课程标准颁布的契机

最新版《义务教育课程方案和课程标准》刚刚颁布，工作室全体成员便抓紧时间进行研读和学习。为了激发学生学习兴趣，聚焦学生体能发展，提高南沙区各小学体育与健康课堂的教学质量，2022年4月28日下午在南沙区金洲小学，南沙区名教师刘小强工作室面向南沙区全体小学体育教师，举办了"结合篮球专项，发展学生体能"的体育与健康教研活动。本次活动面向全区小学体育教师，以线上观课评课说课、线下授课、专题讲座等形式开展，围绕"结合篮球运球，发展学生体能"这一主题，由工作室的两位成员姚健铭和赖宙韬老师进行了优秀课例的展示；工作室主持人刘小强老师围绕"加强深度学习，促进专业发展"作了专题讲座；区体艺部部长、体育与健康学科教研员刘力海老师围绕"新课标颁布后的体育课堂教学"进行了专题讲话，活动内容丰富，与会教师收获满满。

三、形成课例展示的特色

（一）凸显专业成特色

在课例展示中，工作室成员韦尚霖老师选择了"快速跑"的课题进行展示。在磨课中，大家发现韦老师田径专业能力特别强，动作示范特别准确，有利于给学生带来视觉冲击，从而引起学习兴趣。于是，在课堂教学中，韦老师在集体学习、小组学习和个人纠错中多次示范，大大提高了学生的学习兴趣。虽然练习内容的设计较为一般，但在韦老师过硬专业能力的带动下，同时附以"红色"情景进行思维冲击，再用"红色"歌曲进行听觉冲击，整节课学生累并快乐着，收效颇好。

（二）个人魅力成特色

在课例展示中，工作室成员梁梓君老师选择了"发展耐力素质"的课题、赖宙韬老师选择了"发展速度素质"的课题进行展示。两位老师个人形象好，教态端正，语言具有亲和力，仅凭个人魅力就赢得了学生的喜欢和尊重。亲其师，信其道，再加上老师的精心设计，注重细节，注重实效，整节课师生关系和谐，课堂效率显著。

（三）推陈出新成特色

在课例展示中，工作室成员袁伟老师选择了"发展柔韧素质"的课题进行展示，袁老师将静力拉伸法、动力拉伸法、简易弹震拉伸法以及PNF牵伸法相结合，综合应用多种手段，更加科学、合理地提高小学生的柔韧素质，练习手段新颖，练习效率高效，课堂氛围活跃，令人眼前一亮，很好地起到了公共课的推广和辐射效应。

（四）奇思妙想成特色

在课例展示中，工作室成员石伟宁老师选择了"障碍跑"的课题进行展示。石老师一改运用器材做障碍的传统做法，在学练障碍跑的跨、钻、爬、绕等技术时，全部用学生做障碍，通过多种形式的组合，运用多种练习手段，发展学生的障碍跑能力和团结合作精神，整节课构思巧妙、设计新颖、师生融洽、生生和谐、趣味性强，让学生在不断的挑战中体验了成功的喜悦，在欢笑中提升了障碍跑的技能。

（五）环环相扣成特色

在课例展示中，工作室成员彭军国老师选择了"篮球行进间运球"的课题进行展示。教学中，彭老师根据学生的年龄特点将篮球与情境游戏融为一体，将猫（老师）、老鼠（学生）和大米（篮球）三者的互动步步设疑、层层铺垫、环环相扣，将高人（高运球）、矮人（低运球）和超人（两高两低运球）的游戏贯穿整节课，游戏难度和运动负荷循序渐进，逐步加大，充分激发了学生的学习积极性，享受了篮球运动的乐趣，提高了篮球运球技能，增强了团队意识。

（六）项目融合成特色

在课例展示中，工作室成员姚健铭和赖宙韬老师围绕"结合篮球运球发展学生体能"的课题进行公开课例展示。姚建铭老师选择了篮球运球结合定向运动发展学生耐力，赖宙韬老师选择了篮球运球结合平衡球发展学生核心力量。两项看似不相关的运动项目巧妙融合，充分激发了学生的学习兴趣，呈现出了两节别具特色又收效颇佳的课例。

（七）深度学习成特色

在课例展示中，工作室主持人刘小强老师选择了"障碍跑：钻"的课题进行展示。学生由高到低组成不同难度的钻的障碍，利用钻的难度设置游戏关卡，学生挑战完一项关卡后，才能解锁下一难度关卡。追求解锁更难、更多的关卡让学生乐此不疲、意犹未尽，整节课由易到难、循序渐进，注重学生主体地位，在玩中学、学中练，玩出开心（不断挑战）、玩出技术（钻的技术）、玩出智慧（合作、轮换）、玩出健康（发展体能）、玩出环保（仰撑移动捡树叶），在本节课中，由一个简单的钻，学生们完成了 5 个难度的挑战。步步为营，水到渠成，为发展学生障碍跑的能力、培养学生障碍跑的兴趣提供了示范。

最近一年多的时间，工作室主持人和成员进行了多节区级或区级以上的公开课例展示和交流。这些课例能够推出，得益于工作室长期以来对解决体育课核心问题的坚持，得益于工作室成员的积极主动和不懈努力，得益于对教育政策和方向的认识和研究，得益于工作室的主动承担和积极争取，得益于上级主管部门的认可和支持。在此过程中，南沙区名教师刘小强工作室坚守为了小学生的身心健康成长的初心，不断学习，与时俱进，通过公开课的展示和交流，促使工作室成员敢于、能于、擅于上公开课，从而促进其快速成长。

专业引领，共同发展

黎金玉（广州市南沙黄阁中学）

一、工作室简介

广州市南沙区黎金玉名教师工作室成立于 2021 年 3 月，由主持人、特聘专家及 8 名区内初中生物教师组成。工作室通过专家引领、专题学习、课题研究、教学研讨、观摩交流、网络研修等多样化的方式开展教育教学理论学习和教学实践研究，促进教师专业成长以及名师自我提升。

二、工作室发展目标

工作室本着"专业引领，共同发展"的宗旨，以课堂教学为主阵地，以教育科研为先导，立足教学实际，聚焦初中生物课堂，充分发挥示范、引领和辐射的作用，把工作室建设成教师成长的基地，打造区域化的初中生物教学合作团队，搭建教师专业成长和交流分享的平台，培养更多优秀的生物学科骨干教师，致力推动我区初中生物教学及教研工作。

三、工作室成员培养目标

作为工作室的带领者，除了制定工作室的发展目标外，还必须明确工作室成员的培养目标，保证工作室成员的综合素养得到有效发展。工作室主持人指导成员结合个人实际、兴趣和特长等制定三年发展规划，明确在三年培训周期内及年度的发展目标，同时还要考虑如何帮助成员们实现目标，如何对成员进行客观的评价和考核，实现通过评价促进教师综合素养的提升。一名优秀的生物教师应具备哪些综合素养？工作室明确把学员的专业知识、教育观念、教学能力、教育科研能力、组织协调能力、反思提炼能力、信息技术运用能力、实践创新能力、课程开发能力、个人特色等十个方面作为培养目标。

为了更好地实现目标，主持人将目标细化具体，设计出"广州市南沙区黎金玉名教师工作室成员综合素养发展规划及评价表"，引导学员做好个人综合素养发展规划。

四、工作室成员培养思路和方法

工作室成员的培养主要分三个阶段：第一阶段是观摩学习、共读图书、专题学习、认真倾听等多种形式，全方位提升教师基础素养和理论水平；第二阶段是理论与实践相结合，运用所学知识开展专题研讨、教学实践、课题研究、主题活动、实验创新研究、课例展示、校本课程开发等活动，进一步提升教师的教学实践能力；第三阶段是提炼教学成果，通过撰写学习心得、教学反思、论文、研究报告，编辑成果集等，实现教师综合素养的进一步提升。

工作室成员培养主要从提升高度、拓展宽度、延伸深度、提高实效等多个维度出发，综合构建教学、研讨共同体，最终实现名师和骨干教师的共同成长。

（一）专家引领提升高度

工作室聘请了广州市第三批名教师、第一批教育专家工作室主持人，广东省第一批中小学生物正高级教师，广州市黄埔区教育研究院生物学教研员，广州市基础教育教师培训、继续教育课程评审专家，广东省（第一批）中小学幼儿园教师、校（园）长研训专家，人民教育出版社初中生物培训团专家刘艳红老师作为工作室的指导专家，为工作室的建设和发展指明方向。同时，先后邀请广州市玉岩中学正高级教师叶治平老师，广东省特级教师、广东省名师工作室主持人肖小亮老师，首批广东省科技教育名师工作室主持人、广东省初中生物骨干教师樊景新老师，倍特生命科学教育创始人、生命科学实验教育科研专家吴盟博士等为工作室作专题讲座和培训活动。通过专家引领、名师指导帮助学员开拓视野、提升理论高度。

（二）多元学习拓展宽度

工作室开展除了进行专题研讨、教学实践、课题研究、主题活动、实验创新研究、课例展示、校本课程开发等多种形式的活动外，还组织学员外出参观实践和学习；充分利用网络优质资源，如教研网、生命科学教育、国家中小学智慧教育平台、广州共享课堂等各种平台，以线上、线下相结合的形式进行学习和研讨；定期开展生物教育教学、生物学科专业图书共读活动，每周研读《生物学教学》《中学生物学》《生物学通报》等核心期刊优秀文献；利用全国优课比赛、说课竞赛、优质课例等资源开展学习和研讨。此外，工作室还通过购买网络云平台服务，共建共享学习资源库，不断充实和完善、同步收集和整理工作室成果，共同学习和交流。

（三）目标引领、任务驱动延伸深度

没有学习目标和学习任务的学习是浅表的，为此，工作室主持人指导成员制订三年发展目标，并设计综合素养发展规划及评价表，引导成员通过实际学习和实践达成培养目标，实现综合素养的有效提升。主持人带领工作室成员先后承担南沙区兼职教研员课题"在初中生物学实验教学中培养学生科学探究素养的研究"的研究工作、广州市电视课堂录制、南沙区生物学科深度学习单元设计及课例展示活动、广州市义务教育阶段单元作业设计与实施案例评选活动、帮扶梅州市蕉岭县基础教育高质量发展专项活动、广州市生物学科初中实验教学专题研讨活动等多项重要任务。成员参与的每项任务都能使自己得到相应能力的锻炼和提高。以深度学习单元设计及课例展示活动为例，从选定单元主题，到任务分工，到集体备课，再到分组完善—课例展示—观课—议课，近十次的线上、线下深度学习单元设计及课例研讨活动，每个环节大家都全情投入、全力以赴。从单元主题的确定到课堂导入，各个环节的设计、教学方法的选用、实验设计的创新与优化，在一次又一次的打磨与反思之中，成员之间迸发出创新的思维火花，磨出了合作无间的默契，挖掘一次比一次更深的深度。另外，主持人鼓励学员积极参与各项学科技能竞赛、课题研究、优课录制等活动，通过任务驱动促进专业素养的发展。

（四）因材施教提高实效

每个工作室成员的起点都是不一样的，他们的年龄、性格、教学经历、专长以及发展目标也都不一样。因此，除了实现工作室的基本培养目标外，还要结合学员实际，设定合理的、个性化的发展目标。学员制订三年成长规划表后，就可以有针对性地根据每个成员不同的特点和目标，合理进行培养和指导。例如，黄毅森老师擅长进行深度学习单元设计，可以结合他的特点，引导他继续深化对深度学习教学的专项研究；李凤婷老师擅长指导学生开展实验探究，可以引导她开展实验创新教学方面的研究；李丽芬、冯惠斯、黄毅森三位都是年轻老师，他们的学习热情高涨，可以引导他们加深对教材和课程标准的理解，多读期刊和优秀案例，逐步提升课堂教学的调控能

力及教学技能；陈淑慧、贺瑞、李耀荣和林振东四位老师有着丰富的教学经验，各方面综合能力都较好，可以建议他们发展自己的特色并进一步提炼教学成果，开展论文写作及课题研究等。

五、工作室取得的成效

（一）有效提升工作室成员的综合素养

在全体成员的努力下，工作室成立以来取得较丰硕的成果：成员参加各项初中生物学科类竞赛共获省级二等奖 1 项，市级成果 25 项（一等奖 2 项，二等奖 5 项，三等奖 5 项），区级成果 25 项（一等奖 4 项，二等奖 3 项，三等奖 4 项）。全体工作室成员均有不同程度的专业素养提升，其中南沙区朝阳学校贺瑞老师参加广东省第二届创新命题及说题比赛获二等奖，参加 2022 年广州市中小学教师信息技术应用能力提升工程 2.0 微能力比赛获 G3 微能力点冠军，参加广州市第二届青年教师教学技能大赛获二等奖；广州市南沙第一中学林振东老师参加广州市第二届青年教师教学技能大赛获三等奖，南沙区教学设计与作业案例二等奖，承担南沙区适合教育专项课题"'适合的教育'背景下初中生物学分层作业的设计与应用研究"并顺利结题；李耀荣老师承担的广东教育学会"十三五"教育科研规划小课题"初中生物教学中培养学生核心素养的实践研究"顺利结题；广州市南沙珠江中学淑慧老师顺利晋升高级职称；工作室团队作业设计案例作品《低碳生活我践行》获得2022 年广州市义务教育阶段单元作业设计与实施案例评选二等奖。

（二）积极发挥名师工作室示范和辐射作用

南沙区名教师黎金玉工作室先后邀请专家面向全区生物教师，围绕"执着追求　凝练提升——我的教师成长之路""生物学实验创新设计与评价实施探索""基于核心素养的中学生物科技活动组织与开展"等专题开展讲座；先后与南沙区生物科、南沙区中学生物研训基地、广州市暨黄埔区叶治平名教师工作室开展联合教研和交流活动。工作室主持人以"2022 年南沙区初中学业水平考试生物学实验操作考试备考研讨"为题开展全区生物教师专题讲座。工作室还顺利开展了 2022 年广州市南沙区教育发展中心帮扶梅州市蕉岭县基础教育高质量发展第三季度的帮扶工作，黎金玉老师作题为"基于核心素养的初中生物实验教学探索"的专题讲座，梅州市蕉岭县全体初中生物教师及工作室全体学员线上参与学习；在广州市全市生物教师参与的生物学科实验教学专题研讨活动中，主持人黎金玉老师作题为"新课标视域下的初中生物学实验教学初探——以'探究非生物因素对某种动物的影响'为例"的讲座，工作室成员黄毅森老师作题为"创设实验条件 增强实验效果——以'观察小鱼尾鳍内血液的流动'为例"的讲座。黎金玉老师带领工作室成员陈淑慧、李凤婷、贺瑞三位老师承担广州市共享课堂录制，共计4课时。工作室积极开展深度学习专题研讨活动，形成《低碳生活我践行》深度学习单元设计1个、优秀课例展示3个，专题成果面向全区生物教师展示；工作室成员李耀荣老师赴贵州安顺协作交流并上示范课。

六、工作室未来的发展

目前，工作室还在探索阶段，在专家的指导帮助以及工作室全体成员的共同努力下，顺利建设并取得初步成效。后续，工作室将从以下六个方面按照发展规划稳步推进。一是继续加强理论学习，用先进的教育理论及教学思想指导工作室的建设和活动，与时俱进，不断更新理念，积极研讨新课标，紧密联系初中生物教学实际，推进教学课堂改革；二是加快"在初中生物学实验教学中培养学生科学探究素养的研究"专项课题的研究工作，推进初中生物学实验教学研究向深度拓展，引导学员从学习型教师转变成研究型教师，促进其专业素养的成长；三是积极开发初中生物学科校本课程，发挥工作室成员的个人优势，结合项目式学习、深度学习、劳动教育、中医药文化、STEAM教育、综合实践活动等，努力打造跨学科融合又具备生物学科特色的初中生物学科校本课程；四是推进跨区域、跨工作室、不同层次的名师工作室联动，为工作室成员搭建更大、更多的平台，让他们有更多交流、学习和提升素养的机会；五是发挥工作室的团队力量，结合教学实际需要，不断充实教学和教研素材，不断丰富初中生物学科教学资源库；六是引导学员开展阶段性总结，整理工作室有价值的研究成果，积极推广，不断扩大工作室的影响力。

开发"智能家居管理"，优化课程体系与教学内容

林剑辉（广州市南沙区岭东职业技术学校）

　　南沙区名教师林剑辉工作室成立于 2021 年 3 月，由岭东职中、东涌中学、麒麟中学、珠江中学、金州小学等 5 所学校的 14 位老师组成，其中拥有硕士学位的老师有 4 人，高级职称的老师有 4 人。教师团队有扎实的教学基本功，深厚的专业技能，在教师专业技能大赛、教学基本功大赛、信息化赛中，多次获得市级第一名和省级二等奖；辅导的学生参加物联网、影视后期制作、图形图像、网络搭建等赛项的技能竞赛，多次获得市、省、国家第一名，其中国赛多达 20 位同学获奖。

　　工作室成立以来，我们积极开展各项活动，提升各项管理办公效率，提高教师的教学能力。如根据中职学生的发展变化，继续完善我校自开发的德育积分管理系统，适应了时代特点；积极引入信息化技术提高德育管理效率，实现了"互联网＋德育"的管理模式，以达到全员育人和家校共育，即班主任、科任教师、家长，甚至学生干部都参与到学生的德育管理中来。为方便教学资源存储、分享，搭建了学校云存储、企业微信微盘、建设学校网盘，同时开发了课室广播系统，同时组织教师们学习各种提升办公效率的技术，推进工作室成员积极应用信息技术提高教学工作效率。教学之余，我们团队积极参加各级教师技能比赛，如 2022 年 5 月至 7 月积极备战广州市、广东省教师教学能力大赛，团队设计的《智能家居安装与调试——智享人家》获得广州市和广东省二等奖，参赛成员有林剑辉、肖月桂、曾彦萍、卢道海、肖学义。在比赛面试过程中，评委专家对工作室自主开发的"智能家居虚拟仿真系统"高度赞扬。下面，介绍我们团队应用自主开发的"智能家居虚拟仿真系统"优化课程体系与教学内容。

　　根据《教育信息化十年发展规划（2011—2020 年）》，国家正在积极推进虚拟现实技术在教学中的应用，《关于开展国家级虚拟仿真实验教学中心建设工作的通知》指出，虚拟仿真实验教学是教育信息化建设和实验教学示范中心建设的重要内容，是学科专业与信息技术深度融合的产物；虚拟仿真

实验教学可实现真实实验不具备或难以完成的教学功能；为涉及高危或极端的环境，不可及或不可逆的操作，高成本、高消耗、大型或综合训练等情况时，提供可靠、安全和经济的实验项目。

物联网产业尚处于初创阶段，虽其应用前景非常广阔，未来将成为我国新型战略产业，但其标准、技术、商业模式以及配套政策等还远远没有成熟。作为国家倡导的新兴战略性产业，物联网备受各界重视，并成为就业前景广阔的热门领域。2018 年，教育部已审批中职学校开置物联网相关专业，使得物联网成为各家中职学校争相申请的一个新专业，毕业生主要就业于与物联网相关的企业、行业，从事物联网的安装、调试、开发、管理与维护。

物联网分为感知层、网络层、应用层，中职学校在专业建设中以此架构开设专业课程。感知层开设课程有"电子电工技术""物联网传感器技术"等，网络层课程有"计算机网络基础""网络设备安装与调试""网络操作系统"等，应用层课程有"C#程序设计""微网站设计""动态网站""AppInventor""人工智能"等，物联网专业的综合实践课程有"智能家居安装与调试""物联网工程实训"等。

中职物联网专业是新兴专业，目前还没有统一的课程体系，缺少相关适合中职学生的教材，科任教师通常会根据自己的喜好在网上选定教材，但这些教材与根据物联网三层架构开设的课程严重脱节，教学项目缺少关联。如程序设计课程，中职学生的英语和数学比较薄弱，程序设计对于他们而言是一门非常难学的课程。现在非常缺乏适合中职物联网专业学生的 C#程序设计教材，如果按传统的程序设计教学模式，实训的项目与物联网的应用没有联系，只学习枯燥的基本语法的话，很容易让中职学生失去学习的兴趣，等学生学习完应用层程序设计再去学习物联网的综合实训课时，学生根本就不能设计出物联网应用层的程序，从而不能完成综合实训课。

在传统教学实践中，担任应用层课程所选的教材和上课的内容知识点与物联网关系不紧密，教学效果不理想，特别是学生在学完这些课程后，再学物联网的综合实践课（综合三层架构）时，形成知识结构脱节，严重影响到这些课程的教学效果。

为此，我们自主开发了"智能家居虚拟仿真系统"，学生可以在"仿真系统"中搭建自己的家居设备，充分体验智能家居的系统运行，更容易理解物联网三层架构的工作原理。在程序设计的教学过程中，我们以学习开发"智能家居管理"系统作为贯穿整个课程的教学项目，结合物联网专业特点，在开发管理系统中教授程序设计知识点，因而学生在调试过程中可直观、形象地控制"仿真系统"，就像真实控制自己的家居，在学习物联网的综合实践课程、使用真实硬件设备时可以无缝对接，将物联网核心课程融合。通过这种方式为学生创设更适合的学习内容、学习方式和学习环境。

物联网实训虚拟仿真系统结构通讯与虚拟现实技术将为教育教学带来有存在感、沉浸感的学习，高成本、危险、困难、难以实现的学习，实践学习，高关注度与参与感的学习，互动和视觉学习，为学习者提供更加优质的学习条件和环境。通过虚拟仿真系统，学生可以在跟岗、顶岗之前进行反复的模拟，帮助他们对学过的知识点进行巩固，为岗前的工作做好准备。中职物联网实训设备种类繁杂、价格昂贵，如果学生在实训过程中使用不规范的话，对设备损耗非常大。在疫情严峻时期，学生在家学习时没有物联网设备，有些课程无法开展。因此，应用物联网实训虚拟仿真系统进行教学显得尤为必要，但目前市场缺少适用于中职物联网专业的虚拟仿真系统。

智能家居是物联网在生活中一个非常重要的应用，在许多学校作为物联网专业的综合实训课。笔者任教"智能家居安装与调试"课程多年，由于教学需要的设备使用频率高，出现设备损耗非常大、故障率高的问题，从而影响教学。由于学习程序设计的课程没对物联网项目设计进行针对性教学，因此，学生在安装好感知层和网络层设备后，却没能设计好应用层的程序。为此，笔者根据多年教学经验，自主开发了"智能家居仿真系统"。该系统采用 B－S 架构，用户登录后可以创建自己的家居系统，在家居系统中可以自由添加客厅、卧室、厨房等空间，在空间中添加各种设备并设置好设备的云变量（标识），各种设备数据既可以上传于阿里云，也可以通过 httpPost 方式与 C#、Java、Python 开发的程序交互数据。

融合课程是把有内在联系的不同学科合并为新学科，可以打破学科壁垒，通过教学目标与内容的融合、教材的融合、教师教研与教学方式的融合等实现学科的统整与融合，为学生创设更合适的学习内容、学习方式和学习环境。融合课程使教师们彻底改变了长期以来的"学科本位、各自为战"的工作方式，紧密组合为一个"全能部队"式的研究整体。下面，以"C#程序设计""智能家居安装与调试"为例阐述物联网核心专业课程的融合。

"C#程序设计"可以开发各种系统为教学项目，如"智能家居管理系统"，物联网综合实训课教学涉及物联网三层架构学科知识，其中应用层是设计"智能家居管理系统"。因此，这两类学科是有内在联系的，但在一般的物联网专业中，任教这两门课的教师并不会将这两类课程联系融合，原因主要有以下三点：

（1）担任"C#程序设计课"的教师可能对物联网智能家居了解得不深刻，所以只能引用书本例题进行项目讲解。

（2）物联网实训设备并非时刻已安装好，开发的程序不能进行功能性调试。

（3）没有合适的虚拟仿真系统程序调试环境。

因此，可以基于虚拟仿真系统，以"智能家居管理系统"为教学项目，设计出 C#程序设计、动态网站、微网站、App 的应用模板。在教学过程中，以学习开发"智能家居管理"作为贯穿整个课程的教学项目，将枯燥乏味的程序设计知识点分解到这个项目中，改变传统程序设计按教材讲授语法的讲练教学模式，结合物联网专业特点，在开发管理系统中学习程序设计知识点，在调试过程中可直观形象地控制"仿真系统"，就像真实控制自己的家居。这样既培养了学生的物联网思维，又激发了学生的学习兴趣，提升了学生的程序设计技能。通过该模式的教学，学生对物联网的应用层有比较深刻的认识，在学习物联网的综合实践课程时可以无缝对接，更好地培养优秀的物联网人才。

在传统的教学实践中，担任应用层课程所选的教材和上课的内容知识点与物联网关系不紧密，教学效果不理想，特别是学生在学完这些课程后，再学物联网的综合实践课时，易形成知识结构脱节，严重影响这些课程的教学效果。为此，开发"智能家居虚拟仿真系统"，实现物联网核心课程的有机融合，既可以减少硬件设备损耗，也可作为线上教学平台提高线上教学实训练效果，有效地提升教学质量。

"智能家居虚拟仿真系统"的数据可以上传到阿里云，并设计了 C#、微网站、App 的应用模板。在教学过程中，以学习开发"智能家居管理"作为贯穿整个课程的教学项目，融通物联网专业课程，有效地培养物联网思维，可以对接一般学校主流的实训硬件设备，无须增加硬件成本及额外资金负担。基于虚拟仿真系统，可以打破物联网专业核心课程的学科壁垒，通过教学目标与内容的融合、教材的融合、教师教研与教学方式的融合等实现学科的统整与融合。课程的融合应用虚拟仿真系统，在疫情期间学校经常停课的情况下，可以很好地解决线上教学设备缺乏带来的问题，同时可以解决教学硬件资源短缺、设备损耗大、学生数量大、实验设备设施捉襟见肘的难题，而且还能增加学生的实践机会，提升解决实际问题的能力，让学生更好地与企业接轨，更好地理解物联网架构，掌握传感器知识，了解物联网系统网络要求，有效地培养物联网思维。因此，本研究方案可以在一般的中职学校推广应用，优化课程体系与教学内容，从而全面提升教育教学质量。

"智能家居系统安装与调试"是计算机网络技术（物联网方向）专业的核心课程，是我校市级精品课程、1＋X 试点项目，该课程对接物联网工程岗位，具有时代性、创新性、实践性与引领性，对培养守正创新和技能强国的物联网高技术技能人才具有示范引领作用。

我们的团队项目围绕"以岗定课、以赛提技、以证定标"，运用自主研发的家居仿真系统、虚拟体验平台和教学评价系统，依据国家行业标准新规范，培养守正创新的物联网工程高技术技能人才，以真实企业项目的工作过程为主线；以习近平总书记提出的"守正创新"思想为指导；将"精益求精、技能强国"思想的融入为支撑；通过自建在线开放课程平台，创新线上线下混合式教学模式，取得了显著的开创性教学成果。构建行动导向六步教学模式，7S企业现场管理法，从而有效达成了培养物联网工程高技能人才的教学目标。下面以"智能家居系统安装与调试"为例，阐述课程体系优化。

1. 课程定位

"智能家居系统安装与调试"是计算机网络技术（物联网方向）专业的核心课程，也是我校市级精品课程和1＋X试点项目。教学主题"智能家居系统综合实践——智享人家"是"智能家居系统安装与调试"课程项目八的教学内容，共18课时。

2. 建立"岗课赛证"融通体系

课程建立了"岗课赛证"融通体系，从企业需求（岗）、专业基础（课）、技能大赛（赛）、职业认证（证）分析岗位工作内容、专业基础知识、竞赛素质要求和考证知识体系，并以此重构人才培养方案、专业课程体系和课程教学内容。

3. "模块—项目—工作任务"式教学模式

该项目依据岗位选取的工作任务，转化岗位需求为课程需求，是物联网家居课程的一个综合项目，具有典型的企业应用背景，有利于按照企业实际工作流程和评价标准组织学习活动，将工作过程转化为学习过程。细化工作任务共5个，任务1引入企业新工艺和大赛新规范，任务2引入大赛新规范，任务3引入大赛新规范和考证新标准，任务4引入考证新标准，任务5引入企业新工艺。并结合专业特点，有机融入守正创新、技能强国、工匠精神等育人新要求，实现润物无声的育人效果。

我们的教学对象是计算机网络技术（物联网方向）二年级学生。经过两年的专业知识储备，学生已经具备一定的物联网思维，能从物联网的体系架构感知层、传输层和应用层，整体认识智能家居在物联网中的应用技术。学生的知识基础，通过前期7个项目的学习，学生已经掌握了智能家居各种监测设备的装调，具备一定的Web开发能力，为综合项目实践打下扎实基础。但是，学生在思维水平、技能掌握等方面存在差异，缺乏企业真实项目的锤炼。学生喜欢生动、多元的课堂；在任务驱动下，学习效率更高；在合作学习中，更能发挥他们的创造能力。根据学生的专业特点，采用行动导向六步教学法，促进学生实现符合个性化成长规律的智慧发展，具体如下：

1. 精确目标、精细任务、精准赋能，贯穿素养提升全过程

以"精—细—准"的要求引导学生提升自身技能。课前，在任务分工、任务实施的阶段，引导学生进行个人职业素养的诊断；课中，通过严格标准规范强化学生操作，提升学生职业素养；课后，通过反思讨论，渗透思政理念。教学过程落实立德树人根本任务，坚持授业育人结合，以国学精髓为基础，以技能强国、精益求精的工匠精神为主导，深挖专业教学的职业素养和思政元素，将培养积极向上的人生观、世界观、价值观贯穿整个教学过程。

2. 企业进课堂、教学面对面，贯穿项目实施全过程

学校引进企业模式，企业工作室进驻校园，企业带来实训项目，参与学校的教学计划制订，并指派专业人员参与学校的专业教学。从项目分析到项目验收，能让学生更好地了解专业知识在未来工作中应用的前景，更好地促进课程内容与企业需求相结合。

3. 行动导向六步法，贯穿教学环节全过程

采用行动导向六步教学法（新课预告、资讯上线、任务导入、计划决策、任务实施、评估展示），以学生为主体，引入国赛标准和企业规范，借鉴智能家居设计真实案例，并将其嵌入知识点和技能点，实现教学过程与工作过程对接，将真实性项目任务贯穿整个教学过程。融入现代信息技术，依托家居仿真系统和虚拟体验平台，开发智能家居教学平台等信息化学习资源，拓展学习时间和空间。课前，任务启动，发布学习资料，学生自主学习；课中，学生在任务计划决策、任务实施操作、任务展示评估的过程中，掌握学习重难点，帮助学生建构起智能家居知识体系，培养学生解决问题和沟通交流等能力；课后，进行反思复盘，积累经验，养成良好职业素养，培养学生终身学习的能力。

4. 规范标准、7S 现场管理，贯穿实践操作全过程

将智能家居行业新工艺、课程新技术、大赛新规范、考证新标准贯穿实践操作全过程，在实践操作过程中，让标准成为习惯，习惯符合标准。引进企业模式，结合 7S（整理、整顿、清扫、清洁、素养、安全、节约）企业现场管理理念，严格控制操作过程，让学生在亲历完整的工作过程中培养职业能力，打造专业、职业、敬业、乐业的创新型实操课堂，培养学生安全规范的实操技能和严谨的职业态度。

通过优化课程体系，在专业教学过程中以岗定课、以赛提技、以证定标，校企共同搭建校内外实训环境，对接企业标准设置工作任务，校企共同实施教学。同时，参考物联网智能家居行业规范、1＋X 职业技能等级证书标准和全国职业院校技术大赛相关标准进行任务升华，通过教学课前课后对比统计，达成了四位一体的教学目标。我校物联网团队被评为广州市职业教育金睿奖"最具发展前景奖"。

向内凝聚带动　向外辐射示范

麦炳焜（南沙区金洲小学）

一、同心而聚，师培新样态

南沙区麦炳焜名教师工作室（2021 — 2023 年）自 2021 年 3 月成立以来，主持人金洲小学高级教师麦炳焜老师带领着 8 位各具风格的中青年骨干教师，坚守"向内凝聚带动，向外辐射示范"的初心使命，以产出导向促名师工作室之间相互借鉴、良性竞争，以活动呈现倒逼名师工作室化被动为主动，调动内驱力，将"我们"（群体）的智慧凝聚为"我"（工作室）的影响力！

二、名师工作室，因何而立身

工作室成立之前，我们通过定制度、做规划等进行一系列前期谋划；工作室成立之初，我们通过制订精细化的年度计划及学员手册进行推动建设；工作室成立之后，我们以构建学习共同体的方式，通过专业引领、同伴互助、交流研讨、培训研修、课题研究促进共同发展。

（一）共同的愿景——立身之本

沃伦·本尼斯认为："在人类组织中，愿景是唯一最有力的、最具激励性的因素：它可以把不同的人联结在一起。"作为教师专业学习共同体，我们工作室应有自己的共同愿景。工作室是一个怎样的集体？这个集体的目标是什么？应选择何种载体和方式进行集体攻关？共同体的领衔人和成员经过学习、研讨、实践要达到怎样的提高？它并不是领导的要求，也不是某个人的意愿，而是在认真细致分析的基础上共同确定的共同愿景，是工作室成员心中共有的愿望景象，由集体愿景和个人愿景经过民主协商、整合凝聚得来，在描绘成长愿景过程中建立起大家的专业发展信念。

工作室是大家的工作室，不只是主持人的工作室。单靠主持人去推动工作，效果大打折扣。设愿景必须全体成员全程参与。激发内驱力，成就"一群有心人"。于是，我们开展了"我要成为怎样的我""怎样成为那样的我"为主题的研讨活动。活动中，各成员不但对两个主题侃侃而谈，而且对目前的"我"进行了深入的剖析。有的成员虽年轻但已有区级的公开课经验，有的成员提及自己在课题研究和授课方面还缺乏技巧、门道，期待有新的突破；有的成员经验丰富分享了教学技巧。大家提出，我们要做"一群有心人"，我们的工作室是师德高尚、业务精湛、充满活力的高素质专业化团队。就这样，一个个的"我"组成了"我们"，"我们"又造就了这个有着共同愿景的"我"！"我"的共同愿景（追求）是在有限的时间里创造无限的可能，造就更好的"我"，成就一个更多的"我们"。我们坚信：一个人走得快，一群人走得远，一群有共同追求、共同梦想的人走得更远！

（二）多维的引领——立身核心

从名师工作室的本质来看，名师工作室是一个"自愿组合"的团队，无论是组建工作室的名师，还是加入工作室的成员，都本着"自愿"的原则，他们都有迫切的自我提升的愿望，也具有一定的专业发展的基础，他们都渴望在更高的平台上得到发展。基于工作室立身所需，我们借广州市共享课堂录制、南沙区中小学骨干教师培养对象跟岗学习及与贵州省安顺市西秀区五所结对学校的契机，让"更大的一群人"通过集体备课、听课、评课、议课、课堂实例观摩、专题讲座、经验分享、交流研讨会等多维的"引领"活动，让大家开阔了视野、更新了教学理念，学习到了小学数学教学的新思想、新方法。特别是广州市共享课堂，让大家走上更高更大的课堂，成就"更大的一群人"！

因此，引领教师向更高层次发展、走精英化发展的道路，努力打造新一代名师，便成了名师工作室的本质属性，教师的专业发展也就成了名师工作室的内在驱动力！有了多维平台的引领，工作室成员纷纷围绕"引领"做文章，以"教师专业发展"为核心概念，以"学习""研究""发展"为关键词，定位角色，造就了引领型的"我"（工作室）！

（三）科技的助力——立身良方

在"双减"背景下，在探索学校"减负提质增效"的路上，"智能助力"是一个有价值的尝试。工作室在区教育发展中心的帮助下，成为"一群敢于创新之人"，利用智慧作业人工智能面批辅导技术助推课程改革。工作室主持人及成员承担了"智慧作业人工智能面批辅导技术试点项目"。在一个多月的课堂、课后实践中，我们团队通过"悦活"课堂文化为基础，通过AT作业面批机、AI个性辅导机两种智能机器助力，尝试打造"5＋30＋5"的"悦活"课堂，即5分钟作业讲评、30分钟高效教学、5分钟的堂上作业，这是一次大胆的探索。科技发展加速了教育变革。过往，数学老师会花很多时间在作业批改、订正、分析、讲解上，但使用AT作业面批机，那只是十多分钟的事。精细的批改、精准的分析、高效的反馈、个性的辅导，大大减轻了教师和学生的负担。这让讲评更高效、订正更容易，让"5＋30＋5"变得有可能。有了AT作业面批机的作业报告，教师可以快速对学生的作业情况进行分析，掌握学生的薄弱点，抓住重点进行作业设计，让作业的巩固作用进一步提升。工作室成员王漫老师不禁感叹道："科技让教育焕发炫丽的光彩，教育让科技充满人性的温度！这才是发展的教育吧！"

很欣喜，我们在南沙区教育局的支持下，找到了工作室立身、发展之路。名师工作室的运作应该紧紧围绕教师的专业发展，努力寻求教师新的生长点，提炼新的主张，培养一批正在成长的新人。虽然我们的道路走得平实，但是我感受到了工作室成员们行走的力量、成长的力量。这才是南沙区麦炳焜名教师工作室的新样态！

附录

怀抱梦想，一路生花

王漫（广州市南沙区金洲小学）

自2021年3月南沙区麦炳焜名教师工作室成立以来，我作为工作室的成员之一，深切感受到了这个平台对个人教育教学工作非同寻常的影响。在工作室里，我感受到了作为一名数学教师的意义，领悟了教师转变观念、提高教育教学能力的真谛。名教师工作室的各项活动不仅开阔了我的视野，而且帮助我提升了教育素质水平，还使我认识到自身的不足。

一、名教师工作室促进我提高自身素质

名教师工作室为我们提供了交流沟通的机会，提供了互相学习的平台。在工作室主持人麦炳焜老师的引领下，我们增长了前进的动力，从更大程度上激发了自己的潜力。在这一年间，我由以前懒于总结整理到现在勤于发现总结，不断地学习、反思，让自己的教学水平在一定程度上得到了提高。在工作室组织的各项学习和教研活动中，我学到了很多教育教学理论，并接触了大量优秀的数学教师，在不断的学习当中，我时刻感到自己的不足。

根据名教师麦炳焜工作室的推荐书目，我重点阅读了《吴正宪课堂教学策略》一书。该书有大量的课堂教学案例，每次阅读，都会使我产生深刻的教学思考。通过阅读该书，我清晰地理解了一些课堂教学的有效策略，并能够依据实际情况在课堂实施部分策略。对怎样实施有效教学、如何提高课堂教学质量等问题有了更加清晰的思路，为自己课堂教学的有效性提供了理论保证。通过多次理论学习，我明白了以科研促教研的重要性，更新了教学理念，提高了教学素养，同时也提升了自己的教学水平。

2021年8月，在工作室主持人麦炳焜和工作室成员李健森的帮助和指导下，我顺利完成了广州电视课堂"搭配（一）简单的排列"的录制。此次录制从初稿到录制完成历经10个月，从束手无策到胸有成竹，虽然整个过程一直在加班改稿，但是从中的收获却是没有办法计量的。通过这次录制，我认识到线上教学与线下教学的不同，在日后再次制作微课时，也会更加得心应手。

2021年10月19日，广州市南沙区金洲小学开展了"智慧作业人工智能面批辅导技术试点项目观摩活动"。我有幸担任这节课的主讲人，感谢学校给予我的舞台，也感谢工作室主持人给予我的教学指导。课之伊始，我对学生作业的典型错题进行剖析，利用 AT 作业报告中的 AI 讲题动态展示了解法。随后，学生自主订正，用 AT 面批机进行二次批改。我通过计算、总结、辨析以及综合应用四个板块，引导学生对知识点进行系统回顾梳理，将小数除法这个单元所学的知识融为一体。整节课环环相扣，一气呵成，学生拾级而上，温故而知新，渐入佳境。这次活动的举办，使我看到自己的闪光点，也看到了自己的不足，如在课堂上的教学临场反应不足，需要继续积累经验，多阅读、多思考。

二、名教师工作室提供我博览众家之长的机会

名教师工作室的开展，为我们搭建了一个交流、学习的平台。通过听课、研讨和交流，加强了彼此之间的沟通，通过这种沟通，大家相互启发，相互促进，共同进步。

2021 年 10 月 19 日，在主持人麦炳焜老师的带领下，我和工作室部分老师赴东莞参加了"课改二十年"主题峰会之全国小学数学"聚焦新课标，发展核心素养"名师观摩研讨会，有幸亲身感受这场小学数学教学的盛宴。在观摩研讨会上，来自全国各省的优秀数学老师为我们呈现了一节又一节精彩的数学教学课，每一节课都有很多值得我学习借鉴的东西。

在观摩研讨会之后的工作室交流活动中，我更加明确了今后需要努力的方向和奋斗的目标：提高数学教学素养、提高专业水平、提高教学技能及教科研能力。我一定会将此次观摩中自己的所见、所学、所想投入日复一日却又日新月异的教学中去。

2021 年 12 月 17 日，工作室主持人麦炳焜老师为我们上了一节示范课——"植树问题"。麦老师通过充分体验、动手操作、课件数形结合的演示、小组合作交流等有效的学习手段，帮助学生夯实学习基础，重视对学生数学思维能力的培养。此次研讨活动带给我的不仅是一节"悦活"课堂的呈现，更是立足于数学课堂的高效思考。我将继续着眼于常态研究、聚焦"悦活"课堂、关注实效，扎扎实实做好教育教学研究工作。

三、名教师工作室坚定我课堂教学追求本真的信念

在名教师工作室的学习过程中，我一直结合自己的日常教学工作，时刻反思自己的教学观和教学行为。因为我深知课堂教学是教师成长的主要载体，是提高教师专业水平的有效途径。我认真进行每一次教学活动，提前做好教学设计，做到有备上课，课后及时反思，做到总结提高，把教学能力的提高落实在每一天的课堂教学中。在教学中完善、提炼教学风格，不断地提

高自己的业务水平，形成成熟的、有个性的教学模式。

此外，在工作室主持人麦炳焜老师的鼓励和指导下，我积极撰写论文，以理论丰实自己的头脑，以行动践行自己的信念，现已发表论文《小学数学线上资源制作思考》。我还并积极参与各项活动与比赛，相信努力定会绽放出美丽的花朵。

名教师工作室的初衷就是以名师的榜样力量辐射整个教师群体，以名师队伍建设促进教师队伍素质的整体提升，促进全区学科教学全面开花结果。工作室学员各有特色，每一次活动、每一次探讨，总能感受到伙伴们闪耀智慧的思维火花，他们分享的学习成果让我视野开阔、思想升华。

回顾本年名教师工作室的工作，我觉得自己进步不小，但也存在着不足。我将会在今后的工作中，继续发扬自己的优势，努力改正自己的不足，以更高的标准来严格要求自己，力争在教学、科研上都取得更大的进步，无愧于名教师工作室成员的称号。

研究　提升　反思　推进

阮汝敏（广州市南沙区南沙街道红星幼儿园）

一、工作室概况

南沙区阮汝敏名教师工作室成立于 2021 年 3 月，以"幼儿游戏的观察"为主线，以专业引领、团队学习、同伴互助、交流研讨、共同发展为宗旨，关注幼教前沿，注重在行动中研究，在研究中提升，在提升中反思，在反思中推进，使工作室成为"研究的平台、成长的阶梯、辐射的中心、教师的益友"。

主持人阮汝敏，中共党员，一级教师，本科学历，教育学专业毕业，从教 24 年，现任南沙街道第三幼儿园副园长；曾获市级骨干教师、南沙区名教师、番禺区优秀教师（教育工作者）、番禺区好园丁等称号；多篇论文及活动设计，分别获省、市、区的一、二、三等奖，并发表在杂志上；教学课件《打电话》，分别获全国二等奖，省、市、区一等奖；现聘为南沙区政府督学，南沙区民办协会学前教育专业委员会专家，南沙区学前教育教研第一责任区副组长，南沙区教学研究中心组成员；曾主持南沙区教育科学"十三五"规划课题、番禺区教育科学"十三五"规划课题、广州教育学会幼儿教育专业委员会"十三五"重点研究课题等均已结题，并参与多个课题研究工作等。

成员罗钰婷、张紫媚、罗琼秀、陈海花、黄锦珠、唐志丹、周桐羽、吕婷婷、方娟、黄柳媚、王丽伏、徐冲、杨青文、黄帼栩、郭绮华等 15 人，是分别来自南沙区内公、民办幼儿园的行政领导、骨干教师。

成立之初，工作室根据发展前景、发展特色、人员组成要素、个人专业发展需求等进行考量，共同协商出工作室的发展愿景、目标，同时建立了阶段性目标，让每位成员明确自身在每个阶段的任务；共同协商制定考核方案，调动成员在教学和科研中的积极性，更好地为学习共同体出谋划策。工作室营造积极的团队文化，让成员在组织中找到自我归属感和认同感。

为推动工作室建设，促进教师专业能力的提升，工作室通过线上、线下开展形式多样的活动，多次组织现场及线上研讨、专家讲座等，工作室成员在每次学习培训中认真记录并撰写学习心得，加深理解从而学以致用。

工作室自成立以来，努力建设一支师德高尚、业务精湛、充满活力的高素质队伍，成员们积极参加各级各类论文、案例评比，获区级奖项 20 人次、市级奖项 1 人次，发表论文 3 篇，主持、参与区级课题研究 12 项、市级课题研究 5 项等，促进专业的提升，并以点带面发挥辐射作用。

二、工作室成员的特点和存在的问题

（一）工作室成员成长环境不同

工作室成员的工作单位涵盖了公办和民办幼儿园、省级和未评级幼儿园、区属和镇街幼儿园，每位成员由于有着不同的生活背景和工作经历，他们对自己专业发展有不同的需求。另外，不同幼儿园的园所文化、行政管理和队伍建设的方式等存在不同模式，成员自身所处的教育背景和教育环境也存在着差异，她们有着不同的教师专业发展阶段，面临着不一样的专业发展困境。成员所处的园所情况不一样，所遇到的问题也就不一样，虽然有些问题大同小异，但是问题的解决还是与一个幼儿园自身的组织性质、组织文化等有着密切的关系。在工作室中，成员一般只讨论与教学相关的问题，教学的问题具有普遍性，但出于对自身所处幼儿园和自身情况的考虑，对于特殊性问题的教师都很少提出，导致工作室难以形成学习共同体。

（二）工作室成员存在工学矛盾

工作室成员有着自己的教学任务和教学管理等工作，每位成员之间的园所不同，空闲的时间段也不大相同，在工作室中又是以学习者的身份出现，工作和学习的时间难免出现冲突。当工作室开展活动时，需要从协调时间、下发通知、活动准备等都投入一定的时间和精力，将活动调整到大家都有时间参与是有一定的困难性的。另外，成员所在的园所之间也有一定的距离，将所有成员集合起来也很不容易。时间是保证成员们学习的前提，如果时间无法合理地协调，成员们也无法参与工作室活动，从而达不到良好的效果。

（三）工作室成员的决策权缺失

工作室主持人是幼儿园的负责人，有权利去改变整个幼儿园的管理或教学方法等，日常工作室开展活动大部分都是从幼儿园角度进行考虑，也针对某些问题给予建设性的建议。但是，工作室成员还包括了教学主任、骨干教师、青年教师等，他们没有决定权组织活动，无法去影响整个幼儿园的管理和教学工作等，这些活动后的反思及建议往往可能只是"徒有其表"，无法达到真正的落实。

（四）工作室成员的评价机制缺乏

工作室作为一个由教育行政部门管控的组织，虽然有工作室管理与考核细则，但都是指向工作室期满考核指标，评价目的功利性较强，工作室本身也没有明确的激励评价机制，这些都掣肘着工作室的发展。对成员的学习效果进行评估属于推进教师专业发展的外部约束条件，由于没有外部条件对教师行为进行量化评估，成员对此的重视程度不太高，这就导致成员无法对自己在工作室的表现得到明确的认知，也会造成学习松懈的情况。

三、工作室成员培养策略

（一）清晰定位，明确发展目标

1. 建立团队的共同愿景

工作室主持人将共同愿景设置为：以《纲要》和《指南》为依据，以"幼儿游戏的观察"为主线，以专业引领、团队学习、同伴互助、交流研讨、共同发展为宗旨，使工作室成为"研究的平台、成长的阶梯、辐射的中心、教师的益友"。

只有定位明确才能有效把握工作的重点和难点，同时，只有建立了阶段性目标，才能让每位成员明确自身在每一阶段的任务。

2. 成员制定个人发展规划

工作室确定了共同愿景后，各成员根据自己实际情况为自己制订详细的个人发展愿景和计划，这样既可以让教师解决自身的问题，还可以获得更全面的专业发展。

（二）建立制度，保障运行条件

由于教育的发展性，教师和其他职业有所不同，学习不仅是一种观念、一种态度，还成为一种职业需求、一种生存格调、一种生活方式。工作室每位成员都希望参与到工作室的建设中，在学习共同体中获得成长和发展。首先，工作室在成立之初通过会议协商建立了一些相关制度，明确的规章和制度为工作室开展活动提供了保障。其次，工作室建设和谐合作的学习文化，让成员能自由地表达观点、激发思维碰撞，相互产生积极的影响，并运用多种方式发现、认同、鼓励教师个体的价值与成就，从而激励其为了取得更大的成就与发展而不断努力，实现自我价值。

（三）培养意识，共建团队文化

名师工作室作为一个教师学习共同体，其发展是相互一致而又相互独立的。相互一致要求成员对共同体的认知一致，共同学习、合作实现共赢发展；相互独立要求成员有自己的个人见解，能够进行思考并表达自己的想法。学习共同体需要建立成员之间的信任关系，将工作室思想传递给每一位成员，树立学习共同体的意识，形成浓郁的集体文化氛围，使成员在遇到问题时可以借助其他成员的力量去解决问题，从而加强园际之间的合作，使成员在组织中找到自我归属感和认同感。

工作室应该营造一种优秀的团队文化：①打造工作室微文化环境。工作室 logo 基于"以人为本"的设计理念，从教师与幼儿两个层面进行体现，以促进教师的发展，开拓教师视野为目标，选择适合幼儿的教育为基础，融入针对幼儿的创新型教育观为导向，在不同的角度、层面、形式，让师幼在绚丽多彩的学习发展中展翅高飞。②主持人的领导方式应该民主开放。主持人应鼓励支持成员工作并做出好的榜样，没有绝对上下级权威的压迫感，成员之间能够做到畅所欲言，乐于接受别人的批评指正，这样成员才能获得更多的真才实学，做到积极自主反思、努力改进，最终促成自身的专业发展。

（四）完善机制，促进个人成长

在工作室发展过程中，评价制度有利于成员准确认识个人的优势和专业能力，也有利于调动成员在教学和科研中的积极性。工作室主持人与成员共同协商制定考核方案，通过制定合理的、可实现的考核制度和可量化的标准进行考核，在具体工作环节中实事求是。成员处于学习共同体的主体地位，对于表现好、有突出贡献的成员提出表扬，有助于调动成员的积极性，更好地为学习共同体出谋划策。

名师工作室作为一种教师专业学习共同体的有效打开方式，有其独特的模式价值和作用。目前，工作室尚处于"摸着石头过河"的探索阶段，主持人作为工作室的具体策划者、调控者、组织者、推进者，应在不同时期、不同场合扮演多种角色，发挥示范引领作用，实现"以一个人带动一个团队、以一个团队影响一批人、以一所园辐射一批园"的目标，在最大程度上提升教师专业发展，实现教师共同发展、共同提升。

求新求变　育德育人

苏泉月（南沙区南沙小学）

南沙区苏泉月名教师工作室于 2020 年 4 月面向全区招学员 9 人，助理 1 人。2020 年 10 月，有 3 位语文老师对工作室研究的"用工具撬动课堂"非常感兴趣，积极申请加入。2021 年 3 月，由教育局组织帮扶梅州市蕉岭县基础教育高质量发展，从蕉岭县教师队伍中增加 6 人。现共有 19 名学员。

学员中有教龄超过 20 年的，有教龄为 5～10 年的，也有教龄为 3 年左右的，学员的年龄结构梯度合理，有利于形成互补型的学习共同体。学员们积极向上、好学求真，对思维工具感兴趣，对课堂教学有追求。

工作室以"求新求变，育德育人"为团队发展愿景。求新，在课堂教学中锐意创新；求变，敢于直面课堂上僵化刻板、低效耗时的教学问题，探索改变策略；育德，厚植教育情怀，涵育高尚师德；育人，着眼于未来与世界，以渊博的学识和高超的教学技术引领学生，以榜样的力量带动学生树立崇高的理想与信念。

工作室以"工具课堂"作为团队三年研究的主方向。主持人苏老师带领团队深入课堂教学，以问题为行动导向，为每一个问题研发最优化解决策略的工具清单，让思维方式可视化、学习策略和教学策略可操作化。

工作室以研究"工具课堂"为轴心开展课题研究、任务式观课培训、学习工具的制作与使用、精品课制作、参加教学大赛等研修活动，并在微信群进行"每日一问"线上学术沙龙。由值周学员每日分享一则语文教学和班级管理方面的文章、书目、教学故事，并提一个问题，学员们围绕问题思考，发表自己的见解，在微信群里展开讨论。学期末，每个学员汇总自己的发言，把自己思考的足迹留档，作为课题研究的触发点、写论文的案例生发点。从整理出来的 37303 字的发言材料中可见各学员在"每日一问"的研修活动中积极分享交流，互相启发。

主持人建立区名师工作室成员专业发展档案，以跟踪学员专业发展情况，为学员的成长提出个性化建议。此外，工作室与区教育发展中心紧密联系，以承担区级教研任务为契机，为学员搭建锻炼的平台，促进其发展。如承接区教育发展中心的深度学习成果展示项目，带领集团的语文骨干教师和工作室成员进行备课、磨课，展示深度学习的研究成果；承接"南沙区小学语文教师自主练习资源包"建设任务，组织李晓、冯巧欣、洪涵老师进行练习设计，该资源包被选用于区四年级学生使用；组织和指导学员参加基础教育精品课录课工作，主持人苏老师和工作室成员林佩仪、胡小清、彭秋平的课例都获省级和市级基础教育精品课。一年里，有 10 位学员的教学成绩是优秀，带班获区先进班集体有 2 人，教学比赛获奖有 25 人次，指导学生获奖有 29 人次，参加校级以上公开课有 10 人次，参加省市区级课题研究共有 17 人次。

与其说是名教师工作室构建了名师与学员之间师徒关系，不如说工作室是由共同的价值观和愿景组成的学习共同体，把学习融合在教学实践中，学习即实践，实践即学习。

探究　创新　高效　人文

唐明再（广州市南沙第一中学）

一、工作室简介

南沙区唐明再名教师工作室于 2021 年 3 月由南沙区教育局授牌成立，主持人及成员组成情况如下。

主持人唐明再，中共党员，本科学历，中学化学高级教师，全国优秀教师。2008 年从湖南调入广州南沙工作。曾为广州市中学化学特约教研员、广州市教研会理事、广州市教研室中心组成员、南沙区教育科研骨干教师、南沙区中学化学教研会会长、南沙区第一批中小学学科带头人、南沙区首批和第二批名师工作室主持人。教育教学能力突出，有着"探究、创新、高效、人文"的教学思想、"快乐、激情"的教学风格、"教育手段与新信息技术合理融合"的改革创新意识。教学成绩突出，曾获广州市高考突出贡献奖；擅长开展第二课堂，多次辅导学生在全国、省、市、区、校级学科活动中获奖。辅导学生获广州市科技会演一等奖，广州市青少年科技创新二、三等奖，广州市"中学生我与化学活动"一、二、三等奖，广东省"化学伴我成长"省一、二、三等奖。所写论文曾在广州市教育教学论文年会上被宣读，发表论文 5 篇，主编一部专著《化学反应原理解读》并出版发行，微课获省一等奖并制成光盘出版发行。主持三个区、市级课题并结题，参与一个国家级课题、一个省级课题、两个市级课题、一个区级课题研究。多次被评为"优秀教师""优秀班主任""优秀共产党员""优秀教研工作者"，"一师一优课"活动参评被评为广州市优课。现为广州市南沙第一中学化学科组长。

成员有：南沙区教育发展中心化学教研员梁晓燕，南沙第一中学化学教师王芳、陈小燕，南沙东涌中学化学教师吴坚毅、王楚其、周可仪、陈娟，南沙鱼窝头中学化学教师王慧、李丽敏、林鹏英，南沙榄核第二中学化学教师吴红娇，南沙黄阁中学化学教师罗泽林，南沙榄核中学化学教师吴水群。

二、工作室目标与任务

（一）教学引领

以教育教学为中心，通过课堂诊断、问题研究、专题讲座等活动，对新教材、新课标、新高考进行研究、培训，引领学员更新教育教学观念，提高中青年教师课堂教学的驾驭能力。

（二）课题研究

对教育教学工作中的重难点或热点问题，特别是新教材、新课标、新高考开展课题研究。形成优秀课堂教学实例，指导撰写教学论文，推广教学经验。

（三）辐射带动

以论坛、研讨会、报告会、公开课、专题讲座、现场指导、观摩考察等开展多种形式的活动，为青年教师提供成长、交流的平台，激励青年教师成长。

（四）资源共享

开发、整合教育教学优质资源，通过互动交流，实现优质教育教学资源的共享。

（五）教师培养

指导和帮助工作室成员在工作周期内达到预定目标，努力提高青年教师的理论水平、教育教学水平和创新能力，促进青年教师的专业化成长。

三、教育、教学思想

工作室主要本着"探究、创新、高效、人文"的教学思想、"快乐、激情"的教学风格、"教育手段与新信息技术合理融合"的改革创新意识进行研讨，基于新课标、新教材的背景，促使年轻教师转变旧的教育教学理念，培育新的教育教学方法；引领学员解放思想，更新观念，提高中青年教师课堂教学能力。

传统的教学思想，是将书本知识直接"传"给学生，越勤奋、越听话的学生，"收到"的知识越多，考试分数越高，就认为他们的成绩越好。学生的知识迁移能力差，创新意识不够。清华大学教授、清华大学附属中学校长王殿军认为，"长期以来，严重影响高等教育和基础教育发展的最大弊端是，我们选择了一种简单化的评价方式，那就是分数。应试教育最主要的问题不在于考试，而在于为了应付考试而变形的教育过程，导致学生的身心发展受到影响"①。唐明再工作室将教学方式的基调定位于"授人以渔"；教学手段的基调定位于"创新"，在教学中培养学生的探究、创新意识；教学目标上定位于学科核心素养的培养，"宏观辨识与微观探析、变化观念与平衡思想、证据推理与模型认知、科学探究与创新意识、科学精神与社会责任"②。化学教师在对学生进行化学核心素养的培养过程中，应明确学生的主体位置，培养学生独立思考问题、解决问题的能力；培养学生质疑、批判的精神和创新能力，使学生成为全面发展的综合型人才。

四、对教师培养的方向

（一）备课创新

工作室要求成员改变以往单打独斗的方式，进行集体备课。各备课组共同研讨，确定教学进度、教学目标、教学重点和难点的突破方法与技巧，教学方法、教学过程、教学手段、导学案编写、练习巩固、测试和反馈等各方面都要进行集体研讨，通过研讨使教师"博取众家之长"。

（二）上课创新

工作室引导老师尽可能多地运用教学手段，激发学生兴趣，提高教学效率。例如，将激励方式将引入课堂；将诗、词、歌、快板等多种学生喜欢的形式融入课堂；教学与现代信息技术结合，开展智慧课堂、深度学习的教学研究与实践。引导工作室成员在师生互动、小组讨论、交互式教学应用上进行探究与创新。

---

① 王殿军：《触摸学校教育现代化的肌理》，见《中国教育报》2019 年 10 月 17 日。
② 见《普通高中化学课程标准》（2020 年修订）。

（三）实验创新

工作室鼓励教师以实验引领教学，能开的实验要尽可能开，能补充的实验尽可能补充。此外，教师要鼓励学生在实验中多问"为什么"，并充分利用好第二课堂拓展实验，辅导学生积极参与各种化学课外活动，在活动中培养学生的动手动脑能力、实验创新能力。

（四）人文课堂

"好的课堂一定是快乐的、人文的。"工作室贯彻"立德树人"的方针，"教育"在前，育人为本。化学教学不能失去应有的"人文性"。工作室组织教师研讨课堂教学中渗透德育教育的方法，要求教师以润物无声的方式，用教师个人的言行和人格魅力去感染学生、激励学生。

（五）激情课堂

"教师充满激情，学生才会充满朝气"，所以，主持人上的每节示范课都是充满激情的，工作室要求教师上课时要"激情满怀、轻松快乐"，并在评课时把它作为评价指标，并把它作为教师培养的目标。

五、活动具体开展方式

工作室主持人指导成员在备课、上课、反馈、实验、课外辅导、课题研究、论文写作、交流、竞赛等方面进行能力提升。

工作室主持人对成员进行了分组，主持人对每个小组进行针对性指导，有重要活动时各小组就集中到一起参加。为了方便小组成员交流，建立了QQ群，以供小组成员讨论和资源共享。

工作室主持人建立了资料柜。工作室为成员购买了大量的学习资料，在工作室有专柜存放，成员可以随时去查阅或借阅资料。

工作室主持人指导成员论文写作、课题研究。除主持人的直接指导外，工作室还请专家就论文写作、课题研究等方面开展专题讲座，以提高成员的教育教学的理论和实践应用水平。

工作室主持人指导成员备课。主持人除了在集体备课中对成员进行指导外，还针对性地与成员一对一交流指导。工作室指导成员开展公开课，课前就教学设计进行研讨，课后进行评课议课，对成员提出建设性建议，督促教师深入反思，总结提高。

工作室主持人指导成员参加各项教师技能大赛，培养教师的理论水平、实验设计、实验分析、实验动手能力，全方位促进教师的专业成长。

六、主要成果

工作室成立一年多来，各成员积极向上，在教育、教学、教研方面各显身手，取得了可喜的成绩。

王芳，论文《原电池中离子迁移方向可视化实验设计》在国家级核心期刊《中学化学教学参考》（2021年第3期）上发表；论文《素养为本的"微课＋线上互动"网络课堂教学——以"化学能转化为电能"为例》在国家级期刊《实验教学与仪器》（2021年第4期）上发表。

陈小燕，2021年参与南沙区教育教学规划课题"深度学习理念下化学模型认知素养发展的教学实践研究"，参与南沙区教育科学规划课题"新课程标准下的高中化学微课制作与应用研究"并顺利结题；参加第二届广州市中小学青年教师教学能力大赛获三等奖；参加首届南沙区"明珠湾杯"中小学青年教师教学能力大赛暨广州市中小学青年教师教学能力大赛，初赛评选获得一等奖；2022年所教班级获得"南沙区先进班集体"称号。

梁晓燕，2021年9月主持市教研院专项课题"提高中学生化学阅读能力的教学策略研究"并顺利结题，2021年5月主持区"十三五"规划课题"促进深度学习的中学化学单元教学的实践研究"并顺利结题；近三年发表论文《运用SOLO分类评价理论分析近三年广州市中考化学试题》《项目学习在高中化学教学中的设计要素探讨》《基于初中教材中数据型图表的化学阅读能力培养》《促进深度学习的中学有机化学学习进阶研究》等。

李丽敏，2021年6月获得首届南沙区"明珠湾杯"中小学青年教师教学能力大赛三等奖，7月获得南沙区中小学微课评选活动三等奖、南沙区普通高中化学学科高考模拟题竞赛二等奖，2021年12月获得南沙区先进教师奖。

林鹏英，2021年获广州市青年教师教学能力大赛三等奖、"南沙区先进个人"等，辅导学生参加科技比赛并获得奖项。

陈娟，2021年12月参与市级课题"智慧教育背景下发展模型认知素养的中学化学教学实践研究"立项。

周可仪，论文《微课在高三化学一轮复习中的应用——以有机化学复习为例》在《教育科学》上发表，获2021年南沙区"明珠湾杯"中小学青年教师教学能力大赛三等奖；2022年指导学生参加广州市中学生"我与化学"

活动——新能源竞速赛获一等奖。

吴坚毅，2021年主持的课题"绿色化学 STEAM 教育校本课程的开发与研究"以良好的评价结题；其还为南沙区参加广州市中学青年教师教学能力大赛参赛选手开展了专题讲座。

王楚其，2021年获得南沙区"先进教师奖"、南沙区普通高中各学科高考模拟题命题竞赛三等奖、南沙区东涌镇"优秀教师"称号；所带班级获得东涌中学"至善班级"（学习标兵班）称号，论文《"微课"在高三化学总复习阶段的应用研究》在《现代化教育》上发表；2022年3月参与区课题"小专题类微课在高三实验复习中的应用初探"并顺利结题。

罗泽林，2022年被评为校"优秀教师"；2021年指导学生在南沙区化学思维导图现场比赛中获二等奖；在首届南沙区"明珠湾杯"中小学青年教师教学能力大赛评选活动中获二等奖，在第二届广州市中小学青年教师教学能力大赛中获"初中化学"三等奖；参与的课题"提高中学生化学阅读能力的教学策略研究"顺利结题。

吴红娇，2021年12月10日在全市初中化学线上教研活动向全市初三年级化学学科教师作了题为"'燃烧和灭火'评价目标和评价示例解读"的发言，11月17日在紫云县板当中学进行"基于'双减'政策下作业设计的优化"专题讲座受高度好评；2021年度参与"广州共享课堂"基础教育阶段工作化学科的课程审查；2022年3月4日在广州市南沙区开展了2022年广州市中考化学实验操作考试培训的专题讲座；论文《"适合的教育"背景下提高初中学生化学阅读能力的教学策略研究》荣获2022南沙区论文评比三等奖。

吴水群，2021年12月获广州市南沙教育基金会授予的2021年"先进教师奖"和2021年"优秀教师奖"；2021年度参加"广州市共享课堂"线上课程的授课录制活动获得高度好评；2022年12月获第二届广州市中小学青年教师教学能力大赛三等奖。

2022年10月，工作室成员集体完成了《高中化学"模型"（必修第一册)》初稿；同年12月，参与工作室市级课题"智慧教育背景下发展模型认知素养的中学化学教学实践研究"并获得立项。

附件

不忘初心　努力前行　追求卓越

王芳（广州市南沙第一中学）

　　我已经是第二次主动加入南沙区唐明再名教师工作室了。主持人唐明再老师经验丰富，教学理念与时俱进，最重要的是他非常乐意助力我们年轻教师的成长。在唐老师的鼓励和指导下，我积极报名各类教师专业技能比赛、积极组织学生参加与化学学科相关的各种比赛活动，在为自己、学生、学校赢得荣誉的同时，也积累了丰富的活动经验，让自己的专业素养在实战中得到提升。

　　2019 年 9 月，唐老师成功推荐我加入广州市教研室高一化学学科教学研究中心组。这一次的学习机会让我迅速成长，并取得了较多的教学成果，下面跟大家分享下我在这次学习中的蜕变以及唐老师给予我的支持。

　　刚进入市教研中心组时，我担心自己做不出精彩的课例，会很丢脸。因为每月一次的广州市化学科集中教研，中心组老师分享的课例都非常有亮点、有启发性。唐老师知道我的担忧后，一句话"傻孩子，怕什么，还有我在背后支持你呢，一起努力，加油！"就给我吃了定心丸。唐老师提示我，实验易开展学生活动，也易创新，是化学教学的灵魂，课例要想出彩就得挑有实验的教学内容。就这样，我主动申报承担"化学能与电能"课例分享。该教学内容选用"铜锌原电池"作为学生认识原电池的第一模型，优点是简单、便于开展课堂教学。但是，该实验模型存在局限性，不能将电解质溶液中离子迁移方向这一微观过程外显化，学生只能被动地记忆电解质中阴、阳离子的运动方向，不利于知识的内化和迁移，学习效果不佳。我查阅了大量的文献资料，了解到通过在原电池介质中加入有色离子如 MnO_4^-，并观察其在原电池中的移动方向，实现离子迁移方向的可视化，是一个很好的手段。已有文献均取得了好的实验效果，但装置复杂，需要额外定制，不利于普遍推广。唐老师建议我抓住这个点进行突破，带着我在实验室不停地改良装置、优化操作。功夫不负有心人，经过了一个多星期的摸索钻研，终于设计出两种组装简单、易操作、推广性强、现象明显的实验装置，成功通过简易实验实现了离子迁移方向的可视化。

实验设计上取得创新突破后，唐老师又提供了设计教学课例的具体行动指南：①教学设计应体现新课程标准"素养为本"的教学理念，凸显学生的主体地位；②统筹安排课上活动与课下任务。课前，教师给学生布置有效的预习任务，学生完成对教学内容基础性知识的理解和掌握，课上开展核心活动，如汇报、交流、实验等功能价值更大的活动；课后，完成对教学内容的归纳总结及其自我评价等活动。依照以上两点指引，我的课例初见雏形，再经过唐老师和中心组老师的多次打磨，终于形成了自己认可的"精品"。在广州市高一化学教研会上分享课例时，我的课例得到了老师们的普遍认可。

有了这次的成功，唐老师鼓励我再接再厉，将实验创新和课例转化成论文发表。我教学理论基础薄弱、写作水平有限是硬伤。唐老师有妙计，他从校图书馆借来一沓化学教学类的专业杂志，圈出优秀的实验论文和课例文章，让我照着模仿，写完之后再读、修改几次就可以了。实践证明，这个方法确实有效，写着写着就有了感觉，越写越顺，最终论文被顺利收稿、发表。

一分耕耘多分回报，之后我又将成果运用到一系列的教师专业技能比赛中，均获得了不错的成绩，如在 2020 年广州市中小学理科实验教学说课活动中获二等奖、在 2020 年广州市中学化学和生物学实验操作和创新技能竞赛中获三等奖、在 2020 年广州市南沙区中小学优秀微课评选活动中获一等奖。

能在唐老师的工作室学习是幸运的，接近 7 年的学习使我深深体会到"学然后知不足，教然后知困""让学习成为自己的习惯"是我下阶段的目标。所以，我又成功申请成为广州市第 6 批中小学骨干教师培养对象，申报的南沙区教育规划课题"深度学习理念下化学模型认知素养发展的教学实践研究"顺利通过立项。今后的道路还很漫长，我将一如既往，不忘初心，努力前行，追求卓越！

德润身　文化人

汪文龙（广州市南沙鱼窝头中学）

　　南沙区汪文龙名教师工作室于2021年3月22日正式被南沙区教育局授牌后，第一时间向穗（广州）安（安顺）两地中学思政课教师诚挚发出邀请（申请表），在2021年9月16日正式启动工作室成员入室培养仪式。

　　一年多来，工作室全面贯彻落实习近平总书记关于教育的系列重要论述精神，深入践行工作室"德润身、文化人"的理念，坚持"实践反思、同伴互助、引领成长"的研修途径，采用"研讨会、报告会、专题讲座、示范教学、成员共研、交流学习、成果展示"等多种形式，致力于打造优秀区域思政学习共同体。

一、深入践行"立德树人"使命

　　工作室正式成立前，工作室主持人按照区教育局、区教育发展中心关于"三名"工作室管理制度等要求，通过与工作室双导师和全体成员的不断沟通、完善，最终确立了工作室理念为"德润身　文化人"，该理念出自孔子《中庸》之《礼记·大学》："富润屋，德润身。……故君子必诚其意。"意即富裕可以养护好房屋，而对身体的爱护、滋润及保养则要靠"仁德"，说明"仁德"有多么重要。"以德润身"就是说用仁德爱护身体，修养身心；"以文化人"中的"文"有"文章、文德、文教（礼节仪式）"之意，"以文化人"就是说用文章、文德、文教（礼节仪式）等教化人。做人就要以德润身，以文化人，君子欲讷于言敏于行，做到知行合一、说到做到、不说假话、不放空话，如此才能成为一个有修养的人。真诚地期待工作室（坊）的每一位成员坚持师德为先，心中有爱，眼中有光，脚下有路；相互做搭台者；做有深度、有温度、有情怀的新时代广州南沙思政人。

二、致力构建思政学习共同体

工作室成立伊始，主持人就确立了其教育格言为"独行快　众行远"，就是勉励老师们要做学习共同体的积极实践者。

（一）学习共同体

为了更好实现构建学习共同体，工作室主持人利用组建的微信、QQ 群及时传送各类有益的学习素材供成员参考学习。

（二）分享喜悦共同体

每次有成员参赛获奖等信息，工作室主持人都会在微信群等及时同步分享，工作室成员们都真诚地表达祝贺。

（三）参赛实训"共同体"

无论是《中学政治教学参考》还是《思想政治课教学》举办的各类学科竞赛活动，工作室成员均积极参加。尤其是 2021 第二届年广州市中小学青年教师教学能力大赛，工作室邀请了实践导师陈吉君正高级教师亲自给成员们授课，同时辐射到区内所有中小学思政课参赛教师。经过成员们的艰苦努力，王晨曦老师获广州市"十佳青年教师"称号，杨君老师获广州市"教坛新秀"称号，杨君、邹寅斐、梁桂英三位老师均获广州市中学政治学科二等奖，实现了南沙区参赛以来的最好成绩。

（四）粤黔思政共同体

为进一步推动党史学习教育走深走实，践行"我为群众办实事"主题活动，加强粤黔教育协作，更好地实现东西部教育协同发展，南沙区教育局高度重视，积极组织区内广州市（南沙区）名教师工作室走进贵州省安顺市，以开设工作坊的形式为安顺市两区一县（经济开发区、西秀区、紫云县）梯度化培养中学思政学科骨干教师和学科带头人提供可借鉴的实践样本。工作室以建立贵州安顺汪文龙名教师工作坊为契机，扎实落细粤黔协作工作，发挥工作室的示范辐射作用，竭力做好乡村振兴时代的教育帮扶工作。

2021 年 9 — 10 月，任爱华老师代表工作室筹备组先后两次到安顺市第五中学、紫云县民族高级中学同工作坊成员进行深入交流，了解安顺市中学思政学科教育教学等情况，为工作室的筹备积极做好对接工作。

2021 年 11 月 9 日，广州市南沙区汪文龙名师工作室安顺工作坊正式成立，在安顺支教的东涌中学任爱华老师作为工作坊联系负责人，安顺五中的马松老师、安顺九中的张涵老师、紫云二中的池运霞老师、紫云民族高级中学的张爽老师成了首批工作室（坊）学习共同体的参与者、受益者。

1. 线上学习共同体

安顺工作坊成立以来，坚持和工作室同步学习，共同打造粤黔教育协作线上学习共同体样本。

2. 教科研同步共同体

2021 年 9 月 11 日晚，工作室实践导师、正高级教师陈吉君为全体参赛教师和工作室（坊）成员作专题讲座。2021 年 9 月 16 日，在工作室（坊）成员入室培养启动仪式上，南沙区教育发展中心主任胡志桥，东涌镇教育指导中心主任、学校校长林灿明，工作室双导师——刘石成副教授、陈吉君老师，《广州教学研究》执行主编、研究员李广超博士，《广东教育》杂志社编辑副研究员黄博彦等在线上及线下指导，工作室（坊）成员同步接受指导。2021 年 11 月 4 日，工作室（坊）在南沙东涌中学和南沙鱼窝头中学举行了联合研修活动。2021 年 11 月 10 日，工作室主持人汪文龙老师到安顺市第九中学开展观课评课活动，并作了"基于核心素养的听评课"主题发言。2021 年 12 月 2 日，工作室主持人汪文龙老师的两项市级课题开题会在线上如期举行，工作室（坊）全体成员参加线上开题会，共同聆听开题指导专家和工作室实践导师陈吉君正高级教师的指导。

工作室成立以来，与时俱进地结合后疫情时代特点，借助广东省中小学教师信息技术应用能力提升工程 2.0 和南沙区智慧课堂 2.0 项目，采取"线上＋线下"的集中研修、网络研修等模式，实现资源共享，搭建交流平台，进一步提升学员的综合素质能力，帮助学员凝练教育教学思想，采取"走出去"与"请进来"相结合的形式进行专业培训，促进教师专业化成长。

五、学习共同体教科研成果崭露头角

（一）工作室活动报道丰富多彩

工作室正式授牌以来，截至目前，工作室在安顺市教育局和南沙教研微信公众号推送相关推文达 25 篇，累计开展活动 50 余次，参与教师 1193 人次，参与学生 1298 人次。

（二）教科研成果硕果初现

自 2021 年 3 月 22 日工作室授牌以来，工作室致力于积极搭建学习共同体平台。结合区域中小学思政学科和工作室融合教研的要求，落实落细粤黔教育协作，成立工作室贵州安顺工作坊，组织多次工作室成员授课、分享、交流并形成"我为群众办实事"案例三项，真正践行了"德润身 文化人"的工作室理念和"独行快 众行远"的教育格言，帮助穗安思政教师不断成长。

1. 工作室成员的教育教学观念在不断转变

未来已来，新时代"双减"下，思政课教师积极践行立德树人根本任务，工作室思政教师正在积极实践着活动型、探究型、议题式课堂教学新模式，全体思政人的教育教学观念正在融入新时代的教育教学改革中。

2. 工作室的"学习共同体"思想深入每一位思政课教师心中

工作室除了为每一位成员准备了专业书籍，还定期在微信工作群即时分享最新教育前沿资讯和优质教育教学素材。

3. 工作室真诚分享每一位成员的成长成果

据不完全统计，2021 年 3 月至今，工作室成员主持课题省级 2 项、市级 4 项、区级 4 项，参与课题省级市区级若干项；发表论文国家级（含核心期刊）8 篇、省级 15 篇；综合、论文、设计、课例、辅导学生等各类获奖，国际级 2 项、国家级 2 项、市级 11 项、区级 20 项、校级 7 项；发言、讲座、授课等，省级 2 项、市级 2 项、区级 13 项、校级 4 项；担任各类教育教研机构导师、中心组成员等，省级 1 人、市级 2 人、区级 5 人。

工作室将以更加扎实的实际行动，切实贯彻党的教育方针，坚持"适合的教育"，践行好工作室"德润身 文化人"理念，继续加强粤黔教育协作，打造一支留得住和共同成长的穗安思政人队伍，为构建"立足广州，服务湾区，面向世界"的优质均衡创新国际化教育而努力。

教师成长的空间站

肖颖（广州市南沙区第二幼儿园）

一、工作室概况

南沙区肖颖名教师工作室成立于 2021 年，由广州市南沙区第二幼儿园副园长、区优秀教师、区骨干教师、区最美职工肖颖担任主持人。该工作室吸纳了区属、各镇街幼儿园的骨干园长、教学能手、年级组长等 15 位成员。工作室积极践行"立德树人"的根本宗旨，坚持以教师专业发展为本，同时发挥示范作用，积极传播推广先进的教育思想和经验，引领教师高效研讨，力争使工作室成为"教师成长的空间站"，为南沙区学前教育培养一支优秀的教师队伍。

二、工作室教研实例

在一次研讨中，有一位工作室成员提出：幼儿园还需要集体教学活动吗？集体教学的价值在哪里？该问题一石激起千层浪，其他工作室成员也纷纷表达自己的困惑。有的人说，幼儿园大力推行自主游戏，没有时间开展集体教学；有的人说，《广东省幼儿园一日生活指引》已经明确指出，要弱化集体教学活动；有的人则认为，集体教学是在教师有目的、有计划的引导下，全体幼儿高效获取关键经验的学习形式，不应被取消。工作室主持人从集体教学的概念、价值及过程等方面引导大家深入思考。主持人强调，集体教学并没有抹杀个性化学习，我们要看到集体教学的价值，不能因为传统的集体教学中教师主体的弊端就否定集体教学的作用，而应该在科学的教育观、儿童观的基础上关注内容是否适宜、幼儿在活动中的主动性和互动性，提高集体教学的有效性。主持人的发言得到了工作室成员们的一致认可。

这次研讨继而引发了工作室主持人的思考：如何提高集体教学活动在促进幼儿学习中的有效性，值得我们进一步研究。通过调查，发现成员们对"在集体教学活动中促进幼儿学习的有效方法"这一议题有较高的兴趣，最终确定以同课异构的形式开展教研，提高幼儿园教师在集体教学的组织和反思水平。

工作室以科学发展观为统领，以建立学习共同体为目标，以名教师工作室计划实施为主线，充分发挥名教师的引领作用和工作室成员间的团结合作，努力提升园长的办学能力、专业素质和解决实践问题能力，通过工作室运作，工作室主持人、成员和所在的幼儿园均得到可持续的发展。

为进一步推进工作室的建设，探索引导工作室成员提高集体教学效率的实施路径，工作室主持人多次与工作室成员面对面进行线上沟通，几经探讨，共同策划了课例研讨活动。

本次课例研讨活动分四个环节推进。

（一）方案制定

工作室主持人和工作室主要成员讨论活动方案，起草并在工作室成员工作群内发布《关于名教师肖颖工作室开展体育课例研讨的通知》《南沙区名教师肖颖工作室到贵州省安顺市第二幼儿园进行帮扶活动方案》，并对两次活动的内容和人员做了具体安排。

（1）体育课例研讨活动。

活动时间	内容	负责人
2021 年 11 月 17 日下午	签到、介绍活动安排、合影	谢老师 胡老师
	课例展示：大班"我的椅子伙伴"	高老师
	课例展示：大班"玩转报纸"	邝老师
	同课异构课例研讨	主持人

（2）贵州省安顺市第二幼儿园帮扶活动。

活动时间	内容	负责人
2021 年 11 月 22 日— 11 月 25 日	语言活动"小猫不见了"	李老师
	美术活动"纸间山水"	黎老师
	同课异构教研活动	主持人
	专题讲座	郭园长

（二）前期准备

为确保活动有效开展，工作室主持人和主要成员积极协调，从多方面准备：①教研组长带领骨干教师对几位老师的公开课进行研磨，力求提高青年教师的课堂组织能力，优化教学设计；②与贵州省安顺市第二幼儿园沟通，了解当前幼儿园集体教学的现状，并根据实际情况修改活动方案；③准备同课异构研讨活动所需的场地、材料、PPT 等。

（三）活动开展

1. 体育课例研讨活动

2021 年 11 月 17 日下午 3 点，本次课例研讨活动准时在广州市南沙区第二幼儿园召开。工作室成员汇聚一堂，活动历时 2 个多小时，现场火花碰撞，气氛热烈。

工作室成员现场观摩两节体育活动。邝老师、高老师以不同形式分别为大家呈现了中班"好玩的报纸"和大班"椅子伙伴"的活动。活动中，他们巧妙利用生活中的常见物品，以多种游戏培养幼儿的探究意识、协作能力，让幼儿在游戏中提高运动能力。邝老师在活动中利用了报纸进行设计，培养幼儿废物利用的意识。同时，让孩子在活动中探究报纸的不同玩法，体现了"一物多玩"的理念，充分发挥了幼儿的想象力和创造力。活动过程中，幼儿能够大胆探索报纸的玩法，发展走、跑、跳、爬等基本动作，提高四肢协调能力。高老师的"椅子伙伴"则以椅子为媒介，在促进幼儿动作协调能力发展的同时，加深幼儿对椅子的情感，从而萌发保护小椅子的欲望。通过椅子的"一物多玩"，发展幼儿的跳跃、手脚协调、平衡能力，提高动作的协调性和敏捷性，并且培养幼儿克服困难的精神和同伴合作能力。

观摩结束后，工作室主持人组织全体成员，围绕这两节体育课例开展了同课异构研讨活动。两位执教老师从设计意图、活动目标、重难点、活动过程四个方面详细说课，并结合本次活动进行反思。主持人从幼儿的年龄特点、动作发展目标、集体体育游戏活动的组织策略入手，引导工作室成员们积极思考，并以分组的形式组织大家深入讨论，以同课异构的形式开展小组研讨，现场气氛热烈。两位老师分别以"好玩的报纸"和"椅子伙伴"为题，商讨确定本组设计活动的领域、目标、过程等，并向大家展示商讨结论。

主持人在对本次研讨活动进行总结时指出，工作室每次的教研活动都是思维的碰撞、理念的交流、实践的展示。本次研讨活动提高了教师在体育游戏活动中的组织与创新能力，为体育游戏有效、可持续开展积累了丰富的经验。今后，工作室会继续坚守儿童本位，以研促教，优化细节，让每个教育活动都能发挥最大价值，促进幼儿身心全面发展。

2. 贵州省安顺市第二幼儿园帮扶活动

2021 年 11 月底，主持人携工作室主要成员前往贵州省安顺市第二幼儿园开展帮扶活动。本次帮扶活动围绕幼儿园管理、教育教学等内容，通过带课入园、教学研讨、专题讲座、座谈会等形式与安顺市第二幼儿园的老师进行面对面交流，并结合幼儿园实际提出具体的指导意见和建议。

南沙区第二幼儿园骨干教师代表李老师和黎老师分别展示了两节示范课。"小猫不见了"是一节中班语言活动课。李老师将"找小猫"的游戏线索贯穿其中，由易到难层层递进，引导幼儿根据小动物的局部特征大胆猜测，并进行连贯的讲述，感受想象的神奇力量。整个活动生动有趣，李老师启发式的提问引导以及亲切的教态使幼儿在活动中表现出高度的热情和兴趣，授课教师与幼儿的精彩表现也让观摩的老师们不由自主地为他们鼓掌。黎老师执教的大班戏墨活动"纸间山水"则借助贵州的高山、流水、树林等特色设计呈现，让幼儿用水墨画这种传统绘画方式来表达对祖国美好河山的热爱之情。活动中，水墨的浓淡变化、"手掌山"的神奇都让幼儿沉浸其中，进一步加深了幼儿对贵州山水的热爱。

公开观摩结束后，工作室主持人组织安顺市第二幼儿园的教师们与帮扶小组同台分组围坐，围绕集体教学活动开展研讨和交流，通过"头脑风暴""畅所欲言"等形式帮助教师提高教学水平，提高幼儿的学习效率。执教的两位老师也对教学活动的目标设立、提问设计以及如何回应孩子等方面做了重点分析和梳理，并进一步提出了自己对优化课堂教学的反思。安顺市第二幼儿园的老师们也各抒己见，表达了自己的感触以及提出了自己的困惑。教研现场思维的火花不断碰撞。

郭园长在深入了解结对园目前困境的基础上，作了"基于儿童视角的课程领导力"的专题讲座，分享了幼儿园在课程实践过程中积累的宝贵经验。她指出，课程领导力是园长专业能力的核心，是以园长为核心的课程团队在课程实践过程中体现出来的能力，园长需要正确把握幼儿的课程发展方向，立足于儿童，把研究儿童、课程建设放在首位。

此次实地帮扶活动，搭建了一个相互交流的平台，观摩、展示、交流、研讨互动不仅使帮扶活动落到实处，还有效地实现了资源共享，携手共进。安顺市第二幼儿园的园长表示，本次教学示范及教研活动的开展，为该园教师的教育教学工作提供了学习、借鉴的经验，给予了教师们极大的支持与帮助。

（四）后期延伸

1. 教学活动设计

活动结束后，工作室主持人向工作室成员布置了一项延伸任务，即工作室成员以体育教研活动中的课例"好玩的报纸"和"我的椅子伙伴"为题，可自选领域、年龄段设计一节教学活动，互评后推选 1～2 个教学活动进行现场展示。任务发布没多久，工作室成员就全部上交活动设计，有的老师撰写了自己的学习感受，充分肯定了本次研讨活动的价值；有的老师仍以"好玩的报纸"和"我的椅子伙伴"为题，针对不同的年龄段进行活动设计；有的老师则以"报纸""椅子"为主题进行不同领域的活动设计。

2. 专家引领

在本次研讨活动中，工作室主持人敏锐地察觉到部分成员老师对幼儿园体育活动的价值、科学性、核心经验等一知半解。为帮助大家理清思路，加强幼儿园教师队伍建设，提高教师在组织体育活动方面的专业性，特组织工作室成员以线上形式参加幼儿体质健康促进与动作发展高峰论坛。本次论坛邀请了省内外多位专家，他们从不同角度对幼儿动作发展进行详细讲解。各位工作室成员认真聆听，在专家讲座中汲取理论经验，收益良多。

四、问题的反思

本次同课异构课例研讨活动是一次有效尝试，为不同园区的工作室成员提供了一些可借鉴的经验。主持人对活动策划、实施到延伸各环节，均基于多年的工作经验做出精心的安排，工作室成员也确有收获。就提升教师整体素质而言，观课议课式的课例研讨更具有实效性和时代性，为此，工作室做了如下工作：专门成立研讨活动领导小组，其他几位骨干成员为小组成员，成员分工明确，责任落实。主持人就活动的理念、活动的方法活动的步骤及要求、活动的保障措施等方面都做了详细而具体的论述，确保了活动有效的开展。

此次研讨经历，使成员们深刻地体会到：同课异构作为一种教学研讨形式，为教师搭建了一个畅谈教学思想、交流教学设计和展示教学风格的平台，是一种有效的教研方式。工作室把平等对话、开放互助作为活动的理念，每位老师在活动中都经历了由不适应到主动说的过程。作为执教者，可以在相互的比较和学习中，充分认识到自我对目标的理解等方面与他人的差异，从而达到优势互补、相互切磋与共同提高的目的。而作为评课者，则能从其他老师智慧火花的迸射中有了对教学活动多角度、全方位的思考，结合自身教学实践进行教学反思，从而有效地促进了教师专业化成长。

由于是初次尝试，本次研讨也存在诸多不足，值得下一步继续探索。例如，在同课异构的研讨过程中，成员们的思维较为局限，活动设计大约围绕在艺术、健康两个领域，开放性不强。

本案例以名教师肖颖工作室的一次课例研讨活动为切入点，既是借此梳理一下自己对这个问题的思考，明确下一步的努力方向，同时也是抛砖引玉，希望有更多的工作室主持人关注和探讨这个问题，并将在此过程中形成的宝贵经验分享出来，切实发挥名教师的示范辐射作用，互促共进全区幼儿园教师的专业水平。

积极探索教师专业成长路径

杨雨婵（华南师范大学附属南沙幼儿园）

2020 年 10 月，为深入践行"适合的教育"理念，根据《南沙区发展学前教育第三期行动计划（2017 — 2020 年)》"师资力量进一步增强"的总体目标要求，在广州市南沙区教育局的牵头组织、评选下，华南师范大学附属南沙幼儿园杨雨婵老师被认定为第三批南沙区幼儿园名教师。肩负着"努力创建一批具有示范引领作用的幼儿园师资队伍，促进学前教育内涵发展"的重要使命，2021 年 3 月，广州市南沙区名教师杨雨婵工作室正式成立，工作室各项工作由此启动。

虽然有许多较为成熟的名师工作室的运行模式可借鉴，但是这些运行模式不能生搬硬套，所以本工作室的各项工作仍从初始探索阶段开始。即便如此，在这过程中我们也有一些自己的感悟和思考，下面将从工作室是什么、工作室研究什么、工作室怎么研究这三大方面来对本工作室这短短时间内的建设之路进行回顾。

一、明确职责，搭建教师专业成长的平台

我们都知道，"名教师工作室"是国家"名师工程"的一个重要组成部分，"名师"不仅是个人荣誉，更是一份责任。成立名师工作室，吸纳工作室成员，这对个人和成员来说，都不仅仅是冠了一个头衔这么简单的事。

对工作室主持人来说，名教师工作室是名师风采展示的舞台，名师可以在这个舞台上不断锤炼自己的教学技艺，展现教学才能，传播教育教学思想；领衔名师加上工作室成员的不懈努力和团结协作，使名师更有名、骨干更能干。

对工作室成员来说，名教师工作室是名师、骨干教师的培养基地，换言之，名教师工作室就是要通过指导、引领、辐射，使更多的青年教师变成骨干教师、使骨干教师变成名师，真正发挥工作室的带动、辐射作用，形成一支具备较强教育教学科研能力的教师队伍。

对区域内的教育队伍来说，名教师工作室是在教育行政部门的指导下发展的平台，是一个传播优秀教育教学、教育科研的窗口，是一个集教育教学、教育科研、培训等职能于一体的合作共同体，同时，这个合作共同体要成为本地区学科教育研究的带头者。

基于以上的思考，我将工作室定位为：以主持人的姓名来命名，由一批志同道合的优秀教师组成，为开发和传播优秀教育资源、优秀教育思想、优秀教育成果，同时带动一批教师专业成长而组建起来的，集教育教学、研究、培训、研讨为一体的平台。既然对自己的工作室有了这样的定位，依据定位中的关键词，我开始了下一步的工作室建设工作。

一是遴选工作室成员，组建志同道合的研修团队。感谢南沙区教育局、南沙区教育发展中心、南沙区教师发展中心对各工作室成员遴选工作的高度重视，教育行政部门发文，号召全区符合成员条件的优秀教师自愿投递成员申报表，参与工作室成员的遴选工作。工作室在领导推荐、成员自愿的前提下，收到了30多份成员申报表，这其中有我本来就认识的优秀教师，也有我前期并不熟知的优秀教师。在正式确认我的工作室成员名单前，我一一与其沟通，了解其教育观点、对加入工作室的设想、对自己专业成长发展的期望；并参考了申报表中填写的个人工作经历、获奖情况、学术研究情况及工作相关业绩，最终经综合考虑确定了15位教师成为本工作室的成员。他们分别来自华南师范大学附属南沙幼儿园、广州市南沙区实验幼儿园、广州市南沙区湾区实验幼儿园、广州市南沙区第三幼儿园、广州市南沙区万顷沙镇第一幼儿园、广州市南沙区万顷沙镇第二幼儿园、广州市南沙区龙穴街幼儿园、广州市南沙区育英幼儿园第三分园、广州市南沙区凤凰花唐宁幼儿园等9所幼儿园，均为公办园的优秀教师。这15位成员当中，既有在一线教育教学岗位的老师，也有在幼儿园中层做教育教学管理工作的老师，平均工作年限在10年左右，工作室队伍整体年轻化、富有创造力。

工作室的成员拥有一致的教育观，认为学前教育阶段是人生发展的重要阶段，教育应该遵循幼儿的天性，以儿童为本开展教育；同时，也拥有一致的儿童观，相信幼儿是有能力的学习者，尊重儿童，认同儿童是与成人平等的独立的个体。对于工作室，我们也拥有一致的期待，期待工作室在"名师"的引领下，组成一支同伴互助、携手同行的队伍，教育情怀相互感染、教育思想相互碰撞、教育智慧共享共用。

二是工作室机制建立，确保工作室运行高质有效。如何使工作室的日常活动开展高质有效成了摆在大家面前的问题。为此，我与工作室成员多次在工作群内开展热烈的讨论，征求意见建议，参考区内一些优秀工作室的做法，做了初步的"顶层设计"（工作室制度及分工），使工作室内责任分工明确，任务分配到人，做到"人人有事做，事事有人做，事事能做好"。

经过与各位成员的有效互动，以《南沙区基础教育系统名校（园）长、名教师和名班主任工作室管理与考核细则》为纲领，形成了一套包括人员组成、职责任务、经费使用、条件保障、过程管理与评价考核等内容的工作室制度。该制度还对工作室规划发展、文化建设、研修方式、资源生成、课题研究等方面进行了相应的要求；对工作室成员的学习、教研、考核评价等做出了明确的规定。

二、明确方向，准确定位工作室研究内容

工作室成立之初，迫切需要解决的问题就是厘清工作室的研究内容。作为工作室的主持人，我的研究方向势必会影响工作室成员的成长方向，所以也一直在为这个问题进行着不懈的思考：工作室最终要达成的目标是研究成果的辐射、推广；工作室的成员来自不同的幼儿园，每个幼儿园有自己的研究重点，如何使工作室的研究方向与每位成员园所本身的研究重点相结合？什么内容与幼儿教师的专业化成长之路息息相关……学前教育从来不乏研究的热点，正是由于热点太多，要聚焦反而变得不简单。

结合以上思考，我向园领导、区教研员进行汇报并讨论。最终工作室的研究方向聚焦于游戏，既是回应践行教育部早在 1996 年正式施行的《幼儿园工作规程》中，明确指出幼儿园教育应"以游戏为基本活动"的观点，也是顺应近年来国家对游戏的关注，这也是每位幼儿教师专业发展的需要，无论哪位老师、在哪所幼儿园，个人成长必然离不开游戏。工作室具体研究内容如下。

一是深入解读游戏的丰富内涵。游戏是幼儿喜爱的活动，对幼儿的成长与发展有着独特的价值与意义。我们首先对幼儿园游戏的丰富内涵进行了研讨，对幼儿园游戏形成共同的认知，然后将我们的游戏研究更多地指向自主游戏方向。

二是关注与游戏相关的环创、材料。都说环境是幼儿园里面无声的教师，在潜移默化地影响着幼儿的行为。每个幼儿园每天都在开展自主游戏活动，那么如何使我们幼儿的自主游戏能有质量地开展，这离不开教师提前的环境创设及材料准备。我们参考广州市"文溪雅荷"课程当中的幼儿园场景（特别是公共场景）的创设路径，通过邀请专家进行专题讲座，工作室内部的研讨与交流，到幼儿园开展自主游戏实地观摩等方式对每个场景开展研讨

与教研。

三是关注游戏中教师的指导。即便是自主游戏，也离不开教师提供的支持，特别是自主游戏中教师的观察、记录与指导，是一个值得重点研究的内容：如何准确把握各个自主游戏的核心价值与经验，如何准确捕捉与回应幼儿的需求，如何做好游戏中的观察与评价……这些将成为研究的内容。

四是关注游戏案例的撰写。当开展了游戏活动、教师有观察和思考之后，如何整理这些观察与思考记录就变成了摆在所有教师面前的难题。如果是一线教师，撰写游戏案例是其快速提升专业能力的渠道之一；作为中层管理人员，熟悉游戏案例的撰写也对指导教师去指导游戏、指导教师的游戏案例有重要帮助。

三、明确思路，探索工作室成员成长路径

确定工作室研究的内容后，初步规划工作室"坚持以教研工作为重心，以教育实践为抓手，携手工作室成员搭建学习共同体，通过理论学习、专题指导、专家培训等形式，充分发挥名师工作室的辐射引领作用，为幼儿园推进、落实'游戏是幼儿园的基本活动'提供理论支持；通过实践探索、撰写案例、现场观摩等方式，积极探索教师实践、理解、应用'游戏化'的能力，力求将工作室的研究意识与成果辐射南沙，为南沙教科研工作注入新动力"的发展愿景。

为能实现这一发展愿景，工作室做了以下努力。

一是依托园所，实现优质资源的共享共用。工作室活动的开展，除了自身的组织之外，还要善于利用周围资源来组织成员参与学习和成长。2021 年 7 月 13 日，工作室积极发动、组织成员通过线上 + 线下的方式，参加南沙区名校（园）长、名教师、名班主任工作室（2018 — 2021 年）期满考核答辩会议；观看第一期工作室期满考核，从其他工作室成员的成长中吸取有益的做法和经验，也能有效激发工作室成员态度上的积极上进。2021 年 9 月 14 日，我园黄文娟园长邀请郑福明教授做线上专题讲座，本次专题讲座同时向工作室成员开放，主题是"走进幼儿教育，转变育儿观念"，帮助教师、家长明确幼儿的学习方式，了解幼儿怎么学、学什么以及家长和教师应该如何支持幼儿的学习。2021 年 10 月 15 日，我集团省级课题"家园共育提升孩子财经素养实践研究"结题；2022 年 1 月 6 日，我集团省级课题"基于实践导向的幼儿教师工作坊的园本研修的行动研究"结题，结题报告会采用"线上 + 线下"的方式对工作室成员开放，旨在学习、观摩优秀课题的结题经

验，为工作室开展课题研究工作积累经验。2022年4月12日，组织工作室成员参加南沙区教育发展中心组织的案例撰写指导活动，帮助工作室成员提炼、总结自己的做法和经验。2022年6月21日，工作室联合南沙区刘颖丽名园长工作室、区甘洁榆名教师工作室开展交流活动，对工作室建设、幼儿园课程建设、自主游戏案例等方面进行了研讨，为教师的专业成长搭建了平台，促发教师的思想碰撞。2022年10月18日，工作室邀请董旭花教授作题为"基于专业观察的自主游戏支持策略"线上专题讲座，为教师如何组织自主游戏的前、中、后三个环节提出了具体的策略。

二是重视比赛，鼓励工作室成员以赛促长。工作室成员的专业成长以教学实践为抓手，鼓励工作室成员参与各级各类教育教学比赛，积极参与教育教学相关投稿，特别是与"幼儿园游戏"相关的比赛，促使教师以比赛促成长。

在工作室的积极发动和各成员的努力下，工作室成员也取得了优秀的成绩，在市、区级自主游戏案例征集中获奖，在市、区级论文撰写比赛中获奖。同时，比赛带来了专业的提升，3名工作室成员成为2022年南沙区中小学骨干教师培养对象，并顺利通过结业考核，同时被评为2022年南沙区中小学骨干教师。

三是勇于担当，成员发挥辐射示范的作用。工作室的示范、引领、辐射作用需要全体成员的共同推进，本工作室鼓励成员勇于承担园内外的讲座、发言、跟岗展示等对外交流的工作，我也尽力为成员创造对外示范的条件。在此过程中，承接任务的成员同时也承担着被"检阅"的压力，而压力可以转换成"想要做得更好"的动力。2021年4月，我在广州市教育学会幼儿教育教学研究专业委员会组织的"文溪雅荷"专项课题系列成果展示活动中，作"我和文溪雅荷一起成长的故事"主题发言，此次活动采用"线上＋线下"的方式向全市幼儿园开放，受到同行好评；2021年11月，工作室主持人杨雨婵、工作室成员陈锦恩，到贵州省安顺市第一幼儿园开展帮扶活动，杨雨婵老师带领安顺市第一幼儿园的教师开展"学习环境质量提升——以户外建构区为例"的主题教研活动，陈锦恩老师作"游戏·案例"主题分享讲座。2021年12月，工作室成员何姗姗，面向全区幼儿园做"滚筒挑战"游戏案例。2022年10月，工作室主持人杨雨婵面向广州市南沙区南沙街道育英幼儿园教师做教师教学技能大赛经验分享；同月，工作室主持人杨雨婵、工作室成员何姗姗，面向"华附联盟"教育集团幼儿园成员园作教师教学技能大赛经验分享。2022年11月，工作室成员杨静作为2022年南沙区中小学骨干教师培养对象代表，作"幼儿自主游戏中教师角色的思考与实践"结业汇报，实践与理论相结合的汇报获专家及同行一致好评。

　　在广州市南沙区教育局、广州市南沙区教育发展中心及上级部门的领导下，工作室将更加开拓进取，关注工作成效，加强共同愿景凝聚力、优化规章制度、灵活协调时间空间、紧密结合理论联系实际，着力思考如何通过工作室这一平台，实现教师个人专业成长、教育资源示范辐射的目标。

共学共研　　共进共享　　共建共创

一、独行快，众行远

南沙区余湘琦名教师工作室于 2021 年 3 月挂牌成立。工作室团队中，有擅长撰写的研究型教师，有经验丰富的骨干教师，有年轻奋进的青年教师，大家优势互补，相互促进，协同发展。在工作室"传帮带"活动的支持下，将名师已有成果辐射效果最大化，以课题研究为引领，由主持人带领工作室成员一起攻克教学难题，帮助新手教师走出模仿期，带动青年教师走出平台期，鼓励成熟教师走进理论提升期，携手优秀教师步入研究创新期，从而带领更多的教师走上名师之路。通过整合工作室资源，建设高素质名师工作室队伍。

二、单丝不成线，独木不成桥

余湘琦名教师工作室共 16 人，其中主持人 1 人、工作室助理 2 人，成员 13 人。这是一个德才兼备的团队，不仅专业能力强，而且综合素养也非常均衡。从学历来看，工作室 16 人中有 12 人是本科毕业，3 人是硕士研究生毕业。9 人有幼儿教师职称，其中幼儿园一级教师职称 3 人，二级教师职称 4 人，三级教师职称 2 人。由此可见，这是一个学历高且有着扎实理论基础的团队。从年龄结构来看，这是一个稳重而又充满活力的团队，其中 12 人的年龄都在 30～40 岁之间，3 人年龄在 20～30 岁之间，大部分教师教龄都在 5～15 年之间，教学经验丰富且与时俱进。另外，从文化区域来看，这个团队是一个多元文化的组合，15 人来自区内 6 个镇街 11 所幼儿园，遍及区内各个教研片区，可以说是集区内幼教优质资源于一体的团队。

三、众人拾柴，则星火燎原

工作室依据三年发展目标，通过开展名师工作室活动引领团队个性发展，参与园本课程设计开发，及时总结梳理经验，明确工作室成员的任务，做好专业引领，指导成员。

（一）制订个人发展规划

工作室成员开展了发展规划讨论，充分讨论工作室三年发展规划，统一思想，并结合工作室的三年发展规划制订个人成长计划，确定课题研究的内容，制订相应的课题研究计划，明确个人发展目标。

（二）开展多种形式的互动研讨

工作室根据实际情况，组织形式多样的研讨和研修活动，包括到园跟岗、集中研修、网络研修、协作教研、园际互访、外出学习等形式，支持学员在实地观摩、思想碰撞和实际工作过程中进一步提升综合素质。

（三）开展教育科研项目

以工作室"园本课程建设"的研究方向为指导思想，每位学员根据所在幼儿园的实际情况及自身的已有经验确定课题，制定课题研究方案并开展研究，记录课题研究过程，收集课题研究资料，在实践过程中提升理论与实践结合的能力。

（四）利用网络平台分享教育资讯

建立资源共享互动平台，积极推广工作室先进的管理与教育教学资讯、分享工作室成员的优秀案例及成长经历，实现与同行的互动交流，力争工作室的研究过程能给南沙区同行以借鉴。

（五）多层次展示分享，发挥示范作用

发挥工作室成员的引领和辐射作用，通过专题讲座、经验交流、工作论坛等形式，促进南沙区幼儿园教师队伍的专业成长。

（六）通过自我反思促进个人成长

工作室学员每学期至少撰写个人成长小结1份，每学年至少撰写1篇基

于问题研究的论文，并进行阶段性成果汇报。

四、领头羊的任务

（一）学高为师，身正为范

作为一位名教师，最重要的品质是什么？我给出了答案：谦虚、有担当、有耐心、乐观，具有正确的儿童观、育儿观。乐善好学，既能把自己的教育事业做好，还能带动身边的人一起成长是非常重要的。同时，拥有扎实的教学技巧和卓越的教研能力。而作为名教师主持人则应当凸显"名"和"主"，"名"是要具备良好的教学能力、沟通理解能力和师德师风品格；"主"的关键点是教研能力、表达能力、团队领导能力，是责任更是担当。

1."名"在学识，有扎实的专业知识

"名"在思想层面，是指有独特的教学主张；"名"在持久力层面，是指有终身学习的实际行动。作为一名主持人，也是成长和发展中的教师，要有着一份对事业的热爱，对幼儿的师爱。想要成为真正意义上的名师，本人离"腹有诗书气自华"还有一定距离。所以，这也要求名师需要加强业务学习，了解最新的学术动态和观点，不断更新知识信息，走在前沿。

2."主"是主要、主导、主动，是态度和责任的高度浓缩

作为工作室的主持人，要主动承担起工作室建设的任务，解决成员面对的问题，耐心辅导，认真指导，不畏艰难。敢于与自己较劲，敢于给自己提要求、定目标。名师工作室的生命力，离不开成员之间的互动，主持人应营造良好的学习氛围，建构平等、合作、共享的伙伴关系，引领工作室成员平等对话、坦诚协商，共同成长。主持人不是工作室的"发布施令者"，而是作为同行教师的学习伙伴，是活动的召集者，是成员学员的指导者和促进者，能够激发团队潜能，发挥团队的力量。

（二）共学共研，共建共创

在创建名师工作室的过程中，应如何形成本工作室的共同愿景呢？工作室采取了三步法：一是规范管理，鼓励教师扩展视野，关注最新的教育理念；二是重视教师专业成长，鼓励教师凝练形成独特教学风格；三是开展各类型培训，研讨活动促进教师成长。

1.规范组织管理

首先，在工作室建立之初，工作室岗位通过线上自愿报名，激发各成员

自主自觉的意识，由主持人、班长、副班长制定章程；其次，强化组织管理、强化督促和检查。在工作室章程的指导下，制定每年考核标准。

2. 专业发展与自我突破

在制订工作室规划时，应考虑如何让教师更新教育理念，除了专家的引领，还可以向书本、网络学习，开展工作室的阅读分享活动，向成员推荐书籍，学习先进的理念和科学的方法。在为成员制订个人成长规划时，应关注让成员形成自己独特的教研风格，有针对性地根据成员的不同规划，提升其专业水平，总结目标的达成情况，及时反思，总结得失。在工作室的整体规划中，应灵活运用多种形式开展活动，如专家答疑、专项培训、课例研讨等，实施有效教研，帮助成员实现自我突破。

3. 丰富的工作室活动

一是以赛促研，鼓励成员们积极参与省区市的赛事活动，让教师更新教育理念，在实践中提升自我；二是专项培训，每年围绕"园本课程"开展课题研究、课程实践、主题设计、活动设计、名师阅读等专项培训；三是互动研讨，选择如"园本课程的设计""课程实施的途径""五大领域课程设计""我的成长规划"等话题，倾听成员想法，帮助成员开拓视野，提升认识。

（三）共进共享，合作共赢

作为名师工作室的主持人，怎样才能激发成员的积极性，做到合作共赢呢？

1. 共同愿景，目标驱动

首先，如何避免工作室的研究和学习变成与自己无关、被动履行的额外工作呢？主持人与成员确立了共同的愿景即"共学共研，共进共享，共建共创"，但需要一个具体的目标作为研究问题的动力，促使成员持续合作。

自新课改实施以来，各幼儿园开始逐步建立和完善自己的园本特色课程。建立园本课程是要挖掘真正有价值的教育资源，融合教育资源进行课程研发。当前各个园所都在做自己的园本课程，成员之间迫切需要研究"真问题"，主持人基于《3～6岁儿童学习与发展指南》的指导，将具体的问题同红色文化教育资源与园本课程有效融合，从本园实际情况出发制订红色故事主题活动课程，以促进本园幼儿的全面发展。成功立项的有2020年党建课题"革命文化教育资源与园本课程的有效融合——以'红色故事主题活动'为例"；新申报的有2022年广州市教育科学规划课题青年课题"海防文化下幼儿园爱国主义教育课程方案设计与实践——以大角山海防教育基地为例"（红色资源保护利用专项课题）。作为主持人，应更新教育理念，关注幼儿园阶段的"爱国主义教育"，充分挖掘革命文化资源，通过体验式、浸入式的活动对幼儿进行具体形象的教育，在原有园本课程的基础上，设计开发红色故事主题活动，培养幼儿的爱国情怀。通过双课题的引领，促使工作室成员共同关注"园本课程""课程设计"研究，尝试一起开发设计，解决在课程研究中遇到的相似问题等。

2. 共进共享，榜样引领

工作室汇聚的是各个园所的优秀教师，精准明确的规划和目标，能有效激发大家的活力。教师们只有对工作室这个共同体有高度的认同，才能在这个团体里找到归属感。名教师工作室的主持人要引领成员，凝练出属于自己的教学风格，成为富有个性的教师；树立典型榜样，鼓励成员参加青年教师大赛以凝练自己的风格，正面宣传教师所长，增强其成就感；引导成员掌握过硬的专业技能、扎实的学识基底、专业的教学能力、勤勉的教学态度和科学的教学方法。

3. 职责分工，委以重任

通过线上调研进行职责分工，成员们根据自己擅长的部分来负责工作室的日常事务。同时，工作室也对有责任心、有担当意识的教师委以重任，让成员们更多地参与到工作室的管理中，以此激发大家的主人翁意识，更好地提高他们的责任感、成就感、自豪感。比如，擅长美术的杨立璇老师主动承担起工作室的公众号制作、宣传板块制作，获得了成员们的一致好评，杨老师从中体验到了在工作室和成员们互动的快乐，将工作压力转化为自觉奋进的动力。工作室提供温馨的研讨学习氛围，为成员提升自我成长的动力。经常性开展公开教学、教学研讨、分享培训等系列活动，创新工作室活动形式，使每位成员既是参与者又是管理者，大家讨论、制定方案并进行分工协作。

4. 引领辐射，描绘美景

名师工作室的宗旨是"发动一行人，培养一类人，改变一群人"。在吸纳不同层次的教师进入工作室后，对于初次担任此项工作的主持人，如何才能做好引领，朝着描绘的美景共同前进呢？第一，修身立德作表率。作为名教师工作室的主持人，对教育要有坚定的信仰，要对工作充满激情和热爱，绽放自己的教育情怀，从而感染自己身边的成员，让团队享受到专业成长的幸福，体验到学习和获取成果的快乐。第二，开启征程绘蓝图。向工作室的成员们描绘工作室的蓝图，激发成员们产生巨大的能量，并朝着共同目标前进，同时鼓励成员们在园所成立自己的工作室，吸纳更多志同道合的教师参与到园本课程设计中来。第三，提升内涵共成长。主持人要有自己的教育思想，要有自己的文化影响力，要有专业成长的自信和理想，要有自己的专业规划，这样才能带领工作室成长，潜移默化地增强团队凝聚力，从职业状态走向专业化。

五、加强交流开展小组式研究

名师工作室的成员构成有园级领导、中层、班主任、一线教师，想要实现共同愿景，发挥示范引领、辐射带动的作用，就要为成员之间构建互相交流的平台。

（一）线上调研，现场观摩活动

为了发挥每位成员的特长，实现"共学共研、共进共享、共研共创"的目标，在组建工作室成员工作群的第一时间，工作室便通过问卷调查的方式进行调研与分工。

首先，通过线上调研的方式，让工作室成员对园本课程、工作室理念、个人三年成长规划等方面积极发表自己的想法以及看法。随后，工作室成员明确工作室理念、各自岗位职责，重点针对园本课程实施中可能遇到的困难、困惑展开讨论，成员们各抒己见，畅所欲言。问题发生时正是解决问题的开始，成员们在抛出问题的同时也是对自身园本课程的一种反思。

2021 年 7 月 13 日，"南沙区名校（园）长、名教师、名班主任工作室进行（2018 — 2021 年）期满考核线上答辩活动"在南沙区第三幼儿园举行。余湘琦名教师工作室的成员积极参加本次活动，并以线下研讨的方式在线进行共同学习研讨。接下来，工作室将继续进行园本课程的研究，强化名教师在培养培训骨干教师的示范辐射作用，使更多优秀教育人才脱颖而出。

（二）专项培训

2021 年 11 月 8 日上午，工作室成员相聚在南沙区第三幼儿园展开专题研训活动。本次活动邀请了张琼科长担任活动现场的指导专家。在研训活动前期，工作室主持人余湘琦园长组织收集各位成员在日常课程实施中遇到的困惑，并整理、分析、汇总，在活动当天由教师代表进行提问发言。研训活动通过理论和实践相结合的方式，以两位老师的案例为基础，梳理并深化了教师们对"园本课程设计"的认识。

（三）专业引领，线上交流

2021 年 12 月 9 日晚，工作室邀请广州市教育研究院幼教教研员林岚老师进行线上培训活动。林岚老师为大家作专题讲座"幼儿园集体教学"。培训结束后，在我的组织下，工作室成员对本次活动进行了"幼儿园集体活动设计"的问卷调查。

教师要找到自己的目标，规划好自己的专业成长，借力名教师工作室团队，主动成长，发展自我，相互成就。

搭建平台　共研赋能　分享成果

朱雁辉（广州市南沙区东涌镇中心幼儿园）

一、基本情况

广州市南沙区朱雁辉名教师工作室成立于 2021 年 3 月，工作室由来自不同园所的 16 名年轻的骨干教师组成。（见表 1）

表 1　广州市南沙区名教师朱雁辉工作室成员信息汇总

序号	姓名	性别	出生年月	单位	职务	职称	学历
1	朱雁辉	女	1980.1	广州市南沙区东涌镇中心幼儿园	教学主任	二级	本科
2	林健欣	女	1993.4	南沙区榄核镇人民幼儿园	班主任	二级	本科
3	郭永幸	女	1987.6	广州市南沙区榄核镇人民幼儿园	主任	二级	本科
4	陈慧英	女	1982.7	广州市南沙区南涌村幼儿园	主任	二级	本科
5	陈燕红	女	1987.9	广州市南沙区南涌村幼儿园	主任	未定级	大专
6	黄炳辉	男	1991.12	广州市南沙区实验幼儿园	体育老师	二级	本科
7	谭凯伦	女	1996.6	广州市南沙区实验幼儿园	副班老教师	三级	大专
8	黎影荷	女	1993.5	广州市南沙区实验幼儿园	美术教师	二级	本科

续表1

序号	姓名	性别	出生年月	单位	职务	职称	学历
9	郭钒	女	1997.3	广州市南沙区东涌镇中心幼儿园	班主任、小班级级长	未定级	本科
10	钟雪萍	女	1987.8	广州市南沙区东涌镇中心幼儿园	—	一级	本科
11	冯柳仙	女	1991.4	广州市南沙区聪聪幼儿园	副园	二级	本科
12	李鹏山	男	1984.7	南沙区龙穴街幼儿园	体育专科	二级	本科
13	段德妮	女	1985.10	广州市南沙区黄阁镇明珠幼儿园	教师	二级	本科
14	衣丽霞	女	1984.3	广州市南沙区黄阁镇麒麟幼儿园	教师	未定级	本科
15	翁晓敏	女	1982.12	广州市南沙区黄阁镇麒麟幼	教师	未定级	本科
16	张嫦	女	1988.1	南沙区第一幼儿园	教师	二级	本科

二、活动情况

在工作室建成的一年半时间里，工作室关注团队成员的实际需求，为成员提供"专家引领、师徒结对、合作学习、经验分享"的学习机会与平台，使成员能够获得持续、随时、细致的观察与体验，更加有效地学习相关知识、提升能力。此外，工作室提倡有机整合"学、问、思、辨、行"等自主学习行为，以充分发挥各成员的积极性、主动性和创造性。工作室运行周期为三年，紧紧围绕搭建平台、共研赋能、分享成果三方面，帮助学员提升理论水平和实践能力，培育团队合作和分享精神，具体活动如下：

（1）2021年3月工作室进行了揭牌仪式。

（2）根据工作的成员发展需求，2021年4月27日工作室组织了朱雁辉、钟雪萍、冯柳仙、郭钒、陈燕红、陈慧英六名成员参加了郑福明教授的专题讲座。

（3）2021年6月28日，工作室开展了以主题为"优化幼儿园场景化课程实践分享——以沙水区为例"的经验分享教研活动。

（4）2021年7月5日，工作室邀请胡国良教授对全体工作室成员进行了"幼儿园自主游戏的支持与策略"专题培训。

（5）2021年9月23日，工作室组织开展了线上教研活动，以及"基于STEAM理念的东涌水乡文化研究与实践"开题报告会。

（6）2021年11月19日，工作室邀请专家陈慧萍园长开展"区域环境的创设与留白"专题培训活动。

（7）2022年5月20日，工作室邀请专家陈秀眉园长开展"区域活动创设与指导"专题培训。

（8）2022年5月24日，工作室邀请邓焕坚开展"幼儿美术教育的'趣'和'美'"专题培训活动。

（9）2022年6月14日，工作室邀请辛小勇开展"幼儿园投掷类游戏赏析"专题讲座。

（10）2022年10月18日，工作室组织参加撒婷婷线上教研活动"自主游戏中的师幼互动"。

三、取得的成绩

（一）论文类

李鹏山的《论跆拳道联系对幼儿身体形态和身体素质的影响》在"2021年广东教育学会学前教育专业委员会年会论文"评比中获二等奖。

朱雁辉的《幼儿园开展沙水区游戏的方法策略探究》在2021年度学术讨论会暨第十七届广东省中小学校园论坛征文评选中被评为三等奖。

郭钒的《浅谈STEAM教育在幼儿科学活动中的运用》于2021年6月发表在《教学与研究》上，获同期优秀论文评比活动一等奖。

朱雁辉的《基于STEAM理念下的东涌文化资源丰富幼儿游戏的研究与实践》于2021年5月发表在《教学与研究》上，获同期优秀论文评比活动二等奖。

朱雁辉的《开展幼儿劳动教育的思考》2021 年 4 月在《教育学文稿》教育教学类论文评比中荣获国家级一等奖。

朱雁辉的《论幼儿园场景化课程的有效时间探究——以广州市南沙区东涌水乡风情街场景课程为例》在 2020 年南沙区教学论文评比活动中获二等奖。

李鹏山的《基于终身体育的小学跆拳道教学研究》于 2020 年 8 月发表在《中外交流》上，在 2020 年论文评比中获一等奖。

（二）课题类

朱雁辉为负责人的课题"基于疍家文化的幼儿艺术教育实践研究"2021 年 12 月经广东教育学会审核，顺利结题。

朱雁辉参加的课题"'文溪雅荷'幼儿园体育活动安全组织与实施策略研究"于 2021 年 8 月被批准立项为南沙区教育科学规划课题。

（三）课例活动类

2022 年 10 月，朱雁辉参加幼儿园自主游戏活动案例征集比赛获三等奖。

2022 年 7 月，郭钒的美术课例"绚丽的满洲窗"在 2022 年南沙区幼儿园美术课例评比活动中获一等奖。

2022 年 5 月，朱雁辉的美术课例"斗鱼的春天"在东涌镇幼儿园美术课例评选活动中获一等奖。

2022 年 2 月，朱雁辉的"鱼缸自动换水装置"案例在 2021 年广东省中小学幼儿园 STEAM 课程案例征集活动中被评为三等优秀课例。

2021 年 7 月，朱雁辉的"了不起的南涌大桥"在广州教育学会幼儿教育教学研究专业委员会举办的幼儿园优秀游戏活动案例评选活动中获二等奖。

2021 年 7 月，林健欣的"岭南电缆厂"在广州教育学会幼儿教育教学研究专业委员会举办的幼儿园优秀游戏活动案例评选活动中获二等奖。

四、形成影响与努力的方向

路漫漫其修远兮，吾将上下而求索！工作室架起了幼教同行间相互交流的桥梁，为骨干教师提供了研讨学习的平台，拓宽了教师的视野，提高了教师的教科研能力素养。在未来的实践中，工作室将砥砺前行，根据工作室定下的研究项目"幼儿自主游戏中的探究"，不断采用多渠道，齐心协力开展形式多样的教研活动，让全体成员的专业技能得到进一步的提高。

第四章

遇

播撒阳光：

名班主任工作室

的使命

点亮自己　照亮他人

刘顺宜（广州市南沙大岗中学）

在广州的最南端，有这样一个"萤火虫团队"，他们甘愿做一只只发微光的萤火虫，互相吸引，共同汇集能量为前行的人照亮道路，他们就是广州市刘顺宜名班主任工作室。工作室有来自南沙区和番禺区小学、初中、高中、职中的 38 名优秀班主任，他们从点滴做起，争发微光，一路耕耘，一路探索。

2019 年 3 月 7 日，从广州市教育局领导手中接过广州市名班主任工作室的牌匾，我深深地感受到了这块牌匾所承载的责任。我明白，在接下来的两年时间里，我必须引领一批骨干班主任的专业发展，从而带动区域班主任的成长。如何完成这个神圣又艰巨的任务，是摆在我面前最大的问题。在接下来两天的主持人培训中，我认真聆听了广州市教育研究院德育与心理研究中心导师们的教导，还听取了往期优秀主持人的经验分享。这些循循教导和优秀经验都告诉我，一个工作室工作要开展得好，关键在于团队理念的凝练与践行。工作室能给成员提供一个学习、培训和研讨的平台，让他们在这个平台的助推下成长。所以，主持人必须想办法通过工作室理念的凝练与践行把整个团队的成员凝聚在一起，这样才能做出成效，做出特色。因此，如何凝练工作室理念成为摆在我面前的首要问题。

一、理念凝练，心之所向

（一）立足自身，深入思考

如何凝练工作室理念，我认为首先需要立足自身，深入思考。于是，我对自身优势和劣势进行了分析，希望能找到突破口。

我的优势：四年的区名班主任工作室主持人的经验；正在主持区的"十三五"规划课题，研究方向为德育生态；工作室成员学段跨度大（包括小学、初中、高中、职中的班主任）。

我的劣势：尚未思考过工作室的理念问题；原来的研究方向是基于自己学校的大环境，不一定适用于现在的工作室；南沙区的特殊情况，三个工作室主持人都在高中，并不熟悉其他学段的教育教学情况；工作室成员学段跨度大，难以统一研究方向和调动成员的积极性……

思前想后，还是没有想出什么好的结果，怎么办？

（二）咨询导师，专业引领

于是，我咨询了工作室的导师——广州市教育研究院德育与心理研究中心副主任黄利老师。她说："要调动成员的积极性，提炼工作室的理念并用该理念指导工作室开展工作非常重要。作为主持人，你一定要记住，工作室虽然是以你的名字命名的，但是，这是成员成长的平台，这是大家的工作室。你应该问问大家，他们希望建成一个什么样的工作室，他们到底希望从工作室里面得到什么呢？"导师的话提醒了我。工作室是大家的，我为什么不问问大家的意见？于是，我在工作室微信群里发布了问题，并定下了网上研讨的时间。

（三）线上研讨，集思广益

线上讨论非常热烈。其中，肖茜老师以萤火虫为象征物的班级文化建设分享激发了大家的灵感，罗思老师突然蹦出了《奇葩说》里熊浩说的关于微光的一段句子：微光会吸引微光，微光会照亮微光，然后一起发光，这种光才能把压榨的阴霾照亮。这让我眼前一亮。工作室不就是需要构建一个相互吸引、共同成长（发光），然后引领别人的团队吗？

研讨后，我根据大家的讨论进行了总结，并查找了很多有关萤火虫的资料，整理了萤火虫的特点，从而确定了我们团队的名称为"萤火虫团队"，工作室的理念是"点亮自己，照亮他人"。

在这样的理念引领下，我们的讨论形成了工作室文化：工作室的宗旨、目标、logo、制度（章程、规章制度和成员考核指标）、分组分工等，其中logo的设计我还发动了学生参与。最后，通过成员的讨论、学生的设计、广告公司的帮忙，我们终于设计了一个既简洁又有代表性的logo。

在两年多的工作室主持人实践中，我深深地体会到导师一开始让我们凝练工作室理念的用心：正所谓"心之所向，身之所往"，要调动工作室成员的积极性，就要有一个大家都认可的共同愿景，而这个愿景就是工作室的理念，它是工作室的灵魂，时刻指引着大家为了共同的目标而努力；如果没有这样的理念作为指引，工作室成员就会像一盘散沙，无法形成合力，那就谈不上成长和发展了。

从凝练工作室理念的过程中，我深刻地明白了一个道理：我虽然是主持人，但我不是一个人在奋斗，而是与一群有志于在班主任专业成长道路上发微光的伙伴一起努力。我们是一个团队，团队的力量是强大的。在团队里，我们努力发微光，然后互相吸引，互助互爱，共同成长。正所谓一个人可以走得很快，但一群人可以走得更远。作为主持人，我应该要有责任和信心引领整个工作室前进。

二、践行理念，身之所往

工作室理念提炼出来后，应该如何践行？确定工作室的研究方向成为亟待解决的问题。工作室如果没有明确的研究（和行动）方向，前进过程中就会东打一枪，西打一枪，很难出成果。没有成果的理念就是一句空话，这是导师黄利老师一再强调的。而在跟大家讨论的过程中，我发现不同的老师又有不同的感兴趣的方向，怎样才能把大家的兴趣都集中到一块，确实是个难题。

（一）专家指导，投石问路

工作室邀请了全国优秀班主任、广州市名教师工作室主持人戴世锋老师指导我们。戴老师对工作室"萤火虫团队"的建设理念表示非常欣赏。在戴老师的指导下，我们开始对相关理论书籍进行大量阅读，但由于大家都来自不同区、不同学段，关注的点依然不同，还是没有统一的结果。因此，在很长的一段时间里，我们一直都在寻找。

（二）伙伴助力，灵感触发

正所谓"心心念念，必有回响"，契机终于到来。2019 年 11 月 5 日，导师黄利老师召集我们小组几个主持人开会，模拟中期考核汇报。在汇报过程中，有主持人提到建立校级工作坊的问题。说者无心，听者有意。她的话惊醒了我：我为什么一定要统一的研究方向呢？我们既然是萤火虫团队，萤火虫是要发光的，但怎样发光、发什么样的光应该是由萤火虫本身的优势决定的。这是一个多元智能的问题，我们不需要发同样的光，只要我们在自己的长处上发微光，然后互相吸引，互相学习，最后定能互相促进，共同发光。于是，我决定建立校级工作坊，让工作坊主持人先发微光，让他们针对不同学段、不同学校确定工作坊的研究方向，再让其他成员和学员根据自己的兴趣和需求选择跟随不同的工作坊进行研究和践行。

（三）坊坊合力，聚才引智

在大家的共同努力下，我们建立了四个校级工作坊，分别为"甘甜工作坊""博雅弘毅工作坊""知行工作坊"和"悦达工作坊"。

"甘甜工作坊"的"甘甜"两字源于甘蔗的甘与甜，寓意"个人的成长和幸福的味道"。主持人郭巧仪老师在工作室理念的引领下，立足广州市南沙区东涌第二小学的实际，以"如何开展班级文化建设"为研究方向，提出了"一二四"（一系列保障成长的制度、两种自我成长的方式、四个示范引领的抓手）的工作坊成长模式，以此帮助工作坊成员、学校班主任及学生寻找到"适合"自己的"甘甜"，充盈个体的内在，充实自我的内涵，收获幸福的人生。他们开展"我感恩，我快乐""与规则做朋友""心中有他人""学党史，知党恩，跟党走"等主题班会，分别探讨了感恩、遵守纪律、关爱他人、红色基因传承等主题，提高了成员系统筹划班会课的意识，促进了其班主任专业能力发展；他们开展的"劳动创作甘甜""润物细无声""如何写班级发展规则""班级活动是班级文化的灵魂""班级属于大家"等专题讲座，为班主任的工作指明了方向，引领各班级朝示范班的方向发展；他们开设的"二小班主任工作论坛"，让班主任们互动交流，集思广益，为班主任工作及班级文化建设注入了活力。

"博雅弘毅工作坊"通过"以师生幸福人生为工作核心、以理论提升为依托、以生涯教育和心理健康教育为落脚点"的成长模式，驱动幸福之车，引领师生幸福成长。他们开展的"生涯兴趣探索""基于社团，自我能力探索""品文学经典，探索职业价值观""目标约定，助力中考"等系列特色生涯课程，一人一课例，一月一分享，让成员们在思想碰撞、智慧互补中与学生共同成长；他们开展的"礼仪与气质""探索自我，规划未来""生涯唤醒与探索自我""高效学习，成就自己"的专题讲座，激发学生自我探索的兴趣，增强他们学习的动力。在心理健康教育研究中，他们除了开展系列心理辅导课和讲座外，还通过各种心理活动（情景剧、心理绘画创意比赛、心理宣传展板、心理健康主题墙报评比活动、心理知识小竞赛），让学生了解自我、释放压力，学会感恩、学会表达爱。

"知行工作坊"通过开展"2018汽1班揽胜班真人图书馆""最美的成长在路上""成长的故事""以梦为马，不负韶华——2018学前1班真人图书馆活动""我的青春不迷茫'2019旅游班真人图书馆'活动之生涯教育篇"等"真人图书馆"活动，开阔了职中学生的视野，帮助学生建立职业理想。他们还通过"特色班队活动课"的展示、研讨活动，引导成员总结自己的点滴经验，指导其他班主任制定班级工作计划、确立班级目标、营造良好班风、开展班级活动、培养班干部、帮助后进生等，提高他们的专业素养和管理能力。

"悦达工作坊"以设计系列主题班会为主要抓手，落实生涯教育课程。在教师层面，工作坊以"生涯教育"为研究课题，让成员在研究过程中，通过阅读、写作、交流、协作等方式，使班主任工作更有意义，享受工作带来的快乐，达到"悦己"的作用；在学生层面，工作坊以"我是表达者"学生个人演说为抓手，引导学生学会如何生活、如何学习、如何规划人生，帮助学生规划幸福人生，达到"达人"的目的。

四个工作坊的立足点各具春秋，研究方向各有特色，但都有一个共同的目标，那就是"点亮自己，照亮他人"，发挥萤火虫的作用，筑巢引凤，聚才引智，探索育人的方法，让班主任的德育工作开展得更加顺利和有效，带动、引领自己工作坊的成员以及学校的班主任一起成长，最终为学校和学生服务。在工作室这个平台的助推下，"知行工作坊"的主持人谭超老师和"悦达工作坊"的主持人曾凡样老师现已成为区工作室主持人，自己成长的同时，为区域班主任发展做出了更大的贡献。

在寻找工作室理念的践行途径过程中，我明白了，作为主持人，立足实际，转变思路，统筹推进，才能更好地引领工作室成员共同进步。鉴于四个工作坊中有三个工作坊的研究方向涉及生涯教育，最后，我们把生涯教育研究确定为工作室的总体研究方向。

三、反思前行，终至所归

（一）微光凝聚，反思前行

正是在"点亮自己，照亮他人"的理念引领下，我们的成员都在践行着萤火虫发微光吸引同伴的特点，在各自的优势领域上努力发光并且互相吸引，互相促进，反思前行，为工作室开展的每一项工作做出不同的贡献。在工作室终期验收前，我们用短视频从多方面展示工作室的风采。短短6分钟左右的视频凝聚了工作室所有伙伴的智慧，大到框架的制定、内容的选择、图片的甄选，小到配音员的语速、停顿、文字部分的标点符号、照片展示的停顿时间，工作室成员、学员们进行了一次又一次的交流和思维碰撞，终于炼成精品。

（二）微光齐发，萤火燎原

在工作室理念的引领下，两年多来，我们一路耕耘，一路探索，工作室在助力抗疫、支教帮扶、课题申报、论文发表、汇编简报、推文美篇、获得荣誉和奖项方面等都取得了丰硕的成果。

1. 课题引领促发展

2021 年 1 月，工作室课题"'高中生涯教育'下主题家长会的设计与实践研究"获广东省中小学德育课题立项并顺利开题。2021 年 6 月，工作室成员薛彩莲老师的"新高考改革背景下高中生涯规划教育的校本研究"和陈瑞蔼老师的"'适合教育'背景下初中生涯规划教育与社团活动融合的实践研究"获南沙区德育专项课题立项并顺利开题。课题组成员以课题为载体和契机，扎实进行生涯规划专题研究并在研究中不断提升班主任工作专业水平。

2. 主题班会显特色

在日常工作中，团队成员结合工作室的发展方向，开展了 16 节生涯教育主题班会课，其中包括两节以真人图书馆的形式开展的生涯教育主题班会课，以落实常规德育工作中聚焦生涯规划的目标。疫情期间，团队成员把握教育契机，有针对性地研发设计了 9 个系列 30 节主题班会课，对学生进行爱国主义、理想、生命、纪律等主题的线上教育。线上、线下双管齐下的特色主题班会，为学生的思想教育及生涯教育的开展打下了良好的基础。

3. 丰富活动巧开展

除主题班会课外，团队成员还通过丰富多彩的生涯规划主题活动，如面向学生的专题讲座和活动以及面向家长的主题家长会等，把实践研究落到实处，效果显著，反应热烈。我们还尝试把真人图书馆的理念引入生涯教育主题家长会，取得不错的效果。两年来，我们开展的学生生涯教育讲座 4 个、活动 5 个、主题家长会 8 个。

4. 问题导向勤动笔

工作室成员从实践出发，随思随写。从生涯规划的实践与探索、随笔札记到德育案例，从德育论文到教育的深度思考，成员们在反思写作中提炼自己，在工作室推行的"123"法写作过程中形成自己的写作思路与风格，硕果累累：工作室成员公开发表论文共 10 篇，出版了一本专著（《爱与教育同行——一位班主任的教诲探航》，现代出版社出版）和一本汇编（《微光绽放，萤火燎原——广州市名班主任刘顺宜工作室教研成果汇编》，湖北美术出版社出版）；印刷了《尚和集》7 本、《尚和简报》8 期；参与广州班主任公众号的投稿工作，有 9 篇被选中推送；工作室公众号发布了 91 篇有关工作室动态以及研讨的推文，成员的美篇账号分享了100多篇关于班级管理的美文。

5. 辐射引领乐输出

有了足够的输入，工作室成员开始尝试输出：17人次承担了区级主题班会展示课；18人次远赴贵州支教帮扶、交流示范；35人次开展了主题讲座或发言分享；4人立足所在的学校，成立校级工作坊；12人站在班主任能力大赛的舞台上自信展示，并取得南沙区在市赛上历届最好成绩……工作室成员通过公开课、讲座、参赛等多种方式输出，分享教育之道，并以此作为成长抓手，在班主任这个专业、岗位和角色上点亮自己，并照亮他人，推动了班主任品牌打造以及班主任专业成长，也扩大了广州班主任工作室的影响力，充分发挥了广州班主任工作室的辐射作用。

6. 平台助推收硕果

在工作室这个大平台的助推下，成员们硕果累累，微光绚烂：1人获得"南粤优秀教师"荣誉称号；5人评上高级职称；23人次获得市级以上奖励；57人次获区级以上奖励；78人次获得校级以上奖励。

两年的市工作室主持人经历让我明白：成员只有在其优势不断得到发展并获得成功体验时，才会感受到自己的成长和价值，才会凝聚在一起，争取更大的突破。而每个人的优点都不一样，主持人需要有一双发现的眼睛，善于发现成员和学员各自的优点和长处，给他们提供平台，鼓励他们做擅长的事，让他们展示、发光，然后吸引其他的伙伴跟随一起发光。这样，小伙伴们做起事情来会更有动力，工作室的运转也就更有保证。其实，这和班主任工作一样，班主任也要善于发现学生的闪光点。

两年的市工作室主持人的经历，也让我感受到了集体的温暖和力量。正所谓心之所向，身之所往，终至所归。我们团队在工作室理念的引领下，在迷惘中找到方向，不断突破，在班主任专业成长道路上探索、践行，共同谱写出动人的篇章。

润泽以德　融汇于心

万少芳（广州市南沙第一中学）

广州市万少芳名班主任工作室确立"润泽以德　融汇于心"的发展理念，以"名师引领，榜样示范、智慧分享，快乐成长"为宗旨，围绕课题研究开展无痕教育指导下的"润心德育"策略，探索体验式思政主题班会课，做有温度的教育。工作室借助各方面的力量，打造融科学性、实践性、研究性于一体的研修团队，是一个致力于以培养一批建班育人有实效、带班风格有特色、研究成果有建树的品牌班主任为目标的班主任共同体。

一、使命驱动，理念引领，同筑团队扬帆路

工作室的职能和使命是，让优秀的班主任起示范辐射和引领作用，从而带动其他班主任的专业成长。但如何去带动？怎样去引领？如何发挥工作室的示范作用？这是工作室一开始就遇到的问题和困惑，为了解决这些问题和困惑，工作室肩负着强烈的使命感。

（一）使命驱动

在导师黄利老师的引领下，依托工作室成员、学员的集体智慧，结合工作室的发展理念，工作室成立之初就确立了工作宗旨和设计了室徽，确定了工作室运行期内的发展规划和相关的管理制度，有明确的人员职责分工，指导成员、学员制订运行期内的个人发展规划，使工作室的各项工作得到顺利开展。在"无痕教育"原则的指导下，工作室践行"润心"德育，确立"润泽以德，融汇于心"的发展理念，以"名师引领，榜样示范、智慧分享，快乐成长"为宗旨，以打造融科学性、实践性、研究性于一体的研修团队为目标，通过开展德育研究和培训活动，逐步培养一批建班育人有实效、带班风格有特色、研究成果有建树的品牌班主任，为南沙区班主任交流和发展创造优质的平台。

结合党在新时期提出的育人要求，落实新时代立德树人的根本任务，必

须站在党和国家事业发展后继有人的战略高度，抓好青年学生成长的"拔节孕穗期"，要坚持正确的方法论，贴近学生发展实际开展工作。为此，我们申报了2019年广东省德育课题"中小学思政班会课的课程建构与内容实施的研究"和广州市"十三五"规划德育课题"'无痕教育'在班主任工作中渗透的策略研究"，围绕课题研究开展'无痕教育'指导下的"润心德育"策略，探索体验式思政主题班会课，做有温度的教育。

（二）理论引领

苏霍姆林斯基认为，任何一种教育现象，孩子在其中越少感觉到教育的意图，它的教育效果就越大。"无痕教育"是让受教育者在接受教育过程中通过与教育者接触、交流、体验，以融入、渗透式的方式，与教育者的意志产生共鸣，在情感交流中潜移默化、润物无声地接受教育，使受教育者在不知不觉中吸收滋养，塑造人格、知识于无形，实现"知情意行"相结合的教育方式。"无痕教育"是一种理想的、智慧的教育，是一种教育的自然和谐。

"无痕教育"根据学生的内生节奏，通过因材施教，让学生在自由、民主、理性的环境中生长，激发其自身具有的积极品质和优势潜能，从而转化成良好的品质。这种教育原则没有固定的模式，一个眼神或不经意的注视，一个反衬的表扬或看似不经意的关心，一句不露痕迹的暗示，以身试教的榜样示范或特定环境下的熏陶，都会引起学生心灵的颤动。这种无声的感应、潜移默化的感召，所产生的教育效果远比大声呵斥、严厉的批评教育等方式要好上很多倍。无痕教育有助于班主任改进工作思路和方法，转变教育观念，朝着学生"人生导师"的角色转变。

（三）践行之策

深入探究"无痕教育"在班主任工作中的渗透策略，形成有效的教育模式，探索体验式思政主题班会课，是工作室研究的主方向。

（1）"无痕教育"渗透下班级建设的策略，包括主题班会、班级活动、班级文化建设、班干部队伍建设、学生辅导等。其中，开展体验式思政主题班会课，是本工作室进行重点研究的尝试。我们认为，思政班会课是以理想信念教育、爱国主义教育、社会主义核心价值观、革命传统文化、时政热点等为核心的主题班会，重在情感激发培养，理念植入，价值引领为目标，引导学生明白什么是真善美、假恶丑，激励学生向上向善，培养家国情怀，筑牢"不忘初心"的思想根基，内化为学生的精神追求，外化为学生的自觉行动。

（2）"无痕教育"渗透下家校沟通的策略，包括与家长日常沟通交流、开展家长会、家访等。通过家校沟通，转变家长的教育观念，关注孩子的身心健康成长；指导家长正确对待孩子的成长，为孩子的成长均衡各种"营养"；引导家长的正面管教，在尊重孩子身心成长的基础上，改进家庭教育的方式与方法，通过春风化雨、润物无声的教育方式帮助孩子纠正错误，培养良好行为习惯，改善和增进亲子关系。尝试无痕教育，远比大声训斥、当面指责、讽刺挖苦等手段要高明和有效得多。

我们思考着，实践着；为把有意义的事做得更有意思，团队的每位成员、学员都在成长着，工作室的示范和辐射作用在不断扩大，组成了开拓南沙教育新天地的一支生力军。

二、践行理念，开拓前行，引领辐射扩影响

为发挥工作室的示范和辐射作用，引领我区班主任成长，工作室以省级课题"中小学思政班会课的课程建构与内容实施的研究"、市级和区级课题"'无痕教育'在班主任工作中渗透的策略研究"为依托，朝着"润心德育"实践之路，探索体验式思政班会课，组织开展了思政班会研讨、培训讲座、班主任专业能力培训、交流学习、研修学习、专题研讨等一系列活动，引领班主任一步步走向专业化发展道路，形成了工作室的四大工作亮点。

1. 亮点一：围绕课题研究开展主题班会

（1）针对小、初、高不同学段的特点开展系列化、系统化的思政班会课，并把党史教育贯穿其中，在小学主要以诚信、爱国主义、团结等内容为主，在初中主要以责任担当、理想、革命传统精神等内容为主，在高中主要以爱国主义、理想信念、时政热点等内容为主。

开展思政班会课，最难在于走心，上不好会使课程流于形式，失去思政班会课的实质性意义。因此，在开展主题班会研讨活动时，我们注重从细节入手。课前，组织教师们一起备课和磨课，大家分工合作，出谋划策；课上，注重情感培养和价值引领，激发学生的家国情怀，注重内化于心，外化于行；课后，及时点评总结反馈，并延伸活动反馈，通过工作室的交流群一起交流学习。通过课前的备课磨课和课后的点评反馈，教师们思想的交流与碰撞，不仅提升了上课教师的教学能力，参与备课和评课的教师们也从中获益良多。一节优质的班会课，往往凝聚了一个团队的智慧。两年来，成员们在开展主题班会课的质量和水平方面都得到了一定的提升。

（2）开展与班会研讨活动配套相关的专题讲座或研讨活动等，如班会

课＋专家点评和讲座、班会课＋主题研讨、班会课＋读书分享会等形式，使活动更有针对性和实效性。我们先后邀请了导师黄利、万华、刘永要、周建湘、苏雪芬、胡燕辉等多位专家进行培训讲座和课题指导。活动契合教师们的德育需求，对引领工作室成员的发展起到了很好的作用。

（3）组织了工作室内部的主题班会设计案例评比活动，活动邀请学校的德育领导做评委，通过工作室会议反馈评比情况，组织颁奖仪式鼓励优秀，以赛促学，规范设计案例的书写，带动教师们一起进步。

工作室收集的主题班会案例有 120 多篇，汇集成 3 册内部刊物《润心集》主题班会案例集，已分享到区内学校，为班主任开展思政主题班会课提供可操作性的班会课资源，起到较好的借鉴与参考作用。

工作室的编著《立志言为本，修身行乃先——中小学思政主题班会教育设计案例》已于 2021 年 5 月出版。

2. 亮点二：网络研修促专业提升

（1）开展网络案例研讨。为了解决班主任在德育工作中所面临的新问题、新挑战，我们聚焦当前的教育动态和关注热点、抱团取暖，每两周组织一次网络案例研讨活动，由成员们轮流负责抛出案例，主持开展讨论的形式，帮助班主任解决工作中的问题与困惑。20 期的讨论成果已印制成册，派送到各个学校给班主任参考学习。

（2）开展网络教研。通过线上组织面向全区班主任的党史教育班会课和主题研讨活动，邀请专家开展体验式班会课的讲座，围绕如何在中小学开展党史教育班会课进行研讨，使成员们对党史班会课的开展有了一定的认识，起到了很好的辐射和示范作用。

（3）围绕不同主题开展线上说课和研讨活动，包括学法指导、心理健康教育和生命教育、团体活动等内容，效果很好。

3. 亮点三：发挥人才优势的带动作用

工作室的成员均来自我区各中小学学校的优秀班主任或德育骨干。我们注重发挥骨干成员学员的带动作用，有 9 位成员在区内外的德育培训中做过德育专题讲座或开展过班会课，累计有 16 场，他们在实践中反思和总结，把有效的经验做法分享给更多的班主任，他们是工作室的骨干力量。

李丽芬、雷蕾、徐小珍、张培君、郭欣、冯杰婷、王雨琦等老师所作的德育讲座带动了区内年轻班主任专业成长；陈碧伟老师先后 3 次到贵州贵定县、广东肇庆市的北市中学和莲花中学进行支教和送教下乡，为当地的班主任分享教育智慧，受到当地教师和学生的欢迎。王雨琦老师在工作室组织赴惠州市交流学习中，关于班级文化建设的专题讲座，得到了在场教师们的一致好评。他们在实践中不但实现了自身的成长，也带动了身边班主任的专业提升。麦银崧、吴红艳、刘素琴、李颖欣、冯杰婷、雷蕾、张培君等老师所带的班被评为市级、区级的班级文化建设示范班。

4. 亮点四：组织形式多样的培训和活动

（1）工作室通过任务驱动，结合引进来和走出去的形式开展培训活动：①开展了主题班会15节，组织了4场区内班主任专业能力培训、9场专家培训活动，工作室成员、学员承担讲座16场；工作室还积极承担市级任务。②积极参加市教育局组织的北京、杭州、上海等培训活动和南沙区内组织的各项培训活动17次；组织到惠州市交流学习，帮助班主任拓宽视野，增长见识。

（2）连续两年组织和承办2018年和2019年南沙区中小学班主任专业能力大赛，组织成员们通过线上线下相结合的形式，观摩省级、市级的班主任能力大赛，赛后组织成员们撰写观后心得和感想，促进班主任专业能力提升。

（3）坚持自主研修和活动培训相结合，购买相关书籍，内容包括带班策略、班级文化建设、心理健康教育、德育专著等，通过组织阅读分享会、撰写读书心得等活动，提升成员们的自身素养和理论水平。

工作室通过组织相关培训和活动，为班主任的能力提升搭建成长的平台，在引领班主任专业成长的同时，也带动工作室的自身发展。

三、硕果累累，齐头并进

工作室成立以来，为成员与学员搭建了成长的阶梯。工作室有7人提拔为学校的中层领导，4人被推荐为市骨干班主任，3人被评为区优秀教师，15人所带班被评为区先进班集体，25人在市级、区级班主任专业能力大赛中获奖；麦银崧老师的"墨香班"、吴红艳老师的"星火班"、冯杰婷老师的"晨曦班"、雷蕾老师的"吾静至善班"、张培君老师的"超越班"、李颖欣老师的"毅行班"、刘素琴老师的"承远班"成为市级或区级的班级文化建设示范班。

工作室收获了一批科研成果。成员及学员获区级以上奖项累计158项，在各类刊物发表论文23篇，主持课题研究13个。工作室编印刊物5本，简报《润心报》4期，公众号推文75篇，印制发行编著1本。

收获的成果是工作室老师们心血的结晶，也是成长的见证。成立工作室最大的意义就是结识一群人，同做一件事，一起走在班主任专业化成长的道路上。我们一起研讨和提升，既成就了自己，又帮助了别人；既成就了别人，又让自己的人生更丰盈。

我作为工作室主持人，在深感责任重大的同时，也收获了很多。如在日常上下级的沟通中，我提升了自己的协调和沟通能力；在开展活动中，我锻炼了自己的组织能力；在开展课题研究过程中，我提高了自己的科研和做课题的能力；在培训交流学习的过程中，我更新了教育观念、提升了班主任专业能力和理论水平、拓宽了知识视野；在平时的活动中，学到了很多宝贵的带班经验和育人策略，不断更新自己的育人观念。

感谢南沙区教育局给南沙区班主任搭建专业发展的平台，感恩工作室伙伴们对工作室工作的配合与支持，感谢我们的美好相遇，彼此成就，一起成长！

附：工作室成员课题研究、发表论文一览

课题研究

1. 万少芳承担课题"中小学思政班会课的课程建构与内容实施的研究"　省级德育课题　立项时间2019年6月
2. 万少芳承担课题"无痕教育在班主任工作中渗透的策略研究"　市级德育课题　结题时间2021年3月
3. 万少芳承担课题"无痕教育在班主任工作中渗透的策略研究"　市级德育课题　结题时间2021年6月
4. 万少芳参与区级课题"基于元认知理论培养高中学生政治学科核心素养的有效学习方式研究"　结题时间2018年7月
5. 郭欣承担课题"智慧教育环境下转化初中数学学困生的研究"　区级课题　立项时间2019年6月
6. 刘素琴承担课题"初中生道德情感培养的样本微型课程的开发与实施"　国家级课题　立项时间2019年6月
7. 邓礼义参与课题"课程活动记录表对高中生物课题的高效数学的运用和研究"　结题时间2019年7月
8. 李颖欣参与研究省级课题"中小学思政班会课的课程建构与内容实施的研究"　省级德育课题　立项时间2019年6月；参与"无痕教育在班主任工作中渗透的策略研究"　市级德育课题　结题时间2021年4月

续表

9. 麦艳芬承担课题"新技术下的智慧德育策略研究" 广州教育学会小学品德教学研究专业委员会第六批小课题 立项时间 2019 年
10. 陈碧伟承担课题"口述历史在初中历史教学中运用的实践研究" 立项时间 2017 年 5 月
11. 刘素琴承担课题"初中思想品德课道德情感培养策略研究" 广州市心理健康教育"十三五"规划课题 立项时间 2017 年 5 月
12. 李颖欣承担课题"基于语文核心素养的高中古诗文微课教学设计与应用研究" 区级课题 结题时间 2021 年 3 月
13. 麦银崧承担课题"家校合作提高小学生课外阅读兴趣的行动研究" 结题时间 2021 年 1 月

发表论文

1. 万少芳《班级管理中对积极心理学的运用与思考》 2016 年 9 月获南沙区"明珠杯"德育论文一等奖
2. 万少芳《在班级建设中渗透无痕德育的尝试》 2016 年 9 月获南沙区"明珠杯"德育论文二等奖
3. 万少芳《浅析思政班会课在德育工作中实施的思考》 发表在《文渊》 2020 年 11 月第 1 卷
4. 万少芳《关于高中班主任如何推进德育教育工作的策略研究》 发表在《文渊》 2019 年 1 月（中）第 1 卷
5. 万少芳《无痕教育在班主任工作中渗透的策略研究》 发表在《教育》 2019 年 6 月 02 卷
6. 金隆小学冯杰婷《以〈雅行〉校本课程促学生习惯养成的探索》 发表在《科教文汇》2018 年第 1 期
7. 王雨琦《加强班级文化建设，营造良好备考氛围》
8. 刘素琴《初中生道德情感培养现状调查研究——基于广州市初中思想品德课》发表在《广东教育报》2017 年第 11 期
9. 刘素琴《初中生道德情感培养原则新议》 发表在《广东教育报》2018 年第 4 期
10. 麦艳芬《心理学让小学管理事半功倍》 发表在《中国教工杂志》2019 年第 4 期
11. 黄燕《少先队辅导员专业化的困境与对策研究》发表在国家新闻出版广电总局认定学术期刊《成才之路》2019 年第 3 期

续表

内容
12. 林佩仪《简析如何创设良好的家庭氛围》 发表在广州市教育局"好家风·促成长"家庭教育征文 2018 年 3 月
13. 邓礼义《园艺社团活动》 发表在广东省教育研究院 2019 年 9 月 23 日
14. 李颖欣《以其文解读其人，以其人解读其文》 发表在南沙教育发展中心 2018 年 5 月
15. 李颖欣《从全国卷作文命题看培养"读者意识"的重要性》 发表在广州市教育研究院 2018 年 10 月
16. 李秋霞《基于词块理论的高中英语写作教学探究》 发表在《英语周报》（高中教师版）第 11 期第 3、6 版
17. 吴敏《高中数学核心术语之运算能力在课堂中的渗透》 发表在南沙教育发展中心 2019 年 5 月
18. 温凤娟《爱心与策略助学生成长》 发表在白云区教育局 2016 年 4 月
19. 谢碧强《论初中地理课程与综合实践活动课程整合研究》 发表在《中国教育》2021 年第 3 期
20. 陈碧伟《基于核心素养的初中历史教学》 2019 年 12 月获 2018 学年广州市中学历史教师技能大赛论文评比三等奖
21. 郭欣《智慧教学环境下初一数学试卷评讲课策略初探》 2021 年 3 月获南沙区教学论文评比二等奖
22. 李颖欣《基于思政班会课的中小学德育课程开发与研究》 发表在《教育科学》2021 年第 4 期
23. 麦银崧《家校合作下的小学生课外阅读》 发表在《中学课程辅导》2020 年第 1 期

附录

激扬青春梦想　书写奋斗华章

李颖欣（广州市南沙第一中学）

硕士毕业后，不知不觉，我站在三尺讲台上已经有五个春秋。五年的寒来暑往我始终满怀热情，用自己的知识、智慧、人格引领我的学生们不断前行，陪伴他们一起健康快乐地成长。在这期间，我加入了广州市名班主任万少芳工作室。一个人可以走得很快，但一群人可以走得很远。很幸运，我能在工作室中遇到一群有教育梦想的人，执着的拼搏需要伙伴们的相互支持，在相互取经、抱团取暖之下，我开始走上了班主任的专业化成长道路。

两年来，通过各方面的培训学习、听课、评课，一股强烈的凝聚力和生命力深深地感染着我、鼓舞着我、牵引着我。回首走过的道路，我发现了自己的不足，找到了差距。工作室成员们崭新的教学理念、经典的教学经验、丰富的人格魅力无不影响着我，我发现自己研究的脚步已经不再停歇，觉得自己需要豪情满怀地学习、反思、践行。

一、抓住学习机会，提升理论水平

非常感谢广州市教育局、广州市名班主任万少芳工作室和南沙一中给予了我很多宝贵的学习机会。难忘参加 2019 年北京大学－广东省广州市省市级名班主任工作室培训班，那是在北京大学未名湖畔读书、悟道求学的日子；难忘参加 2020 年广州市（省）名班主任工作室培训班，那是在成都七中参观学习的日子；难忘在深圳市育才中学观摩 2021 年广东省第八届中小学班主任专业能力大赛，看各路高手过招。每次培训过后，我都会在学校的德育会上做详尽的汇报分享，把我的教育理想和情怀投入实践。

二、丰富锻炼平台，多种能力进阶

任何实践都离不开理论的支持，工作室要求我们有计划地阅读教育教学理念的书籍，学习新课程的理论专著。通过阅读我明白：班主任的工作，不是要求学生被动地"应需"，把学生"塑造"成与成人教育观念相统一的"人"，而是要顺其自然。我们的阅读也不是单纯地接受阅读，而是为了让阅读更深入，工作室要求我们撰写读书心得，将读书的体会及困惑在工作室交流，这种交流成为一种探讨式的研究，使我们的素养得以提升。

2019 年 6 月，我刚结束带领的第一届高三毕业班，正准备接手下一届的高三时，万老师联系到了我。她希望作为研究生的我也能一起参加工作室的省级课题，发挥我的科研特长。我深知作为一名高三班主任的压力是很大的，但我还是决心全身心投入课题研究，不辜负万老师的期望。最后，我们成功申报了 2019 年的广东省德育课题"中小学思政班会课的课程建构与内容实施的研究"。在课题研究过程中，我的科研能力得到了极大的提升，我主要负责撰写申报书、德育论文、结题报告书。2021 上半年，作为主要成员的我和万老师共同完成了省级课题"中小学思政班会课的课程建构与内容实施的研究"和市级课题"无痕教育在班主任工作中渗透的策略研究"的结题工作，均获得了良好的等级。

除了科研，作为一名语文老师，我还负责工作室公众号推文的编写工作，这两年写的通讯稿累计 3 万字，相当于一篇诚意满满的毕业论文，这也是对自己这段学习工作经历的总结。

我的语言表达能力也有了很大的提升。此外，我还有幸担任 2019 年南沙区中小学班主任专业能力大赛的主持人，在不断地观摩和学习中提升自我，锻炼自我。

作为工作室的学员，我积极主动地承担了区级公开课。工作室要求我们大胆地展示自己的课堂，通过"学习—实践—反思—再学习"的过程不断磨炼自己。我们到工作室成员所在的学校，通过上课、听课、评课等途径，开展课堂教学交流、研讨，学习灵活、巧妙地驾驭课堂教学，进而形成自己的教学风格和教学思想。通过各个角度的德育班会课来调动学生的学习主动性，从课堂设计的角度追求课堂效率，从教师的角度强化指导性。最终，我们达成一个共识：务实求效，让课堂成为工作室老师展示教学才能，彰显教学魅力的场所。

正是工作室的伙伴们帮我一起不断打磨，精心设计的教学环节，才有了这节主题班会"十八而志　不负芳华"的完美呈现，这是一节关于理想信念教育的思政班会课。我们有针对性地设置了回顾成人礼、寻找身边的榜样、聆听总书记发言、合唱《我和我的祖国》等环节，现场互动氛围好，无论是听课的学生还是教师都是笑容满面，这节课大大激发了学生的责任感和使命感，也受到了区内班主任的好评。

三、护学生健康成长，做新时代大先生

习近平总书记寄语广大教师要做塑造学生品格、品行、品味的"大先生"。在德育工作中，我静下心来教书，潜下心来育人，且行且思，力求使自己成为一名幸福的班主任，成为学生健康成长的引路人，成为学生心灵的守护者，并使学生也成为幸福的人。

与此同时，我把班主任专业能力的提升转化到我所执教的语文学科上，硕果累累。我撰写的论文发表在广州市教育研究院的刊物上。我主持的区级课题获得优秀后，我又立刻申请下一个课题。另外，我还受到母校华南师范大学的聘请，成了研究生的实习导师。

回首这两年，我感慨良多。两年前我跟随我的德育导师张培君老师一起参加广州市青年班主任培训，曾站在广州市华阳小学的讲台接受模拟主题班会的面试，也去过市桥中心小学接受情景答辩的面试。两年后，我再次站在广州市教育局的领导面前，为工作室的终期验收进行答辩，如今的我拥有了更多的能量和底气，这就是我的成长。这都离不开工作室的培养，也离不开主持人万老师的指导。

希望在日后，我希望能站在更大的舞台，为工作室增光添彩。

正如习近平总书记所言："广大教师要继承发扬老一辈教育工作者'捧着一颗心来，不带半根草去'的精神。"我会坚守"立德树人"的教育初心，牢记"为党育人，为国育才"的使命，成为一名新时代的"四有"好教师，培养好担当民族复兴大任的时代新人。

和谐共生　智慧前行

聂燕（南沙区南沙小学）

一、工作室概况

南沙区聂燕名班主任工作室于 2015 年 5 月开始组建，2018 年 5 月进入第二周期。第二期共有 11 位班主任和德育工作者，分别是南沙小学的何丽华、陈艳媚、李旭红，金隆小学的袁玉莲，金洲小学的罗敏妮，麒麟小学的麦敏宜，大田小学的黄苏妹，大岗小学的霍爱花，东南小学的潘仿珍。虽然大家的地理距离很远，但是工作室将大家的心凝聚在了一起。

工作室挂牌之后，首先完成了工作室的设计和布置。并在此基础上讨论完善了工作室的各项制度。为了让成员们快速熟悉，了解工作室的要求、目标、具体做法等，工作室在组建初期首先开展了交流简介、制订规划等"破冰行动"为大家解除疑虑、消除隔膜。之后，工作室便开始运用"2 + 2 培养模式"对成员和老师们进行培养促其发展。前一个"2"指的是两个方面，即"引导理论学习"和"推广实践提升"；后一个"2"指的是两种方法，即"我向别人学"和"我教别人学"。有规律、有效地让成员们在理论学习中充实自我、提升自身素养，在实践推广中起到示范引领作用、锻炼综合能力，进而逐步形成自己的教育风格、凝练自己的教育思想，努力追求和创建属于自己的教育品牌。

二、工作室运行

（一）加强学习，提高素质，加速成长

1. 强化学习，提高理论素养

工作室组织成员进行理论学习主要采取集中学习和分散自学、自主研修和专家引领相结合的形式，以理论熏陶的方式提升工作室成员的专业素养。工作室不定期地向全体成员推荐阅读书目和文章，开展读书交流活动。大家

一起阅读、笔耕，提升理论基础。

此外，工作室也在能力范围之内采取"走出去、请进来"的方式，多次聆听专家学者的授课和讲座，为工作室成员的成长打下坚实的理论功底。比如，到佛山参加刘永要工作室的活动、在厦门参加班主任系列高端研修；在区内聆听广东省名班主任工作室主持人胡灵莉老师的讲座、在线上学习骆龙衍教授的《构建班级共同体的五项修炼》；等等。

2. 实践磨砺，努力形成风格

近三年，每位成员每年上一节观摩班会课或作一节主题讲座，从各方面促使教学相长。与此同时，成员们互相剖析，为大家准确定位自己的风格而不断探讨分析，并思考如何在班级建设中巧妙运用自己的风格，打造更有特色的班级文化。

3. 积极参与科研，提高自身能力

"教而不研则浅"，课题研究是名班主任工作室的要务之一。聂燕工作室考虑到小学班主任基本上是语文老师，身兼班级管理和学科教学的重任，因此，工作室计划针对小学德育与教学的融合进行专题研究，结合当前教育热点和本地实际情况，工作室申报了广州市智慧阅读专项重点课题"家校合作提升小学生阅读素养的策略研究"，以班级管理、家校合作、学科教学实践过程中发现的现实问题为主要研究对象，以促进班主任队伍建设、学科教师专业发展为根本目标，确定课题研究的方向，撰写课题报告，实施课题方案，并注重课题的过程管理、材料整理及成果呈现及推广。此外，主持人聂燕结合自己的教育风格和班级管理特色出版了两本专著——《初为人师》和《温情润泽，静待花开》，公开发表了《五育并举，全面提高学生综合素质》等6篇论文；工作室成员参与省区市课题研究12项，在省市刊物发表论文18篇。在工作室主持人和成员的带动和引领下，一大批青年班主任正逐步成长起来。

三年来，大家都在各个方面得到了提升，主持人聂燕先后被评为南粤优秀教师、南沙区高层次优秀人才；成员中荣获市级优秀班主任或骨干班主任的有陈艳媚、李旭红、袁玉莲等5人次，获得区级优秀班主任或名班主任称号的有9人次，所带班级获得区级以上优秀班集体的有8人次，区级以上获奖70多项。

（二）加强常规活动，建立健全组织机构，扩大工作室影响

1. 常规会议，明确中心

根据实际情况，工作室定期召开线上或线下会议，一般由工作室成员轮流主持，其他成员参与讨论，互相启发，并在成熟的时候对来自工作室以外的班主任开放，达到研究教育、切磋育人的平台。

2. 学习研修，多管齐下

为了锻炼成员们的综合能力和辐射范围，工作室为成员提供了广阔的展示与交流的舞台，运用"2＋2培养模式"，让成员成为"名师"，与来自各学校的教师互相交流、取长补短、共同进步。这些活动既让成员们梳理了自己的教育思想，发现自己的不足，还在这种实践当中提升了能力，凝练出自己的教育特色。工作室组织成员开展系列培训研讨活动，三年来一共开展了19次内部活动和27次外部交流活动，其中包括承办扶持黔南州教育的"智慧南沙大讲堂3、4期"的讲座录制以及与粤港澳姊妹学校的交流学习，开阔了大家的眼界，锻炼了大家的各项能力。

3. 平台建设，扩大影响

名师微信公众号和南沙云平台既是工作室展示名师风采和成果的一扇窗口，又是一个学习交流的平台。工作室充分利用这些App容量大、空间大、信息快的特点，将工作室简讯、成员的读后感、随笔等通过平台进行展示和交流，产生了一定的影响和作用，同时也大大提高了工作室的凝聚力。

4. 阶段重心，不断探索

班主任工作千头万绪，如何有效培养班主任一直是大家在不断探索的方面。在三年里，主持人带领成员们不断反思、不断探索、不断调整，最终确定围绕"班主任八项必备素养"的主题，并结合自身实际情况来进行研究总结和提炼。工作室通过运用"2＋2教学一体"的模式，发挥成果的示范引领推广作用，引导和激励成员积极将自己的德育工作方面的成就提炼成自己的教育理念，以线上视频培训等形式进行推广运用，促进教学相长。在互学互教的过程中，成员们的水平及能力提升很快，他们还根据自己的教育特色提炼出了一系列成果，如班主任培训系列微课讲座、教育案例教育故事汇编、班级文化建设成果等。

三、工作室研究

为了将班主任工作的方方面面进行清晰细致地梳理，主持人通过在学校图书馆和网络上查阅大量相关资料，并和工作室成员们进行了研讨。最后确定以"班主任的必备素养"为基础来进行班级管理工作培训的课程设计。经过网络会议，工作室主持人与成员一起确定了微课程的框架和主题。为了能够发挥大家的智慧和力量，让每一位成员都能够得到锻炼，工作室决定根据各自的特点和研究方向来进行课程的分工。结合大家的日常工作和学校情况，工作室初步确定了六个主题的内容：爱心陪伴很重要、班级建设有方法、学生管理有妙招、日常管理求精细、心理辅导促健康、人际交往助成长。

在细化了各个子主题之后，我们通过问卷对成员们进行了调查，最终确定了每位成员的研究领域，如表1所示。

表1　每位成员的研究领域

班主任必备素养	对应研究主题	研究负责人
师德与"三心"	"三心"润泽，陪伴成长	聂　燕
班集体建设和班级活动	班级活动，用心开展	陈艳媚
班级常规管理	拟定制度，培养班干	李旭红
班级文化建设	班级文化，共同营造	袁玉莲
学生个别教育	因材施教，讲究策略	何丽华
家校沟通能力	家校沟通，搭建桥梁	郭韵婷
学生心理健康教育	身心健康，助力成长	罗敏妮
学生评价机制	善用奖惩，亦师亦友	麦敏宜
开发整合社会教育资源	家校社协作，共育未来	霍爱花
家校沟通能力	家校合作，重在得法	黄苏妹

主持人决定运用"做中学"的理念来开展工作室研修活动，运用"2+2培养模式"来对成员和老师们进行培养促进发展。第一个"2"指的是两个方面，即"引导理论学习"和"推广实践提升"；第二个"2"指的是两种方法，即"我向别人学"和"我教别人学"。也就是说，有规律、有效地让成员们在理论学习中充实自我、提升自身素养，在实践推广中起到示范引领作用，锻炼综合能力，进而逐步形成自己的教育风格、凝练自己的教育思想，努力追求和创建属于自己的教育品牌。

（一）培训学习充实自我

针对小学一线教师普遍在理论方面比较薄弱的特点，工作室组织了多项学习和培训。结合客观情况，培训采用集中与分散相结合、线上与线下相结合的模式，分别在阅读书籍、专题讲座、外出观摩、自主研修等方面为成员们创造条件和平台。多位成员曾提出："希望能为我们推荐一些班主任的必读书目，来提升自己班级管理方面的理论水平。"于是，主持人结合一些专家的推荐书目为工作室成员们提供了一个书单，制订了阅读计划，发布了研修任务，那就是每位成员每年自主阅读 5 本书，其中至少有 1 本是关于班主任工作方面的，每学期最少提交 1 篇读后感，进行工作室的线上阅读分享。通过这样的任务驱动，成员们都挤出时间进行阅读和撰写，既提升了理论水平又养成了阅读习惯，为终生学习奠定了基础，也为学生树立了榜样。

为了让成员们了解如何有效组织班级活动和班队会，工作室邀请了广东省名班主任工作室主持人胡灵莉老师开展了"如何进行班会课的设计与评课"专题活动；为了让成员们在引导学生自主发展和培养自信心方面能找到方法，我们邀请了广州市中小学班主任理事会副会长周建湘老师进行"让学生自主发展"专题讲座培训活动；为了让成员们对班级文化建设有更加清晰的了解和认识，我们邀请了广州市名班主任工作室主持人黄雪萍老师进行"班级文化建设和班级特色发展"专题讲座培训活动。通过和这些专家、老师面对面的互动沟通，解决了成员们在主题研究中的一些困惑，为各自的主题研究指明了方向。

由于工作室成员基本都是一线班主任，因此，扩大眼界的实地考察也是我们会尽量提供的一种学习模式。为了让成员们能够深入到优秀班主任的班级、学校去进行深度的沉浸式学习，我们先后在南沙当地的龙头学校、佛山的名班主任主持人所带班级、在德育方面有突出成就的知名小学、全国德育专家论坛等进行学习和培训。这些深入学校、班级的考察学习带给成员们近距离的更深刻的感受，也让大家领悟到要成为一名优秀班主任所需要付出的爱心、耐心和智慧。这样的直观感受无疑是最好的师德教育和实践学习。

（二）反思研究解决问题

一线教师必须在边教边学的过程中开展行动化研究，这样才能凝练出属于自己的风格和特色课程。因为大家都是摸着石头过河，对课程开发和应用都属于浅层水平，所以必须集中大家的智慧才能逐渐达到目标。于是，工作室开启了"三步研究法"——查找资料、梳理经验、融合创新。为了给大家提供一个可供参考的范本，主持人率先开始进行"师德与三心"的主题研究，并将自己的研究步骤和方法分享给大家。主持人通过查找资料、梳理经验后撰写了与主题相关的论文《全人教育，助力孩子人生长跑》《成长比优秀更重要》《做温情的教育》等，给成员们提供一个大概的模板。在了解了"三步研究法"的操作方式之后，各位成员就着手开始对自己负责主题的研究。在研究的过程中，遇到的困难是层出不穷的，但大家都想方设法解决，遇到无法独立解决的问题时，大家就一起商量，互相帮助。在这个互帮互助的过程中，工作室主持人与成员们不仅克服了一个又一个的困难，更建立了深厚的友谊，使工作室的凝聚力更强了。

主题的研究和课题的研究有着异曲同工之处，为了提高工作室全体成员的研究能力，工作室成员共同申报了广州市智慧阅读专项重点课题"家校合作提升小学生阅读素养的策略研究"。虽然对课题研究还有很多困惑，但是通过一系列的学习、尝试和实践，我们懂得了"问题即课题"和"边做边改"是课题研究的基本法则。在这种研究气氛的带动下，很多成员开始将学科和德育管理、班级管理融合创新，着手个人申报课题和参与各级、各类的课题研究。

在研究过程中，大家积累了一定的方法和基础，在进行自己负责的主题研究时就有了方向了。于是，主持人结合成员们的意愿和进度，布置了正式录制班主任系列培训微课程的任务。

（三）录制微课凝练特色

为了能将微课录制好，工作室开启了"我向别人学"和"我教别人学"的互助模式。当时正是 2020 年疫情暴发之时，教师们都在摸索网络教学的形式和录制微课的方式，我们工作室也不例外。全体成员开始了一段你我携手、共同战"疫"的"旅程"。

在学会录制微课之后，大家便根据具体要求开始了班主任系列微课程的准备。同时，工作室在继续教育网络平台上设置了关于如何录制微课的网络研修活动，给大家提供了一个交流学习的平台。在整个撰写文稿、制作PPT、录制微课程的过程中，大家共同研讨，克服一个又一个的困难，最终每位成员都完成了自己的主题研究和微课程录制，如李旭红的《确立班规，培养班干》告诉大家如何进行制度化管理、袁玉莲的《用星光照亮道路，让文化浸润心灵》为班级文化建设提供了范本、陈艳媚的《班级活动，用心开展》向大家展示了丰富多彩而又别具匠心的活动设计、何丽华的《因材施教，讲究策略》让我们对待特殊的孩子不再迷茫、郭韵婷的《家校沟通，搭建桥梁——班主任沟通技巧与艺术》、霍爱花的《家校协作，让祖国的花朵美丽绽放》、黄苏妹的《赢得家长，教育就成功了一半》带给我们一件件与家长科学沟通的法宝、麦敏宜的《善用奖惩，亦师亦友》为我们呈现有效评价的魅力、罗敏妮的《身心健康，助力成长》激起我们对学生心理健康的关注。当一节节微课程视频展现在眼前时，成员们都为彼此喝彩，因为这其中凝聚了工作室所有人的努力与智慧，也是对工作室"2＋2"培训模式的检验。

四、推广成果立己达人

为使班主任培训微课程发挥其应有的作用，我们将它按照由小到大的范围进行推广。首先，为了锻炼成员们的讲座能力和检查微课程是否需要进行修改，我们开始在工作室和各成员学校内部进行展示和推广。工作室先后组织了9次研修活动，参加人员包括工作室全体成员和各兄弟学校的教师代表。根据实际情况，工作室开设了5次线下活动和4次线上活动，在金隆小学进行了袁玉莲关于班级文化建设的汇报推广，在高新小学进行了郭韵婷关于家校合作的汇报推广，在南沙小学进行了李旭红关于培养班干和陈艳媚关于班级活动设计的汇报推广，何丽华关于如何进行个别教育的讲座还推广到了贵州……由于疫情，其他几项微课程都在线上通过腾讯会议进行汇报推广。每一次的讲座和互动对大家来说都是一次自我教育和展示锻炼的机会，大家在这种"我向别人学"和"我教别人学"的过程中既提升了自己的能力，又推广了自己的教育思想，真是一举两得。

独行速，众行远。三年中，聂燕工作室团结一心，每一位都尽己所能在为一线班主任工作探索一条有效德育之路，在期满考核中工作室获得优秀等级。如今，工作室虽然结束了，但是相信今后大家仍然会延续"和谐共生"的理念，继续在德育研究的道路上智慧前行。

不忘初心育桃李　牢记使命促成长

杨文娟（广州市南沙区岭东职业技术学校）

一、建设情况

（一）成员基本情况

南沙区名班主任杨文娟工作室成立于 2018 年 3 月，工作室团队共 9 人。考虑到南沙区只有一所中职学校，为方便交流和实践，故所招收成员均为岭东职业技术学校教师。团队名单信息如表 1 所示。

表 1　工作室人员名单信息

序号	姓名	性别	职称	学历	备注
1	杨文娟	女	职中政治高级教师	本科	主持人、学校教务副主任
2	曾炯	男	财经中学一级教师	本科	班主任（原学生科副主任）
3	毕婉琳	女	中学政治一级教师	本科	班主任、政治科组长
4	赖倩瑜	女	职中政治高级教师	研究生	班主任、党支委组织委员
5	杨少敏	女	语文中学一级教师	本科	心理专职教师（原德育部长）
6	郭学妹	女	会计学二级教师	本科	班主任、会计专业组长
7	沈小仙	女	电子商务二级教师	本科	班主任
8	陈桂旋	女	英语中学一级教师	本科	班主任
9	黄金良	男	数学中学一级教师	本科	班主任、办公室副主任

同时，工作室与广东省刘黔欣名班主任工作室岭东职校工作坊、岭东职校班主任工作室有机结合为"三合一"团队，团队成员共 17 人。后赵雅丽、李辉凤、卢水燕、吴家绍等由于个人原因相继申请退出，团队余 13 人。为更好开展学习交流，组建学习互助小组 4 个，分别是：1 组为毕婉琳、冯慧芳、杨文娟；2 组为杨少敏、郭学妹、宋云凤；3 组为曾炯、李和健、黄金良；4 组为赖倩瑜、沈小仙、陈桂旋、梁华。

（二）档案管理规范化

工作室成立之初，主持人召开全体成员会议，研究制订了《杨文娟名班主任工作室规划》。该规划包括了"工作室总目标""工作室具体规划""工作室主要措施""工作室的管理制度""工作室各阶段目标与措施"等内容。其中，《杨文娟工作室管理制度》包括会议制度、研修制度、考核制度、档案管理制度、经费使用制度。通过制订规划，明确工作室三年周期的目标与方向。

同时，主持人指导各成员根据自身特长和工作实际制订个人班主任专业发展规划方案。每学期初，成员共同研讨制订工作室学期计划；成员根据个人实际，制订个人学期工作计划。每学期末，组织召开工作总结会，对工作室组织活动情况和效果进行及时总结。同时，各小组组长分别对本小组结对互助互学情况、研修实践情况等进行小结，大家在总结中反思、提升。

对于工作室的规划、计划、总结，以及每位成员制定的个人发展规划、计划、总结，主持人都分门别类进行收集、整理、归档。

二、培训研修显成效

（一）主题班会切实际

主题班会课是德育教育的重要途径之一，是班主任开展育人工作的一种有效形式和重要阵地。就"如何开展切实有效的主题班会课"为议题，工作室于 2018 年上半年组织开展了"中职学校主题班会方案设计""班级文化建设"等专题研讨会。近三年，围绕学生职业规划、实习、就业、升学、心理健康等实际情况，工作室共开展了 13 节主题班会，通过集体备课，促进成员专业成长。

为整合资源，提高班会课的效率和质量，工作室还推出"主题班会材料推送"，为学校班主任开展班会课提供一系列主题班会资料（包括 PPT 和教学设计等）；共推送 9 套原创主题班会材料，在一定程度上发挥了班主任工作室的引领作用。

（二）专题讲座重指导

形式多样的专题讲座可以丰富校园文化，活跃学习气氛，也可以拓展知识，提高认识，提升能力。工作室既开展面向班主任的讲座，也开展面向学生的讲座。近三年来，工作室共开展专题讲座 20 个，其中与德育工作相关的有 17 个。

工作室每学期至少集中 3 次，就德育热点、教育案例、培训心得或个人阅读研修等方面组织成员开展分享交流。近三年，工作室开展研讨分享活动 9 次，共有 49 人次做主题发言。如 2019 年 4 月，工作室有 4 人参加了广东省中职学校第二期班级游戏化管理骨干教师研修班后，我组织的学习分享会深受大家欢迎，杨文娟、陈桂旋、沈小仙、赖倩瑜等 4 位老师分别作主题发言，大家深有启发。又如，2019 年 7 月 4 日和 2020 年 7 月 16 日，工作室先后举行了 2 期"读书分享会"，有 17 人次作主题发言，大家在分享中不断获得进步。

（三）培训学习促提高

工作室采取"请进来"和"走出去"相结合的方式，组织成员培训学习，提高成员的班主任专业素养。近 3 年，共有 132 人次参加 28 个（我工作室组织参加的有 13 个）培训学习交流，共撰写学习心得 38 篇，共发布公众号推文 84 篇。

1. 外出培训学习

工作室成员主动参加外出培训，借鉴专家的教育理念，指导自己的德育工作。

2019 年上半年，参加的活动有广东省中职德育研究会主办的"班级游戏化管理骨干教师研讨班（第二期）""教练型教师研修班""第 17 期中职骨干班主任培训班"及名班主任刘黔欣工作室 3 月至 6 月 4 次交流活动及赴北京大学培训学习，还参加了名班主任刘顺宜工作室组织的万博老师讲座活动、广州市中职班主任教研活动等。

2019 年下半年，参加了《新班主任》杂志社举办的"新时代全国中小学班主任的新观念与新作为"高级研修班，组织参加了万少芳名班主任工作室活动，观摩李颖欣老师的思政班会课"十八而志，责任以行"，聆听广州市教育研究院黄利老师"班级文化创建的思路与途径"专题讲座。

2020 年下半年，参加了《新班主任》杂志社举办的"后疫情时代全国中小学（含中职）班主任专业能力提升"高级研修班；在南沙区"指导生涯发展，助力学生筑梦"圆桌论坛上，毕婉琳、杨文娟两位老师作主题发言。

2. 邀请专家指导

2019 年 11 月，工作室邀请了番禺区教研室心理教研员阳作香老师到校开展讲座。阳老师通过典型个案、活动体验，引导成员们认识到，幸福是有意义的快乐，幸福＝快乐＋意义，我们要做好职业定位，在工作中要积极投入。她告诉我们，在日常生活中的"幸福三部曲"是：经常分享好的感觉（正能量）、时时自我祝贺自我奖励、主动构建好的感觉到记忆中。本次心理健康专题讲座，老师们都表示获益良多。

2020 年 9 月，我们邀请了广东省名班主任骆小华老师到校指导，针对"00 后"中职生普遍喜欢玩游戏，骆老师带来专题讲座"用游戏化点亮教育——教育游戏化的探索与实践"。她的团队把游戏化思维注入班级管理，提高了班主任教育管理的实效性，这是提升"00 后"学生管理有效性的创新模式。工作室成员陈桂旋老师及时尝试使用游戏化管理，把游戏化思维注入她的班级管理与课堂教学，收到显著成效。

3. 承担专项培训

工作室成员积极发挥各自专业优势，主动承担专项培训，传播职业教育教学思想和经验成果，发挥引领辐射作用。近三年，工作室承担的培训活动共 12 个，有 735 人次参加。

三、以研促教出成果

（一）课题研究

课题研究是班主任工作室的重要内容之一。工作室成员积极开展课题研究，通过课题研究，以研促教、以研促学，取得了一系列成果。近三年来，工作室成员主持和参加的课题共 11 个，与德育有关的课题有 6 个。其中，我负责的南沙区教育科学"十三五"规划课题"基于班主任工作室的中职生全程化职业生涯教育的研究"于 2022 年 6 月结题，获优秀等级。

近三年，工作室共发表论文 11 篇。其中，我发表 5 篇（3 篇与工作室课题相关），分别是：《基于班主任工作室的全程化职业生涯教育研究》发表在《赢未来》2021 年第 9 期，《对中职生开展全程化职业生涯教育的实践与探索》发表在《现代职业教育》2020 年第 38 期（总第 212 期），《实践活动课型在职业生涯规划教学中的应用探索》发表在《中学生导报》2020 年第 12 期，《中职学校思政课渗透环境教育的教学实践——〈美丽中国梦 青春勇担当〉课例分析》发表在《现代职业教育》2020 年第 15 期（总第 189 期），《中职德育课助力学生成长成才的实践探索》发表在《学生之友》2019 年第 12 期；成员共发表论文 6 篇（4 篇与工作室课题相关）。

（二）积极参赛

工作室成员积极参加各项教育教学赛事，在备赛和参赛过程中提升专业能力、管理水平和综合素质。近三年，工作室共取得德育类获奖 30 个，其中，德育类参赛获奖 22 个，德育类荣誉 8 个。获奖情况如下。

（1）毕婉琳、杨文娟合作的《我筑梦我出彩》获 2020 年广东省教育厅主办的"文明风采"活动优秀案例三等奖。

（2）沈小仙的《以智慧浇灌教育梦想之花》获 2019 年广州市师德主题征文三等奖。

（3）沈小仙的《以岗位需求为导向的中职物流基础教学探析》获 2019 学年南沙区教学论文评比二等奖。

（4）毕婉琳的《浅谈议题式教学在中职思想政治课的实践与思考——以"恪守职业道德，提升道德境界"》获 2020 年广州市中职思政年会一等奖。

（5）赖倩瑜的《中职思想政治课有效教学设计的探索——以"修炼我的职业素养"教学设计撰写为例》获 2020 年广州市中职思政年会二等奖。

（6）毕婉琳的《以职业生涯教育助力中职学生人生出彩——以南沙区岭东职业技术学校旅游服务与管理专业为例》获 2020 年广州市中职思政年会三等奖。

（7）毕婉琳、赖倩瑜、杨文娟等的《做最美的职业人——"恪守职业道德，提升道德境界"教学设计》获 2020 年广州市中职思政年会三等奖。

（8）赖倩瑜的《创业，我能行》获 2018 年广州市中职思政年会二等奖。

（9）毕婉琳的《做好由"学校人"到"职业人"的角色转换》获 2018 年广州市中职思政年会二等奖。

（10）杨少敏的《新生情绪困扰的咨询案例报告》获广州市中小学心理健康教育优秀成果评选三等奖（2020 年）。

（11）陈桂旋获 2020 年第八届广州市中小学班主任专业能力大赛主题班会设计单项一等奖。

（12）陈桂旋获 2020 年第八届广州市中小学班主任专业能力大赛综合二等奖。

（13）陈桂旋获 2019 年南沙区中小学班主任专业能力大赛一等奖。

（14）赖倩瑜获 2018 年南沙区中小学班主任专业能力大赛一等奖。

（15）毕婉琳获 2018 年南沙区中小学班主任专业能力大赛二等奖。

（16）赖倩瑜获 2018 年第七届广州市中小学班主任专业能力大赛综合类三等奖。

（17）赖倩瑜获 2018 年第三届广东省中职学校班主任基本功大赛综合二等奖。

（18）陈桂旋获 2019 年"时代新人说——我和祖国共成长"广州红色故事演讲比赛优秀奖。

（19）郭学妹获 2022 年南沙区中小学班主任专业能力大赛获高中组一等奖。

（20）赖倩瑜获 2018 年度广州市中等职业学校"十佳班主任"光荣称号。

（21）陈桂旋获 2019 年度广州市中等职业学校"优秀班主任"称号。

（22）毕婉琳获 2019 年广州市优秀学校思想政治理论教师称号。

（23）毕婉琳获 2019 年省文明风采优秀指导教师称号。

（24）曾炯获 2021 年南沙区中小学骨干教师称号。

（25）杨少敏获 2021 年南沙区中小学骨干教师称号。

（26）杨少敏获 2019 年度广州市中等职业技术学校"学生工作积极分子"称号。

（27）赖倩瑜获 2021 年"南粤优秀教师"称号。

（28）杨文娟的《基于班主任工作室的全程化职业生涯教育研究》在 2022 年 2 月南沙区"三名"工作室案例征集和评选活动中，获二等奖。

（29）杨文娟的《对中职生开展全程化职业生涯教育的实践与探索》在 2020 年广州市中职思政年会中获二等奖。

（30）杨文娟、赖倩瑜合作的《立足物流专业，谋划职业发展——修炼我的职业素养》参加 2021 年广州市中职思政课融合新课标教学设计与解说，获二等奖。

（三）教育故事

工作室成员积极撰写教育成长故事。近年，工作室成员撰写的教育成长故事共 28 篇，他们及时记录和反思自己的教育活动，并通过反思来改进教育方法，不断提高教育质量。

四、创建特色促发展

（一）理念导行

工作室以"不忘初心育桃李，牢记使命促成长"为理念，定位于"打造优秀班主任团队、促进学生职业生涯发展"。工作室与广东省刘黔欣名班主任工作室岭东职校工作坊、岭东职校班主任工作室有机结合为"三合一"团队，以"职一树理想、职二强本领、职三有担当"为主线，开展职业生涯教育指导活动，促进了成员的班主任专业能力提升以及学生职业素养的发展。

（二）特色发展

1. 构建了全程化职业生涯教育的内容框架体系

根据课题研究的目标任务，结合学生实际，我们凝练出各年级职业生涯教育点，进行系统设计，构建了全程化职业生涯教育内容框架体系，并予以落实。三年来，我们以"职一树理想、职二强本领、职三有担当"为主线，对学生开展职业生涯教育与指导活动。

2. 探索出开展全程化职业生涯教育的有效策略

（1）发挥班主任在生涯教育过程中的引领作用。

（2）充分发挥德育课的主渠道、主阵地作用。

（3）充分利用校内外各种德育资源，全员全方位育人。

3. 编写了职业生涯教育系列校本教材

工作室编写教材共9本，分别是《中职班主任工作教育案例》《主题班会活动设计》《工作室活动印记》《中职生职业生涯指导手册》《中职生职业生涯指导教程》《职业生涯教育主题班会活动设计》《职业生涯教育教学案例集》以及《班主任专业化成长足迹》（第1期）、《班主任专业化成长足迹》（第2期）。

4. 提高了成员的专业化水平

三年来，工作室开展丰富多彩的活动，主要有专题讲座20节次；主题班会课13节次；主题发言49人次；主持和参加的课题共10个（与德育有关的课题有6个）；共发表论文11篇；成员承担的培训共12次（735人次参加）；开展读书分享活动2次，17人次作阅读分享；组织参加各项培训学习共132人次，撰写学习心得38篇，共发布公众号推文84篇。

5. 促进成员成长

三年来，工作室1人获职称晋升（赖倩瑜2018年11月评上高级职称，2019年3月受聘）；德育类获奖及荣誉共30个，其中参赛获奖22个，荣誉8个。职称晋升及获奖的成员数占总成员数的87.5%。

三年来，在南沙区教育局、南沙区教育发展中心的大力支持和指导下，依托工作室平台，通过开展主题班会、专题讲座、集体备课、说课评课、个案分析、课题研究、培训学习、班主任能力大赛等，工作室成员积极参加研修学习、实践探索、交流汇报等，大家在实践中提升教育理念，探索切实有效的德育途径。在促进学生职业生涯发展的同时，成员的教育管理能力和班主任专业化水平均得到了一定程度的提高，并在一定范围内发挥了引领和示范作用，带动身边班主任共同进步。

我们是南沙职业教育的践行者、推动者，我们将不忘初心，牢记使命，促进班主任队伍与学生共同成长，为南沙新区职业教育的发展做出贡献。